Danny Sugerman
GUNS 'N ROSES

Buch

Sie sind »die unwiderstehlichste Rockband seit den Doors« (*Los Angeles Times*), »die aufregendste Rock'n'Roll-Band der Welt« (*Rolling Stone*) und »das größte Monster, das Hollywood je hervorgebracht hat« (*New Musical Express*). Seit sie 1987 mit *Appetite for Destruction* und weltweit mehr als 15 Millionen verkauften Exemplaren das erfolgreichste Debütalbum der Musikgeschichte herausbrachten und die Welt mit ihren Skandalen und Exzessen schockierten, sorgten sie immer wieder für Schlagzeilen. Sie kennen kein Erbarmen, und es gibt kein Entkommen mehr: Der GUNS N' ROSES-Zirkus rollt. Mit knallharten, ungeschliffenen Klängen, die nicht erst durch den Weichspüler gejagt wurden, bieten sie ihren Fans genau das, was sie wollen: Sie wollen ausflippen, das Blut soll kochen, und ihre Bühnenshow mit Biß und Power wird mit ekstatischem Geschrei quittiert – der Soundtrack zur alltäglichen Apokalypse.
Von ihrem neuesten Album *Use Your Illusion I / II* waren in den USA innerhalb von zwei Stunden 500 000 Stück verkauft, nachdem die Fans mit Schlafsäcken vor den Plattenläden kampiert hatten. In Deutschland lagen noch vor Erscheinen über 250 000 Vorbestellungen vor, und in kürzester Zeit war das Album vergriffen. 25 Jahre nach den Rolling Stones, 15 Jahre nach den Sex Pistols verdienen sie Millionen, weil sie bereit sind, alle Regeln zu brechen. Sie sind der größte Rock'n'Roll-Mythos der Neunziger, weil sie nur ein Gesetz gelten lassen: kein Gesetz. Der Titel ihrer zweijährigen Welttournee 1991/1992 sagt alles: »Get in the Ring, Motherfucker!«

Autor

Danny Sugerman, aufgewachsen in Kalifornien, war nicht nur einer der Intimfreunde Jim Morrisons, sondern auch Manager solcher Rockgrößen wie den Doors und Iggy Pop. Seine Jim-Morrison-Biographie *Keiner kommt hier lebend raus* wurde von Oliver Stone unter dem Titel *The Doors* verfilmt. Danny Sugerman lebt in Los Angeles.

Danny Sugerman

GUNS N'ROSES

Aus dem Amerikanischen
von Gabriela Prahm

GOLDMANN VERLAG

Die amerikanische Originalausgabe erschien unter dem Titel »Appetite for Destruction – The Days of Guns N' Roses« bei St. Martin's Press, New York

Deutsche Erstveröffentlichung

Der Goldmann Verlag
ist ein Unternehmen der Verlagsgruppe Bertelsmann

Made in Germany · 1. Auflage · 5/92

Umschlaggestaltung: Design Team München
Umschlagfoto: Geffen Records
Belichtung: Compusatz, München
Druck: Wenschow, München
Verlagsnummer: 41412
Lektorat: Christoph Göhler/AK
Herstellung: Sebastian Strohmaier
ISBN 3-442-41412-1

INHALT

DANKSAGUNG

Die Arbeit an diesem Buch war eine faszinierende Erfahrung für mich, nicht allein wegen des vielen »geistigen Futters«, das ich dabei entdeckte, sondern vor allem wegen der Art und Weise, wie es mein Leben als Autor mit der Musik und Philosophie der Doors verband – und mit der Frage nach dem Sinn des Lebens. Deshalb gilt mein Dank zuallererst Ray Manzarek, John Densmore und Robbie Krieger für ihre Geduld, für ihre Unterstützung und ihr Vertrauen. Vor allem Ray, der, in verschiedenen Phasen, wie ein Vater für mich war, mein Lehrer, Mentor, Partner – und mein bester Freund. Mein Dank gilt auch Jim Morrison, dafür, daß er mich angetrieben hat (zu schreiben, zu lesen und zu so vielem mehr), für das Lob (ebenso wie für die Flüche), von dem ich immer noch zehre. Ihm schulde ich ewige Liebe und Dankbarkeit, denn ohne ihn wäre dieses Buch oder das Leben, wie ich es führe, nicht möglich gewesen.

Mir ist egal, was andere Leute von Agenten halten – ich bin mit zwei der besten gesegnet: Jim Stein und David Goldmann. Und seit ich die Arbeit an diesem Projekt begann, habe ich festgestellt, daß sie als Freunde sogar noch wertvoller sind. Für ihr Vertrauen, ihren professionellen Scharfsinn und in erster Linie für ihre Freundschaft bin ich ihnen zu tiefstem Dank verpflichtet.

Rosemary Carroll, meine Anwältin, Vertraute und schwer geprüfte Freundin . . . Ich hoffe, es geht auch dir besser. Danke für alles. Gleiches gilt für John Branca, aus bekannten und guten Gründen.

Mein Dank und Respekt gilt weiter Jim Fitzgerald, meinem Herausgeber, (1.) für sein Vertrauen in dieses Projekt, (2.) weil er ein echter Herausgeber war und mich (3.) versuchen ließ, ein wirklicher Autor zu sein.

Alex Kuczynski und Brian Diamond – ihr seid wie eine Familie für mich gewesen. Danke.

Ein besonderes Dankeschön an Lynette Philipson für ihren Fleiß, ihre Loyalität und Hilfe. Und an Monika Mayo, ohne die ich am Computer verloren gewesen wäre.

Floyd Peluce, Connie Medford und Robin White – euch habe ich es zu verdanken, daß ich mich aufs Schreiben konzentrieren konnte und in irgendwie konstruktiver Weise am Leben blieb. Was ihr für mich getan habt, hätte niemand besser tun können.

Meine Freunde und Autorenkollegen Michael Talbot, Philip Cousineaux, Tim Leary, Wallace Fowley, Buddy Arnold, Kurt Loder, James Grauerholz und William Burroughs, Jim Carroll, Pamela des Barres, Cameron Crowe, Jim Ladd und Ian Astbury – für eure Unterstützung und »Verwandtschaft im Geiste« schätze ich euch und schulde euch meinen Dank.

Don Epstein und die Jungs vom G. T. N. – ich danke euch für eure Bemühungen und euer Geschick; und besonders Oliver Stone für sein Votum des Vertrauens und seine Freundschaft.

All meine Liebe und mein Dank an meine Mutter, meine Brüder Joe und Chip und meine Schwester Nan.

Dank auch an Tom Zutaut für seine Vision und sein Gespür für Fair Play und an Dr. H. Kark für sein Fachwissen, seine Kenntnisse und unermüdliche Unterstützung.

An Josh Richman, den Henry Kissinger des Hollywood-Hill-Preises, für seine Freundschaft und Hilfe.

Und an Axl Rose, weil er sich wirklich Gedanken macht, weil er einzigartig ist und die Intelligenz besitzt, Fragen zu stellen, anstatt Urteile zu fällen – und weil er den Mumm hat, zu seiner Meinung zu stehen. Die Vorstellung, derjenige, über den ich schrieb und den ich sehr schätze, könnte meine Wertschätzung gar nicht wollen, war mir ein Greuel. Dafür, daß er mich wissen ließ, wie falsch ich mit meinen Befürchtungen lag, möchte ich mich von Herzen bei ihm bedanken – und für so viel mehr, als ich ausdrücken kann.

Und dann sind da noch Mark Rowlands und sein unschätzbarer Beitrag zu diesem Buch, da sind Rob Tannenbaum, Lisa B. und Kim Fowley, denen ich danken möchte.

Und nicht zuletzt Fawn – aus guten und wahren Gründen.

TEIL 1
DAS SCHLACHTFELD

KAPITEL 1

ROSES & STONES

Guns N' Roses hatten die Bühne des Musikbusiness kaum betreten, als sie schon wieder auseinanderzubrechen drohten – und das vor 83 000 Menschen. Es war im Herbst 1989, auf der Bühne eines monströsen Stadions, das normalerweise für Footballspiele genutzt wird und dafür auch besser taugt. Axl Rose ging schnurstracks ans Mikrofon, doch nicht um zu singen, sondern um etwas zu sagen: »Bevor wir anfangen, will ich noch sagen, daß mich der ganze Rummel um unseren Song (›One in a Million‹) krank macht. Ich bin kein verdammter Rassist . . .« Und er fuhr fort, indem er klarstellte, daß »nicht alle Schwarzen Nigger sind«, aber wenn sich einer »wie ein abgefuckter Nigger aufführt«, dann werde er, Axl Rose, das auch sagen. Und gleiches gelte für »abgefuckte Schwuchteln«. Und weiter: »Wenn ihr mich dann immer noch als Rassisten beschimpfen wollt – schiebt es euch in den Arsch.«

Schockierend und zugleich beeindruckend war, daß Axl überhaupt nicht begriff, wie beleidigend schon allein diese Worte waren. Und das war erst der Anfang des Konzertes. Ehe es zu Ende war, sollte er noch mal sprechen statt zu singen, vielleicht weil er sich dachte: »Das sind meine Worte. Ist doch egal, ob sie gesungen oder gesprochen werden.« Vielleicht hatte er auch nur Lust zu reden. Und das sagte er: »Mir paßt es zwar nicht, das jetzt hier auf der Bühne loszuwerden, aber wenn sich bestimmte Leute in dieser Band nicht endlich zusammenreißen, dann wird dies die letzte Show von Guns N' Roses sein.«

Kein Jubel im Publikum, kein Applaus, keine Buhrufe – nur offensichtlich verblüfftes Gemurmel. Es fiel schwer zu glauben, daß eine Band auf dem Höhepunkt ihrer musikalischen Power einfach aufhören würde. Dann verriet Axl den Grund für seinen Zorn: »Es kotzt mich an, daß so viele Leute in dieser Organisation auf Mr. Brownstone abfahren.« Damit meinte er zweierlei: zum einen den Song »Mr. Brownstone«, zum anderen eine bekannte Droge – nämlich Heroin. Trotz der Kritik, die kübelweise über ihn ausgeschüttet wurde, weil er auf unverantwortliche Weise den Drogenkonsum glorifiziere, ist Axl Rose der einzige, der je live auf der Bühne eine so provokante Anti-Drogen-Lektion ablieferte.

Noch vor Ende des Gigs strauchelte Rose und stürzte von einer der Rampen, drei Meter tief, rappelte sich wieder auf und rockte weiter. Als er für die Zugabe »Paradise City« auf die Bühne zurückkehrte, kündigte er den Song mit den Worten an: »Es hat keinen Sinn, nach einer abgefuckten Paradise City zu suchen. Weil es nämlich keine gibt.« Dann fegte er wie ein Irrer durch den Song – voller Wut, Qual, Zorn und mit mehr Leidenschaft als im ganzen bisherigen Konzert zusammen. Er gab alles, die Band gab alles, und trotz ihrer Verfassung war das Ende ein Triumph. Sie taumelten auf der Schwelle zum Desaster, aber sie triumphierten dennoch.

Am nächsten Tag ging Robert Hilburn in seiner Konzertkritik für die *Los Angeles Times* ausführlich auf das Thema Rassismus ein und kommentierte dann: »Auf seiner irgendwie romantisch anmutenden Jagd nach künstlerischer Wahrheit zeigt Axl – ganz wie Jim Morrison das auch tat – eine zornige Unabhängigkeit, die manchmal zu Fehlurteilen führt. Und er weist dieselbe Zwiespältigkeit auf: die dunkle Seite der menschlichen Natur erforschend, ist er gleichzeitig von einer nahezu altmodischen Sehnsucht nach Unschuld erfüllt.« Und weiter schrieb er in seinem Artikel: »Die beeindruckendste Ähnlichkeit mit Morrison zeigt sich in Roses Bühnenshow. Auch er agiert rein nach Impuls und Emotion. Er ist jemand, der einen magisch anzieht, man muß ihm einfach zusehen. Er vermittelt das Gefühl wahrer Anteilnahme.«

Nach monatelangen Spekulationen und nicht verstummenden Gerüchten, Guns N' Roses seien die Opener auf der Amerika-Tour der Stones, waren vier Dates in Los Angeles schließlich alles, was am Ende dabei herauskam. Doch schien die Einladung zu den L. A. Shows für jedermann der Beweis zu sein, daß die Stones dem ganzen Hype um Guns N' Roses als den »neuen Stones« glaubten. Was war

Obwohl er LSD »eine neue Sorte Wein « nannte, bevorzugte Jim Morrison Alkohol; als echter Rock'n'Roll Dean Martin, war Morrison auch der erste, der bewußt Rock und Schamanismus miteinander verband.
(Foto: The Doors: The Illustrated History)

los? War es ein Eingeständnis der Stones, daß die Fackel tatsächlich weitergereicht worden war? Oder waren sie schlicht und einfach nur die cleveren Kapitalisten, die Realität werden ließen, was das Publikum so offensichtlich herbeiwünschte? Oder wollten sie wirklich die jungen Aufsteiger herausfordern? Die alten Rocker gegen die jungen – eine Art »Pat Garret gegen Billy the Kid«, nur eben in der Welt des Rock'n'Roll in den späten Achtzigern? Die Stones als Garret, einst wild, jetzt gezähmt, Teil des Establishments und Repräsentant von Gesetz und Gesellschaft. Und Guns N' Roses als der aufsässige Billy, Symbol des wilden und freien Westens.

Axl Rose hatte klargemacht, daß ein Desaster droht, wenn die Band eine Sache nur wegen des Geldes tut. Kurz bevor die Stones Guns N' Roses für ihre vier Gigs buchten, erklärte Axl in einem Interview:

> »Wir haben schon vor langer Zeit gelernt, daß wir es nicht packen, irgendwas nur für Cash zu machen. Wann immer wir versucht haben, etwas zu machen, was wir eigentlich gar nicht wollten – finanziell ein gutes Geschäft, aber wir haben nicht voll dahintergestanden –, entwickelte sich die Sache zu einem Desaster, sobald wir auf die Bühne gingen. Niemand war mit dem Herzen dabei, wenn wir spielten. Wir haben es gemacht, weil wir uns für smarte Business-Typen hielten und weil wir dachten, es sei der richtige Schritt, und weil man uns dazu geraten hatte. Ich meine, du willst wirklich nicht spielen, aber es ist smart, und du kannst einige Rechnungen bezahlen, also haben wir uns drauf eingelassen, haben die Shows gespielt und hatten am Ende nichts als ein einziges Debakel. Chaos.«

Doch außer der wahrscheinlich unwiderstehlichen Versuchung, zusammen mit einem ihrer größten Headliner auf einem Plakat aufzutauchen, kann kein anderer Beweggrund als Geld dahinterstecken, daß sie sich einverstanden erklärten, gemeinsam mit den Rolling Stones bei deren Los Angeles Dates aufzutreten. Sie hatten keine neue LP, die sie hätten promoten können, im Gegenteil, sie verbrachten ihre Zeit überall, nur nicht im Aufnahmestudio, wo sie eigentlich an ihrem neuen Album hätten arbeiten sollen.

Statt dessen hatten sie in einigen ausgewählten Clubs der Umgebung Gigs absolviert, um sich für die Konzerte mit den Stones aufzuwärmen, die als eine Art Rock'n'Roll-Titelkampf im Schwerge-

Axl Rose. Am Rande des Desasters oder der Glückseligkeit, oder beidem.
(Foto: Larry Busacca/Retna Ltd.)

wicht angepriesen wurden – eine Art »Battle Of The Bad Boys Bands«.

In der Branche wurde spekuliert, die Gründe der Stones, die Band einzuladen, seien sowohl simpel als auch komplex. Vielleicht versuchten sie, den ständigen Vergleichen ein Ende zu machen, indem sie alles geraderückten und die Emporkömmlinge auf ihren Platz verwiesen. Andere meinten, die Sache sei viel weniger mysteriös: der einzige Grund seien die zusätzlichen Konzertbesucher und Dollars, die ein Auftritt von Guns N' Roses bringen würde. Und genau dieses Geld – Berichten zufolge 250 000 Dollar *pro Abend* – sei auch der einzig logische Grund, warum Guns N' Roses zugestimmt hätten; es sei denn, sie nahmen all den Hype ernst und glaubten wirklich, sie hätten eine Chance, zu gewinnen und die Stones wegzublasen. Tatsächlich jedoch bot man ihnen 400 000 $ für zwei Konzerte an, und so lautete schließlich auch der Vertrag. Als diese beiden Shows ausverkauft waren und der Vorverkauf für zwei weitere angesetzt wurde, verlangte und erhielt die Band zusätzlich 600 000 $. Sie verdienten die Summe ohne Zweifel und waren jeden Penny wert. Es ist auch möglich, daß die Gunners das Angebot schlicht und einfach annahmen, weil sie so gern live spielen. Denn genau das macht letzten Endes eine große Rockband aus – und das macht diese Band extrem gut. Am Ende mochte das Publikum die Songs der Stones summen, aber Guns N' Roses waren es, die in aller Munde waren. Und nicht zuletzt war da die ganze Publicity, die dieser Event brachte. Und *wer* hätte dem widerstehen können?

Wenn die Maschinerie der Stones in Fahrt kommt und losrollt, dann ist es eines der ehrfurchtgebietendsten Rock'n'Roll-Spektakel, die du je gesehen hast, das Größte und Beste von allem, angefangen von der Bühne über die Hotels bis zum Geld, das dabei gemacht wird. Und eben die Show, die du auf der Bühne siehst. Alles ist auf die Stones zugeschnitten, sie allein stehen im Mittelpunkt, und wer den Blick davon ablenken will, muß sich mächtig ins Zeug legen.

Einen beeindruckenden Opening Act zu präsentieren, war sicher nichts Neues für die Stones. In der Vergangenheit hatten Kritikerlieblinge wie Ike und Tina Turner, Stevie Wonder, Iggy Pop und Prince Tourneen der Stones eröffnet. Doch sie hatten noch nie jemanden mit einer solchen kommerziellen Schlagkraft eingeladen, wie Guns N' Roses sie bereits bewiesen hatten, und ganz sicher hatte noch niemand den Opener für die Stones abgegeben, der so viele Vergleiche mit ihnen hervorgerufen hatte wie Guns N' Roses.

Während aus der Gerüchteküche stückchenweise weitere Einzelheiten nach außen drangen, liefen intensive Diskussionen zwischen dem Lager der Stones und dem Guns N' Roses Management, den Stravinsky-Brüdern. Die Stones *hatten* die Gunners eingeladen, sie auf der kompletten Tour als Special Guest zu begleiten; augenscheinlich fürchteten sie die möglichen Vergleiche nicht. Aber die Stravinsky-Brüder sahen nicht ein, warum ihr Act – im Moment der heißeste im ganzen Land –, sich dafür hergeben sollte, irgendeiner anderen Band die Stadien zu füllen. Und damit meinten sie auch die Rolling Stones. Denn Guns N' Roses hatten gerade eine längere Periode als Opener für solche Headliner wie Aerosmith, Mötley Crüe und The Cult hinter sich. Warum also sollten sie jetzt, da sie aus diesen Verpflichtungen endlich raus waren, ins zweite Glied zurückkehren?

Zuerst kursierte lediglich das Gerücht, Guns N' Roses würden mit den Stones bei den zwei Dates im L. A. Coliseum zusammen auf die Bühne gehen. Doch war es ein Gerücht, das nicht nur von den lokalen, sondern auch von den nationalen Medien ausposaunt wurde. Offizieller Opener für die Tour waren Living Colour, die einen engen Draht und eine direkte Connection zu den Stones hatten, und zwar über Jagger höchstpersönlich: Er war am Demo der Band beteiligt gewesen, das ihnen einen Plattenvertrag mit Columbia Records eingebracht hatte. Sogar einen Track auf ihrer Debüt-LP hatte Jagger produziert. Zusätzliche Opening Acts hatte es während der Tour bisher nicht gegeben. Warum sollte es in Los Angeles anders sein? Es sah dennoch so aus – und die Rockwelt vibrierte vor Spannung , als sollten Guns N' Roses tatsächlich gemeinsam mit den Stones, mit denen sie so hartnäckig verglichen worden waren, auf der Bühne stehen. Noch vor Beginn der Tour hatte es geheißen, die Gunners seien Opening Act für die Stones. Doch dann wurde dieses Gerücht aus der Welt geschafft, als das Management von Guns N' Roses ein knappes Statement veröffentlichte und die ganze Affäre dementierte. Kurz darauf kamen die Gerüchte über die Los Angeles Gigs auf.

Und kaum war der Deal offiziell verlautbart, wurden zwei weitere Dates angesetzt. Es herrschte eine fiebrige Aufregung in den lokalen

Ein bärtiger Axl Rose und Slash mit schweren Lidern: die Toxic Twins von GNR. *(Foto: Retna Ltd.)*

Medien, was dieses Engagement betraf, und es wurden Spekulationen und Vergleiche angestellt bezüglich der nach Meinung der Medien bevorstehenden Schlacht zwischen zwei Bands. Die *Los Angeles Times* zum Beispiel betonte diesen Aspekt mit fast missionarischem Eifer und schrieb, die Konzerte seien mehr, als sie schienen, mehr als nur einfach ein aufregender und langer Abend mit dem Besten des Alten und Neuen, was der Rock'n'Roll zu bieten hatte. Und je näher das Ereignis rückte, desto lauter wurden die Trommeln gerührt, die den bevorstehenden Wettstreit ankündigten. Als das Rumoren schon vulkanische Ausmaße annahm, war der Tag gekommen.

Am Tag vor der ersten der vier Shows gab Vernon Reid, Gitarrist von Living Colour, dem Warm Up Act, ein Radio-Interview. Ein Anrufer wollte von Vernon wissen, wie er zum umstrittenen Guns N' Roses Song »One in a Million« stehe, der die Worte *»Nigger«* und *»Schwuchteln«* enthielt. Reid, selber ein Schwarzer und Mitglied der Black Rock Coalition, meinte, er möge Guns N' Roses, betonte aber, daß dies nicht für einige Ausdrücke und Ansichten in diesem speziellen Song gelte. Man erwartete also, daß Reid während des Auftritts bei der ersten Show seinen Gefühlen auf der Bühne Luft machen würde, was diese Sache anging.

Als Mick Jagger von der drohenden Konfrontation informiert wurde, sagte er: »Wär' doch großartig.« Aber Vernon Reid ließ beim ersten Auftritt seine Musik sprechen.

Und es gab Mutmaßungen, daß, wenn Reid etwas sagen würde, Axl darauf einsteigen und ebenfalls was dazu sagen würde; und wenn Axl den Mund aufmacht, Wahnsinn, das wird eine heiße Sache. Während man bei Reid wußte, daß er im Namen des Black Rock sprach, war Rose dafür bekannt, daß er einfach alles aussprach. Auf dem Weg zu ihrem ersten Auftritt machte Axl den Bassisten von Living Colour an, auf kurze Distanz, fast Nase an Nase. »Ich hab' im Radio gehört, daß ihr Jungs ein Problem habt mit einigen Sachen, die ich so gesagt habe.« Axl fügte zu seiner eigenen Rechtfertigung hinzu, daß er »euch Jungs nie als Nigger gesehen« habe. Wozu, wie ich zugeben muß, Mumm gehört. Einer vom Guns N' Roses Management Team rannte zu Will Calhoun, dem Living Colours Drummer, und versuchte, den Zwischenfall runterzuspielen. »Axl kommt aus Indiana, und er weiß es nicht besser.« Nicht bekannt ist, ob Axl diese

Worte zu seiner Entschuldigung gehört hat, und wenn ja, was er davon hielt, daß er von jemandem aus seiner eigenen Crew damit in Schutz genommen wurde, er sei ignorant und unsensibel. Aber andererseits – gibt *irgendwer* zu, ein Rassist zu sein?

Bei der zweiten der vier Shows ging Slash, Adressat von Axls vorangegangenem Anti-Heroin-Spruch, in einem T-Shirt mit dem Logo der Betty-Ford-Klinik ans Mikro, noch ehe ein einziger Ton gespielt war. Jetzt wollte auch er etwas sagen. »In all den Jahren hat der Rock'n'Roll eine Menge von seinen Besten verloren.« Er nannte Elvis, Janis, John Bonham und fuhr dann fort:

> »Rock'n'Roll und Exzeß sind zu einem Synonym geworden. Da ist eine Menge geschrieben worden über diese Band und Drogen. Eine Menge davon ist Bullshit. Eine Menge davon ist wahr. Gestern nacht hat nicht viel gefehlt, und ihr hättet den letzten Guns N' Roses Gig gesehen. Ich weiß noch, wie ich als Kid hierherkam, um mir Aerosmith, Van Halen und die Stones anzusehen, und wie ich davon geträumt habe, auch mal hier oben zu stehen. Letzte Nacht habe ich hier oben gestanden und hab's nicht mal mitgekriegt. Smack bringt's einfach nicht. Keiner in der Band ruft dazu auf, Heroin zu nehmen. Das bringt's einfach nicht, und wir werden keine von diesen laschen, schwachen Bands sein, die deswegen auseinanderbrechen.«

Weiter sagte er, niemand in der Band nähme Heroin. Dabei mußte er sich auf eine eben erst getroffene Entscheidung beziehen, denn zehn Minuten nach der ersten Show hatte jemand gehört, wie Axl Rose zu dem Sänger David Lee Roth gesagt hatte: »Drei der vier Musiker sind total zu mit Smack gewesen« und fast ungläubig hinzugefügt hatte: »und jeder hält *mich* für den Junkie.« Es hatte sich rumgesprochen, daß Slash jeden Abend auf dem Weg zum Coliseum erst noch bei seinem Dealer haltmachte, um sich aufzutanken, bevor Showtime angesagt war. Das ist das Problem mit Heroin – es ist verdammt hart, wieder damit aufzuhören. Nach Slashs öffentlichem Eingeständnis kam Axl nach vorne und entschuldigte sich mit den Worten: »Ich will doch nur nicht, daß einer meiner Freunde dabei draufgeht.« Sie umarmten sich, während die Band mit »Patience« einstieg.

Was allerdings mit keinem Wort erwähnt wurde, war, daß zwei

Wochen zuvor Slashs Großmutter, die Matriarchin der Familie Hudson, gestorben war. Slash hatte eine besonders innige Beziehung zu ihr gehabt. Ihr Tod versetzte dem introvertierten Gitarristen einen verheerenden Schlag und ließ ihn durch Drogen ins Trudeln geraten.

Rose hatte zu dieser Zeit mit seiner eigenen Krise zu kämpfen. In einem gutgemeinten und spontanen Beweis seiner Großzügigkeit lud Axl einige enge Freunde und Familienmitglieder aus Lafayette, Indiana, ein, an die Westküste zu kommen, um an seinem Erfolg teilzuhaben und das Konzert von der ersten Reihe aus zu genießen – oder besser gesagt Backstage, mit günstigem Blick auf die Stones und die Gunners. Doch es gab Ärger, als aufgestaute und lange unterdrückte Wut, Groll und Undankbarkeit sich Luft machten. Was genau vorgefallen ist, kam nie heraus, aber man braucht nicht sonderlich viel Phantasie, um sich vorzustellen, welche Erwartungen seine Familie und seine Freunde an ihren neugewonnenen Wohltäter und langjährigen Lieblingssohn/Freund hatten. Mit wem hätte er sein gerade erst erworbenes Vermögen besser teilen können? Natürlich würde er seine Dankbarkeit für ihr Vertrauen und ihre Unterstützung ausdrücken, sie belohnen und die Früchte seiner Arbeit mit ihnen teilen wollen, denn: hatten sie nicht die ganze Zeit an ihn geglaubt?

Und es ist nicht schwer, sich vorzustellen, wie Axl auf derartige Erwartungen, ob offen oder versteckt, reagierte. Was zum Teufel hatten sie *je* für ihn getan? Wenn sie wirklich so sehr an ihn geglaubt und sich solche Sorgen um ihn gemacht hatten, warum mußte er dann erst nach L. A. abhauen? Nun, da sie hier waren, an eben dem Ort, wohin er, auf eigene Kosten, geflüchtet war, um von ihnen wegzukommen – welches Recht hatten sie, jetzt noch mehr von ihm zu erwarten? Man muß kein Psychiater mit übersinnlichen Kräften sein, um sich ausmalen zu können, welches Chaos das alles für Axl heraufbeschwor, der es immer allen recht machen will und dem es keiner recht machen kann.

Eines ist sicher: es war kein freudiges Wiedersehen. Als der Zeitpunkt für Axl gekommen war, auf die Bühne zu gehen und zu singen, während Slash seine eigenen Qualen durchlitt, war Axl auf dem besten Weg zu einem manischen Koller, so lange war er wach gewesen, nicht wegen irgendwelcher Drogen, sondern wegen des Troubles mit seinen Gästen; man kann nur spekulieren, wie es in diesem Moment in seinem Kopf aussah. Mit anderen Worten: der emotionale Aufruhr all der mit dem Ereignis verbundenen Dramen hatte zu einem Zustand völliger Schlaflosigkeit geführt. Als Axl auf die Bühne ging, um zu singen, hatte er seit vierzig Stunden nicht mehr geschlafen. Und er sollte so lange nur sporadisch schlafen können, bis sie alle – seine Familie, seine Freunde und auch die Stones – diese Stadt wieder verlassen hatten.

In diesem Licht besehen, erscheint nicht nur der Grund für Axls Ausbruch klar, man versteht auch besser, warum er seine Kumpels in der Band anflehte, endlich klar Schiff zu machen. Nun, da er seine Familie endgültig aufgegeben hatte, intensivierte sich seine Beziehung zu seiner Band. Gut möglich, daß er ohne die einen, nicht aber ohne die anderen klarkommen würde, aber so dicht davor zu sein, beide zu verlieren – die Familie und die Band –, muß ihm angst gemacht haben.

Beim dritten Konzert spielte die Band zwei Songs. Einer davon war »Mr. Brownstone«, der an diesem besonderen Abend einen bedrohlichen Unterton annahm. Die Guns N' Roses Soap Opera ging weiter, als Axl Mr. Hilburn attackierte; zwar erwähnte er den Namen nicht, aber es war klar, auf wen er sich bezog, als er in einer wütenden Schmährede das Publikum informierte, daß ihn morgens jemand geweckt und ihm eine Konzertkritik gegeben habe, die *schon wieder* das Rassismusthema hochspielte. Natürlich sah sich Axl gezwungen zu betonen, daß »ich kein abgefuckter Rassist bin. Und vergleicht mich nicht mit Leuten, die seit zwölf Jahren tot sind. (Er meinte damit Jim Morrison, der zum Zeitpunkt des Konzertes seit neun Jahren tot war.) . . . Das ist Kunst, verdammt noch mal, so fühle ich. Du magst es nicht? Scheiße, dann hör es dir eben nicht an. So einfach ist das.« Und dann, als Seitenhieb, sagte er zum Rest von uns: »Fuck 'em, weil *ich* nämlich heute abend hier auf dieser Bühne stehe.«

Was sich als das Wahrste erwies, das er die ganze Woche über sagte. Denn jedesmal, wenn er auf diese Bühne kommt, ist es ein Sieg für ihn und ein Schlag für seine ehemaligen und Möchtegern-Unterdrücker – angefangen von den Eltern über die Autoritätspersonen bis hin zu seinen Kritikern. Seine Feinde sind bezwungen, und der Rock'n'Roll triumphiert. »Ich schreibe für euch, nicht für die«, rief er der Menge zu. Und der Pakt zwischen Sänger und Publikum ist erneut, stärker als Blut, geschlossen durch das gesprochene Wort; und das bereits vorhandene Band, das beide durch Platten und Videos verbindet, ist nun offiziell und unzertrennbar.

Die Band legte mit »Night Train« los, ein Kick Ass von der Bühne über die ersten Reihen bis zu den Posten an den Toren, bis hinein in die allerletzte Reihe; es war gewaltig.

Von Jagger stammt der Ausspruch: »Der beste Rock'n'Roll braucht eine gewisse Hochspannung zusammen, eine gewisse Wut. Rock'n'Roll ist nur dann Rock'n'Roll, wenn er nicht ›safe‹ ist. Gewalt und Energie – darum geht es im Rock'n'Roll.« Für mich klang das, als müßte er unter den Allerersten sein, die für das eintraten, was Guns N' Roses zu tun versuchten. Ich nahm nicht an, jemals die Gelegenheit zu bekommen, mit Jagger darüber zu reden, aber so wie sich die Dinge entwickelten, erhielt ich sie doch. Backstage nach der Guns N' Roses Show und kurz bevor die Stones ihr Set begannen, fragte ich Jagger, ob er die GNR Show am Abend zuvor gesehen habe. Er hatte. Also, was war mit dem Gefühl von Gefahr und Bedrohung, das er an einer Band bewunderte und das Guns N' Roses eigen war, und zwar so sehr, daß fast jeder sie sofort mit den frühen Stones verglich?

»Na ja, ich weiß nicht«, antwortete Jagger. »Sie sind doch mehr Heavy Metal.« Er lachte, aber nicht etwa so, als würde er einen möglichen Konkurrenten nicht ernst nehmen, sondern eher, als wäre er längst darüber hinaus, sich um derartige Belanglosigkeiten zu kümmern. Dahinter steckte natürlich die Anspielung, daß er eben Jagger war – und Axl Rose hätte noch einen langen Weg vor sich. Und Jagger, so wurde mir in diesem Moment klar, würde die Band danach beurteilen, ob sie diesen Weg gingen oder nicht, und deshalb war es jetzt viel zu früh, etwas zu sagen – und irrelevant.

Darin steckte das Wissen, daß Energie und Gefahr zwar Elemente sind, die eine Band besitzen sollte, doch daß ohne Gespür fürs Überleben alles nichts wert ist. »Es ist wie bei den Clash, nicht wahr? Oder bei den Sex Pistols. Nicht die Musik, sondern das andere, so als ob sie zur Selbstzerstörung verdammt sind.«

»Eine sich selbst erfüllende Prophezeiung des Untergangs«, entgegnete ich und notierte es mir gleichzeitig im Geiste.

»Haargenau.« Jagger schmunzelte. »Der eingebaute Zerfall. So können sie nicht durchhalten. Sie werden sich ganz einfach selbst zerstören.«

»Mit Drogen?«

»Yeah, aber ist das nun ein Symptom oder die Ursache?« gab er die Frage mit einem teuflischen Grinsen zurück. »Ist doch auch egal, oder?« schloß er. Und meinte damit eine Band, die nur einen Abend zuvor buchstäblich am Auseinanderbrechen gewesen war. Sonderlich beeindruckt schien er nicht. Aber wie gesagt – es schien ihm egal zu sein, auch wenn er tadellos freundlich war.

Die letzte Frage, die ihm gestellt wurde, ehe er auf die Bühne ging, lautete: »Ist es schwer für dich, nach so einem Set heute abend auf die Bühne zu gehen?«

»Na ja, es macht es schwieriger, etwas zu sagen!« Er lachte, als hätte er das alles schon einmal erlebt. Und das hatte er auch. Er hatte so viele kommen und gehen sehen, und ganz sicher würde er noch ein paar mehr sehen. Doch schließlich ist Jagger nicht der typische Guns N' Roses-Fan. Selbst die Stones-Fans der ersten, zweiten oder sogar dritten Generation sind nicht die derzeitigen und zukünftigen Guns N' Roses-Fans. Trotzdem, eines stimmt: das Publikum, das Guns N' Roses haben, ist fast identisch mit dem frühen Stones-Publikum, was die soziale Einstellung betrifft. Ich denke, was Keith und Company gestern verkörperten, symbolisieren Guns N' Roses heute. Ihr Publikum ist ein neues Publikum, es ist jünger, härter zu schocken, aber leichter zufriedenzustellen; sie brauchen ihre eigenen Rolling Stones und all das, was die Gruppe repräsentiert. Das Weiterreichen einer Fackel habe ich in keiner dieser vier Nächte gesehen oder gespürt. Eher fühlte es sich wie eine Stange Dynamit an, die eilig fallen gelassen wurde. Keith Richards, der die Band zuvor schon schlechtgemacht hatte, so wurde berichtet, war auch von der Bühnenshow der Gunners nicht sonderlich beeindruckt. Slash jedoch wagte die Bemerkung, daß »Jagger besser gestorben wäre, nachdem er ›Some Girls‹ geschrieben hat.«

Und was die angebliche Battle of the Bands betraf – sie fand nicht statt. Es war kein Kräftemessen. Die Stones verfügten über mehr Munition und die schwereren Geschütze. Ihr Professionalismus (trotz eines ausgesprochenen Mangels an Spontaneität) und ein wahrhaft spektakulärer Katalog an Klassikern verband Vergangenheit und Gegenwart zu einer Präsentation ehrfurchtgebietenden Ausmaßes, wenn nicht gar transzendenter Momente. Und doch sprach in den folgenden Tagen alles über Guns N' Roses. Die Stones hatten die Songs, die Show und das Entertainment – aber Guns N' Roses hatten Axl Rose, und der besaß die Spontaneität, den Funken und das Feuer. Keine andere Band hätte es schaffen können, den Stones so sehr die Show zu stehlen, wie es Guns N' Roses taten. Living Colour ganz gewiß nicht; 86 % des Publikums hatten sie gar nicht sehen wollen. Als dann aber Guns N' Roses die Bühne betraten, war kaum noch ein Platz leer.

Auf den ersten Blick ist es überraschend, wie wenig Axl begriff, aus welchen Gründen man ihn einen Rassisten genannt hatte. Seiner Meinung nach kann nur das, was ein Mensch fühlt *und* sagt, als rassistisch bezeichnet werden. Worte an sich, noch dazu aus dem Zusammenhang gerissen, beleidigen niemanden – wenigstens sollten sie das nicht –, und deshalb betrachtete er sich als unschuldig. Er schien nicht zu verstehen oder sich nicht darum zu scheren, wie sehr Worte wie *»Nigger«* und *»Schwuchtel«* verletzen können, ganz gleich mit welcher Absicht und in welchem Zusammenhang sie gebraucht werden. Aber natürlich weiß er das jetzt, und es bedarf einer besonderen Unschuld, ständig wiederholend auf seiner eigentlichen Intention zu beharren. Eine perverse Art von dickköpfigem Stolz und ein anspruchsvolles Verständnis von Aufrichtigkeit, besonders da sein Leadgitarrist, Slash, Mischling ist. Ich hatte bei der ganzen Sache das Gefühl, daß Axl nicht unsensibel ist – sondern ganz im Gegenteil.

Es geht nicht um die Worte, sondern um deren Bedeutung. Wenn einer Homosexuelle und Afro-Amerikaner haßt und die Slang-Schimpfworte für sie benutzt – dann ist er ein Rassist. Die Worte nur zu benutzen, ist etwas anderes; *das* will Axl anscheinend klarmachen. Aber so wie es aussah, waren viele Leute anderer Meinung, besonders Hilburn und Vernon Reid von Living Colour. Reid sagte: »Wenn du kein Problem mit Homosexuellen hast, dann nenn sie nicht Schwuchteln. Wenn du kein Problem mit Schwarzen hast, dann nenn sie nicht Nigger.« Vernünftig und einfach für ihn, so etwas zu sagen – er ist schwarz, und er ist nicht Axl Rose. Dabei beziehen sie sich nicht auf dasselbe, und auch ihre Absichten sind unterschiedlich. Trotzdem sagen sie beide dasselbe, wenn man genau hinsieht. Axl ist nur eben nicht taktvoll. Oberflächlich betrachtet, scheint er weniger einfühlsam zu sein. Aber er ist derjenige, der das Thema aufwirft, der versucht, die Dinge geradezurücken – »Das habe ich nicht damit gemeint!« –, und er weicht keinen Schritt zurück. Ich teile seinen Standpunkt, ich kann ihn verstehen. Ich sehe auch ein, daß die Worte beleidigend sind und daß er sie nicht in der Öffentlichkeit gebrauchen sollte, denn ganz gleich, wie Axl Rose bei ihrem Gebrauch *empfindet* – diese Worte verletzen und beleidigen ipso facto. Aber er ist ein Künstler, dessen Haltung und Rolle die eines singenden Poeten und Kommentatoren der Gesellschaft ist, und ich verteidige sein Recht, die Worte zu gebrauchen, und empfinde es als höchste Ironie, daß die meisten seiner Kritiker sich auf dieselbe reaktionäre, reflexartige Weise verhalten, für die sie ihn kritisieren.

Edgar Allan Poe schrieb einmal: »Jeder Mensch, der es wagt, ein Buch in vollkommener Offenheit und völliger Aufrichtigkeit zu schreiben, schriebe sodann ein Meisterwerk.« Das gleiche gilt zweifellos für das Songwriting (und Plattenaufnahmen und Live-Auftritte) heutzutage.

Axl Rose ist von einer solchen Aufrichtigkeit, von der Poe sprach – wenn nicht gar von solchem Genie. Guns N' Roses besitzen eine Art »verkorksten Adel«, den nur diese fünf wirklich verstehen, aber dem ein weltweites Publikum von fast zwanzig Millionen ihre Dollars und ihre Seele hingeben. Vielleicht bleibt das unausgesprochen, vielleicht sogar unbewußt, aber es ist real und kommt von Herzen. Es ist schwerer, sich zu verteidigen, als zu kapitulieren, sich zu entschuldigen oder etwas zurückzunehmen. Es wäre leichter für Axl, »Tut mir leid« zu sagen, als weiter und weiter zu kämpfen, um seine Intention deutlicher zu machen.

Zumindest *scheint* es leichter zu sein. Unaufrichtig zu sein, einen Kompromiß einzugehen, fällt jedoch weder ihm noch den übrigen aus der Band leicht, weil es bedeutet, ihr Herz zu verraten; und es ist ihr Herz, das sie dahin gebracht hat, wo sie jetzt stehen; es ist das Herz, dem sie folgen müssen.

Was wirklich überrascht, ist, daß Axl über all das auf der Bühne vor 83 000 Menschen spricht. Genau diese Hingabe an ihren Outlaw-

Kodex, ihr Beharren, zu ihren Instinkten zu stehen, bringt ihnen Trouble ein und macht sie gleichzeitig so aufregend. Axl war am ersten Abend von der Bühne gestürzt. Wird er wieder stürzen, sich dieses Mal vielleicht dabei verletzen? Wird er vorsichtiger sein? War er besoffen oder stoned? Was wird er heute abend sagen? Was immer auch geschieht, du weißt, es wird anders sein als bei der Show zuvor, nicht nur ein anderer Song hier oder da. Alles kann passieren. Sie lassen das Ungewisse zu und promoten es noch, wenn es dann geschieht. Wer weiß, wohin es führen wird? Sie werden dem Weg folgen. Das Ankommen ist weniger wichtig. Wenn es funktioniert – großartig. Wenn nicht, dann ist es vielleicht weniger großartig, dafür aber aufregender und somit noch großartiger.

Es ist diese Möglichkeit der Gefahr, die wir alle stimulierend finden; aufregend, halb Furcht, halb Vorfreude. Das Vergnügen entsteht durch die Erwartung des Unerwarteten, Ungeplanten und/oder der ekstatischen Explosion, des entfesselten Feuers – ihnen zuzusehen, wie sie über die Bühne wirbeln, wie Derwische der Musik vor dem Altar des Rock'n'Roll, ständig am Rand des Abgrunds tanzend und kurz davor, die Kontrolle zu verlieren – *das* ist aufregend. Zeuge zu sein, wie sie am Abgrund des Chaos taumeln, an der Grenze zum Desaster – oder Glück –, ist wahrhaftig ein einzigartiges und wundervolles Erlebnis. Das Ergebnis an sich ist von Natur aus eher eine Enttäuschung. Doch das Unmögliche zu wollen, das Unvorhersehbare zu erwarten, zu spüren, daß man es gleich erreicht, sich emporzuschaukeln bis zum höchsten Scheitelpunkt, über dem Abgrund, genau an der Kante, zu tanzen, zu taumeln und sich dann hinüberzubeugen; und die Band hat nicht einmal mehr die Kontrolle über all das, weil längst etwas Größeres die Band kontrolliert – sie sind nur, auf unglaubliche Weise, ein Vehikel. *Das* ist Entertainment, wie es sein sollte. Die Band ist völlig außer Kontrolle. So wie sie es sein will. Natürlich kann das (und hat auch) übergroße Erwartungen wecken.

Zurück zur Show. Am dritten Abend, zwei Songs nach Axls Attacke auf die Presse, stellte er die Band vor, Slash als letzten. »Er hat auch ein paar Sachen, die er gern loswerden möchte. Und dann wird er für euch spielen.« Slash latschte zum Mikro und zündete sich lässig eine Zigarette an, während 80 000 Menschen schweigend zusahen. Da war keine Spannung, keine Elektrizität, nichts. Dann fing Slash an zu reden. Vier, fünf Minuten nuschelte er etwas darüber, »was für 'ne abgefuckt großartige Stadt Los Angeles ist.« Es war eine fünfminütige Schmährede, eine Variation dessen, was die meisten Bands in drei, vier Worten ausdrücken (etwa mit »Alright, Los Angeles!«, unter dem Jubel des Publikums auf diesen geplant »spontanen« Ausruf).

Dann trat er ein paar Schritte zurück und spielte ein Solo. Es war ein konfuses, zielloses Rumgezupfe, das in eine Art Instrumentalversion von Alice Coopers »Only Women Bleed« mündete, und dann war er plötzlich bei »Knocking on Heavens's Door«. Die Band stieg ein, sie schwangen sich empor in den Himmel, und augenblicklich wurde ihnen vergeben. Slash spielte so gut wie nie, so als wolle er das vorangegangene Gelaber damit vergessen machen. Axl tanzte wie besessen, eine seltene Mischung aus Bedrohung und Unschuld, halb Kind, halb Mann. Und das fühlte ich, als ich ihnen zusah: Spielt es denn wirklich eine Rolle, was sie durchmachen müssen, wenn es sie an diesen Punkt bringt? Brauchen sie all den Wahnsinn und die Zerstörung, um dorthin zu gelangen? Ist das, was sie so großartig macht, dasselbe, was sie bei lebendigem Leib auffrißt? Und woran sind *wir* wirklich interessiert? Und wie kommt es, daß die Menschen, die Künstler, die wir am innigsten lieben, oft diejenigen sind, die dazu bestimmt sind, am kürzesten zu leben?

TEIL 2
WILLKOMMEN IM DSCHUNGEL

KAPITEL 2

DIE RÜCKKEHR DES DIONYSOS

Manche Zitate und Beschreibungen, die man als Autor zusammentragen kann, vermitteln ein stärkeres und besseres Bild, als es die reine Aneinanderreihung von Fakten eines Biographen vermag. Es gibt einen Kommentar zu Guns N' Roses, der mir besonders gut gefällt; er stammt aus dem Hardrock-Journal *Kerrang!*: »Die reine und geile Randale, Rocker mit Mumm, die ihre Erfahrungen auf den Straßen Hollywoods in ihre Musik gesteckt haben. Längst überfälliger, derber und dekadenter Excess All Areas Rock; Guns N' Roses sind das Ende aller musikalischen Weichspüler; sie verpassen dir eine Massage wie eine Horde Piranhas in einem Whirlpool.« Eine bessere Beschreibung wird man wohl nur schwer finden. Aber sie reicht nicht annähernd aus, und sie erklärt uns nicht das *Warum*.

Warum ist diese Band, in einer Zeit, in der Drogenkonsum nicht nur als dämlich und destruktiv, sondern auch als unattraktiv gilt, so populär, obwohl sie ihren Drogenkonsum öffentlich zur Schau stellt und nicht verhehlt, daß ihr die öffentliche Meinung dazu vollkommen gleichgültig ist?

Die Songs allein können nicht der Grund sein; sie sind sicherlich gut, aber nicht immer großartig, auch wenn einige es definitiv sind. Und es kann auch nicht an der Art liegen, *wie* sie ihre Songs spielen – sie klingen gut, aber es ist nicht gerade einzigartig neu.

Und keinesfalls spielen sie das Spielchen des Musikbusiness mit besonders viel Köpfchen. In der Woche, als ihr erstes Album auf den Markt kam, wurde es vielerorts zurückgerufen; Plattenläden weigerten sich, es auf Lager zu nehmen, weil das Cover Artwork ihrer Meinung nach völlig unakzeptabel war.

Es gibt viele, die das Gefühl haben, alles an dieser Band sei geschmacklos und widerwärtig. Fest steht: sie sind der Horror aller Eltern. Sie sind die Essenz dessen, was die Lehrer meinen, wenn sie von »bad attitude« reden. Und die Band weiß das. Die Liner Notes auf ihrer ersten LP *Appetite for Destruction* enden, nachdem Hunderten von Freunden, Bekannten und Helfern gedankt worden ist, mit dem bitterbösen Dank an »die Lehrer, Prediger, Cops und Älteren, die nie an uns geglaubt haben«.

Nein, sie sind nicht erfolgreich, weil sie großartige Musiker oder brillante Songschreiber wären oder die netten Jungs von nebenan, der Bruder, den du nie hattest, oder weil sie besonders hübsch oder besonders emsige Geschäftsleute wären.

Im Gegenteil – es scheint, als machten sie alles falsch; sie sind Fuck-Ups der ersten Güteklasse, das beweist ihre endlose Unfähigkeit, ein Follow-Up-Album einzuspielen. Sogar was den Erfolg betrifft, sind sie Nieten, denn besonders gut haben sie die Sache nicht im Griff. Klar, sie scheißen drauf. Diese Kids, so sieht es aus, sind nicht in Ordnung. Sie sind die ewigen Außenseiter und Ausgestoßenen . . .

Und trotzdem . . . trotzdem haben sie *es*.

Was auch immer Rock'n'Roll ist, Guns N' Roses verkörpern es heute wie niemand sonst. Niemand kommt ihnen auch nur nahe.

»So erstaunlich es auch sein mag«, hat Slash einmal zu ihrem kometenhaften Aufstieg bemerkt, »in diesem drogenfreien Fitneß- und Gesundheits-Zeitalter gibt es immer noch ein paar Leute wie uns, die sich an die späten Sechziger und frühen Siebziger klammern.« Kein Scheiß – es sind sogar eine Menge Leute. Es ist auch nicht weiter erstaunlich, daß der Erfolg von Guns N' Roses mit dem Aufstieg des Classic Rock Radio einhergeht, und es sollte auch nicht schwerfallen zu erkennen, daß das, was das junge Publikum heutzutage in der Musik jener Ära sieht, identisch ist mit dem, was Guns N' Roses so immens populär macht.

Abwechselnd die Gruppe Lines N' Roses oder Wine N' Poses taufend, feierte man Guns N' Roses »als die einzige wahre Rock'n'Roll Band, die in den letzten zehn Jahren aus L. A. gekommen ist«. Ihnen wurde gutgeschrieben, im Alleingang den Rock'n'Roll wieder zum Leben erweckt zu haben. Sie sind für die Achtziger und Neunziger,

Von unten im Uhrzeigersinn: Steven Adler, Slash, Izzy Stradlin, W. Axl Rose und Duff McKagan. Ein früher Promo-Shot. *(Foto: Geffen Records)*

was die Sex Pistols für die Siebziger und die Stones für die Sechziger waren. Sie brauen ihr eigenes Gebräu aus der Wut und Respektlosigkeit der Outlaws. Ihre Musik ist Rock, runtergestrippt auf seine absoluten Fundamente; er ist hart und zäh, no bullshit, alles Muskeln, ohne ein Gramm Fett, stark und sehnig. Er kommt auf dich zu, er trifft dich hart und genau ins Ziel, und die Message ist simpel: »Love or let us run wild . . .« Wir sind, wer wir sind, was wollt *ihr* dagegen machen?

Wie es ein britischer Journalist ausdrückte: Ihre Musik ist urzeitlich, vor allem aber »böse, erbarmungslos und paranoid, ganz nach dem Motto: ›Sie sind hinter mir her, aber ich bin doch unschuldig‹ oder: ›Die ganze Welt ist abgefuckt, und wir sind es auch.‹« Sie drücken die Gefühle der Jugend aus – Isolation und Verzweiflung –, und das mit einem untrüglichen Sinn für Aufrichtigkeit und Direktheit.

Da ist noch so viel mehr. Manchmal beweisen sie echte Verletzlichkeit, Unschuld und sogar Noblesse und Würde. Dann ist da ihre Hingabe ans Spielen, an den ekstatischen, omnipotenten Rock. Und all das ergibt eine Mixtur, die der allerbeste Rock'n'Roll bieten sollte.

Die ständigen Vergleiche mit den Sex Pistols und Rolling Stones – es gab noch ein Dutzender anderer – werfen eine Frage auf, die nie befriedigend beantwortet wurde. Sie lautet: Was ist so gut daran, *»bad«* zu sein?

Glaubt man ihren Kritikern, dann sind Guns N' Roses »gewöhnlich, laut, grob, selbstsüchtig, irritierend, verantwortungslos, beleidigend, rassistischer weißer Trash, verkommene Subjekte, Schurken, ungehobelte Kerle und abscheuliche Straßenratten«, in einem Wort: »vulgär«. Genau das sind sie. Es ist verdammt schwer, sie zu verteidigen. Das vollständige Bild ist jedoch nicht ganz so simpel. In den meisten dieser Darstellungen dienen derart negative Reaktionen, Anklagen und Lamentos nur dazu, die Vitalität dieser noch immer unglaublich jungen Band zu beweisen und zu unterstreichen. Wenn Geschmacklosigkeit als das Fehlen von Kultiviertheit definiert werden kann, dann sind Guns N' Roses tatsächlich geschmacklos. Wenn der Mangel an Kultiviertheit das innere Kennzeichen von Vulgarität ist, dann stimmen namhafte Autoren darin überein, daß ein äußerliches Zeichen dieses Mangels der Krach ist. (»Laß die

Zunge schweigen!« mahnte Horaz.) Wenn das so ist, dann sind Guns N' Roses laut und vulgär.

Außerdem kennt Rock'n'Roll keine Klassenschranken, nur den egalitären Geist der Vulgarität. Guns N' Roses gefallen sowohl dem britischen Heavy Metal Headbanger wie dem CD-Fan am Harvard Square, dem Rebel Hick in Tallahassee ebenso wie dem abgestumpften Rock Heavy in New York City oder Los Angeles oder dem Sixties-Renegat in Amsterdam. Im Jahr 1895 beschwor der britische Autor John Ruskin den Begriff »vulgär«, um die Maler des 17. Jahrhunderts zu charakterisieren und um zu beschreiben, was mit der reinen und vornehmen westlichen Kultur seit ihrem Fall während der Renaissance geschehen sei. Er kritisierte Künstler wie Rembrandt und dessen braungraue Bilder von armen und zerlumpten Charakteren, Menschen mit pockennarbigen Gesichtern und roten Nasen, die in schmuddligen Tavernen hausen, als sei dies ein Verrat an der Sensibilität und »an jeglicher lieblicher Form des Lebendigen«. Laut Ruskin ist Vulgarität das Gegenteil jener Eigenschaften, die einen Gentleman ausmachen.

Ruskin, ein einflußreicher Kunstkritiker seiner Zeit, sprach aus, was viele damals dachten – aber er hatte unrecht. Vulgarität ist nicht so sehr ein Mangel an, sondern vielmehr ein Hunger nach Leidenschaft. Oscar Wilde schrieb: »Lebe! Lebe das wundervolle Leben, das in dir ist! Laß nichts verloren sein an dir! Suche stets nach neuen Empfindungen!« Mit der Einschränkung war es vorbei in der Romantik. In einem Zeitalter und in einer Welt voller Konflikte und Konfusion lügen die Sinne nicht, das belegen Nietzsche und die Romantiker. Das stimmte in der industriellen Ära der Romantiker, und es stimmt heute noch mehr, im neo-industriellen Computer-Zeitalter, in dem es immer und immer wieder in der sogenannten Vulgarität des Rock'n'Roll ausgedrückt wird.

Die Kunst eines Shelley und Tennyson, eines Picasso und van Gogh rührt aus denselben Impulsen her, die Menschen wie Elvis Presley, Mick Jagger, Jimi Hendrix, Jim Morrison oder Johnny Lydon antrieben – und jetzt Guns N' Roses Frontman Axl Rose. Axl Rose bedeutet für Guns N' Roses, was Jagger für die Stones und Morrison für die Doors bedeutet: die zentrifugale Kraft hinter der Magie. Er hat die Vision, und die Band hat den – zu oft unterschätzten und zu selten gewürdigten – Job, diesen Worten, dieser Version Gestalt zu geben und sie zu ergänzen.

Die Romantik, die sich nach dem Primitiven und dem ureigensten Drang sehnte, lebt heute im Rock'n'Roll und erscheint höchst lebendig in Guns N' Roses. Kultivierte Menschen, die den Sound des wirklichen Lebens damals verachteten, hassen ihn auch heute noch. Im bestmöglichen Rock'n'Roll, der Sorte Rock'n'Roll, den Guns N' Roses spielen, finden sich dieselben Sehnsüchte wieder, die von den Romantikern ausgedrückt wurden. Wer hätte das gedacht? Wie Shelley so respektlos und hochnäsig schrieb: die Poeten sind die »verkannten Gesetzgeber der Zukunft«.

Die Rockmusik hat den einst von Romantikern ausgedrückten Ideen neues Leben eingehaucht. Der Oxforder Professor Walter Pater riet seinen Anhängern (unter ihnen auch Oscar Wilde): »Stets zu brennen mit dieser kristallinen Flamme, um diese Ekstase zu bewahren – das ist Erfolg im Leben.« Das ist das ekstatische Risiko: das einzige, wofür es sich zu leben – und zu sterben – lohnt. Damals wie heute hatte das feine und sensiblere Gemüter beleidigt.

Und die Grundlage, auf der das romantische Credo heute ruhen würde, ist der Krach selbst; er drängt hinauf, um sich mit der machtvollen und drängenden Mentalität zu verbinden. Die Wurzeln der Rockmusik stammen aus einer Verbindung der Mythen der Romantik mit der schwarzen Musik des Südens. Wenn das Hirn und der junge, ungestüme Herzschlag des Rock'n'Roll von der Romantik abstammen, dann kommen Body und Beat aus Afrika. Man muß nicht afrikanische oder amerikanische Geschichte studiert haben, um zu wissen, wie abstoßend die weiße Gesellschaft die animalische, wilde Dschungelmusik dieser Leute fand. Natürlich stellt Rockmusik auch heute noch eine Beleidigung für die kultivierten Mitglieder der Gesellschaft dar. Das beweist, daß die Musik funktioniert und wahr ist. Denn sie soll beleidigen, dazu ist sie da. Es ist Zeugnis ihrer Authentizität.

1959 beschrieb das *Music Journal* die Rockmusik als »diesen Rückfall zu den Dschungelrhythmen«, die die Jugend »zu Orgien des Sex und der Gewalt anstiften. Teenager benutzen sie als Vorwand, alle Hemmungen abzulegen und sämtliche Konventionen des Anstandes zu mißachten.« Von Ruskins verächtlichem Urteil über die

Haltung in den Fünfzigern bis zu den heutigen Ängsten – an der Einstellung gegenüber der Befreiung hat sich nicht sonderlich viel geändert.

Für ihre Fans sind Guns N' Roses die aufregendste und aufrichtigste Rock'n'Roll Band, seit die Rolling Stones vor mehr als zwanzig Jahren angetreten sind, um den Schatten für den Sonnenschein der Beatles zu spielen. Für die Eltern von heute sind Guns N' Roses in jeder Hinsicht so verrückt, böse und gefährlich wie die Stones in ihrer Glanzzeit oder wie Byron und Shelley zu ihrer Zeit. Schamlos und schmutzig, Schänder und Verführer sind sie alle.

Ihr erstes Album *Appetite for Destruction* hielt sich über ein Jahr unter den Top 10 des *Billboard*. Mehr als 10 Millionen Exemplare wurden weltweit verkauft; damit ist es das erfolgreichste Debütalbum *aller Zeiten*. Monate später stürmte die EP *Lies* – noch vor der LP aufgenommen, aber erst danach veröffentlicht – die Charts, um sich *Appetite* anzuschließen, und dann klebten beide monatelang in den Top 10, stetig abverkaufend. In einer typischen Woche dieses Zeitraumes verkauften Guns N' Roses ungefähr 200 000 Platten. Nicht schlecht für fünf Jugendliche, die nur angetreten waren, um all die übrigen L. A. Club Bands wegzublasen und den Posern und Möchtegernen zu zeigen, wie man es richtig macht. Um endgültig »echt« zu sein, um es im romantischen Geist des Rock'n'Roll »richtig« zu machen, hätten sie dann von der Bildfläche verschwinden, sich auflösen und/oder sterben müssen wie die Sex Pistols oder Doors. Glücklicherweise lief es nicht so. Statt dessen machten sie weiter, nachdem sie sich ihren Weg aus der Müllkippe der Heavy Metal Scene des Sunset Boulevard in L. A. erkämpft hatten, gelobt und geadelt als die wahren Vertreter des Rock, Pop, Heavy Metal der Achtziger und auch des Punk, weil Punk stets mehr Haltung als Musik war. Sie wurden von der Rockpresse und der normalen Presse gleichermaßen attackiert, wegen ihres Lebensstils und wegen ihrer Musik. Guns N' Roses rufen Kontroversen hervor, wohin auch immer sie gehen, was auch immer sie tun. Ihr Leben spiegelt sich in so vielen ihrer Songs – nicht notwendigerweise als Angeberei oder Eigenlob, aber immer ohne jede Entschuldigung. Sie tun, was sie sagen. Und was sie sagen, macht die Leute sehr nervös.

Das Zusammenspiel von Wein, Weib und Gesang ist nichts Neues.

Das heilige (oder unselige) Triumvirat ist seit Äonen vereint. Für einige Kulturen war es ein zu feiernder Hafen, für andere jedoch der Ruin.

Entweder wurde es gelebt und genossen oder verachtet und vermieden, und so entstand eine Art Yin und Yang der Lebenseinstellungen – ich kann nicht damit leben, ich kann nicht ohne es leben. In den letzten paar Jahrzehnten haben sich nur die Namen geändert: 1950 waren Sex, Drugs and Rock'n'Roll eine Sünde, in den Sixties ein Credo und in den Siebzigern ein Klischee. Heute, im derzeitigen politischen Klima von Reagan/Bush, JUST SAY NO und AIDS sind es wieder *»big bad news«*. Einige Kritiker heulen auf und behaupten, daß es die Verfechtung des Exzesses sei, was Guns N' Roses' Ruhm ausmache, alles Show und nichts dahinter. Ihre Plattenfirma, Geffen Records, entgegnet auf die Vorwürfe der Verantwortungslosigkeit, Guns N' Roses seien doch nur ein Act und würden Platten verkaufen. Die Jungs in der Band wiederum bestehen darauf, daß sie nur sie selbst sind. Aber die kleinen Girls, die verstehen es, und in diesem Fall tun die Boys das auch. Die Mitglieder der Band sind jung, tollkühn, starrköpfig, zynisch, stolz, unbeherrscht, kompromißlos, unverschämt, streitlustig und stehen ganz offen und ehrlich zu ihren Fehlern. Sie glauben an sich – so, wie sie es sollten. Sie *sind* gut, gemessen an den Maßstäben und Werten des Hardrock, dem einzigen wahren Kriterium, nach dem sie beurteilt werden sollten, nämlich im Verhältnis zu ihresgleichen. Sie sind eine Band im besten Sinne des Wortes, eine Rock'n'Roll Gang, eine verschworene Familie, verbunden durch etwas Wertvolleres und Tieferes als Blut oder Vernunft, und sie hängen aneinander, weil jeder ohne den anderen, wie es scheint, verloren wäre.

In einer Kultur, in der die eine Hälfte der Bevölkerung Rockstars zu Göttern erhebt und die andere Hälfte sie in die Hölle verdammt, kann es nicht sonderlich überraschen, daß diese zwei Kräfte in Konflikt miteinander stehen und ein schillerndes Juwel produzieren, das diese Gesellschaft dann sowohl will und verdient, verabscheut und verurteilt, feiert und in alle Ewigkeit verdammt.

Die westliche Kultur hat die Rockkultur seit ihren Anfängen ausgebeutet und bejubelt, unterstützt und unterdrückt. Rock'n'Roll

Bassist Duff und Ex-Frau Mandy in glücklicheren Tagen.
(Foto: Michele Matz/Retna Ltd.)

ist der unberechenbare, millionenschwere Sohn der Unterhaltungsindustrie. Aber Rock'n'Roll wurde als Kunstform niemals wirklich anerkannt, ungeachtet seiner Profite. Vielleicht gerade noch toleriert, aber viel öfter verdammt und ganz sicher unterdrückt.

Das jüdisch-christliche Zeitalter ist seit der industriellen Revolution mit vollem Tempo ins Zeitalter der Computer und Roboter gedonnert. Es verehrte und verehrt den Gott der Logik, den Griechengott Apollo. Der intuitive und wilde Dionysos wurde immer weiter und tiefer in unser kollektives Unterbewußtsein gedrängt, ignoriert und unterdrückt. Ich meine nicht Bacchus, Dionysos' römische Inkarnation, den Gott der Trunkenheit und bacchanalischen Ausschweifungen, sondern den ursprünglichen, griechischen Dionysos, den Befreier, der Ekstase oder Wahnsinn bringt, den Repräsentanten der Vermählung des Menschen mit seiner ureigenen wahren Natur.

Als die Griechen Apollo erhoben, den Gott des Lichts, der Logik und der Vernunft, machten sie gleichzeitig Dionysos, den Gott der Dunkelheit, der kreativen, unlogischen Impulsivität, zu seinem Widersacher oder Gegenteil. Apollo war oben in der Sonne, klar, makellos, und es ist nur logisch, daß Dionysos, als sein Gegenteil, zum Feind wurde, dort unten, dunkel und böse, verkörpert durch das Bild des Ziegenbockes, bis zu den Hörnern und den Klumphufen des Teufels. Beine erhielt er von den behaarten Flanken des Pan, dem Gott der Musik – dies dank der Kirche. Sie nahm die Rücksichtslosigkeit des Dionysos und die animalischen Kräfte in der Musik des Pan und machte beides zu einer puren simplen Sünde, auf die schreckliche Bestrafung, wenn nicht gar prompte Vergeltung folgte. Die Kirche übernahm in dem Versuch, die trunkene, heidnische Anbetung des Dionysos auszurotten, das ehrende Weinritual und machte es zu ihrem eigenen Symbol für das Blut Christi. Im 6. Jahrhundert vor Christus hat der Orphismus einen ähnlichen Schritt auf den Dionysos-Kult zu gemacht. Die Moslems dagegen haben den Genuß von Wein gänzlich verboten – in jeglichem Kontext. Im Koran steht geschrieben: »Und sie werden dir anbieten den Wein. Antworte ihnen: Es ist eine große Sünde.« An anderer Stelle im Koran, im Kapitel über die Tischsitten, ist zu lesen: »Sicher ist Wein eine Abscheulichkeit und das Werk des Satans. Daher meide ihn, auf daß du gedeihen mögest. Satan versucht, dich zu verleiten, Gott zu vergessen. Deshalb sei folglich enthaltsam.«

Der Blick zurück fehlt in der Geschichte unserer Gesellschaft und ihrer Vorläufer. Selbst heute predigen die westlichen Religionen die Verleugnung des Lebens und die Ausrottung der Leidenschaft. Die Argumentation lautet: Es ist okay, wenn man sich sein Leben so richtig mies und elend macht, um dann die Ewigkeit (den Tod) in Würde (im Himmel) zu verbringen. Wenn man aber – so die Logik – die körperlichen und sinnlichen Leidenschaften des irdischen Lebens genießt, dann muß man sich darauf vorbereiten, bis in alle Ewigkeit in der Hölle für seine Sünden zu bezahlen. Fernöstliche Religionen dagegen haben eine andere Einstellung zu der physischen Seite des Körpers, sie üben ihn durch Yoga (von *»yuj«* einem Wort aus dem Sanskrit, das »vereinen« oder »zusammenfügen« bedeutet). Wenn wir, in der westlichen Kultur, unser physisches Ich ehren, geschieht es eher voller Schuldgefühl und Angst als voller Würde. Die Juden waren auch nicht viel besser als die Christen, was die Körperlichkeit angeht, wie sie Dionysos, der Gott der Ekstase, geehrt hat. Ein altes jiddisches Sprichwort verheißt uns: Welches rechtmäßige Vergnügen wir uns selbst auf Erden versagen, von diesem Verlangen sind wir im Himmel befreit. An Yom Kippur, dem Tag der Buße, werden all die Sünden des Menschen auf den Rücken eines *Ziegenbocks* gehievt, auf daß er sie davon erlöse, und so wird er in die Wüste geschickt, alles Übel mit sich nehmend. Yeah, der Original-Sündenbock, in die Wüste mit ihm, wo er hingehört.

Eine populäre Theorie, die derzeit unter Psychologen und Intellektuellen zunehmende Akzeptanz erfährt, besagt, daß die alten Götter der Griechen, auch wenn sie nicht länger auf dem Olymp thronen, so doch weiterhin als Archetypen existieren. Das ist keine neue oder radikale Theorie. Sowohl Carl Jung als auch Friedrich Nietzsche verwenden die Symbole des Apollo und Dionysos, um die zwei großen, miteinander im Konflikt befindlichen Aspekte der menschlichen Existenz zu benennen. Sie werden zum primären (oder dionysischen) Trieb, dem »Ich will« des Es, und dem kulturellen (oder apollonischen) »Du sollst nicht« des Über-Ich.

Jung vertrat die Ansicht, daß die griechischen Götter des Altertums, seit wir nicht mehr an die Realität des Olymp glauben, als Symptome in uns weiterleben. Zu der göttlichen Ekstase des Dionysos haben wir nicht länger Zugang; wir werden verzehrt und geplagt von suchtartigem Verhalten und billigen Vergnügungen. Der Rock'n'Roll ist es, wo sich »real thing« und »cheap thrill« treffen.

Dionysos, so sehr er verachtet wurde, konnte nicht ausgelöscht oder auch nur unterdrückt werden. Als König Lykurg die Armeen des Dionysos aus seinem Land verjagte, glaubte er, diesen Gott, der nur Ärger und Bedrohung bescherte, für alle Zeit los zu sein. Doch Dionysos hatte sich nur versteckt, tief unter dem Meer. Als er wieder emporstieg, manifestierte er sich als erschreckend mächtige Gewalt; sie war die Kehrseite seiner anderen, ebenso mächtigen Eigenschaft, der Ekstase. Je verbissener wir Dionysos verdrängen oder unterdrücken, desto brachialer wird er zurückkehren. Wie Carl Jung argumentiert und wie die Mythologie der Dämonen des Dionysos zeigt – wenn ein Impuls aufsteigt und nicht damit offen umgegangen wird, dann versinkt er wieder und verwandelt sich in eine unmenschliche Eigenschaft. Dr. Frederick Pearls gründete seine Gestalttherapie auf die Notwendigkeit, das eigene Gefühlsleben vollständig zu erfahren. Wenn das nicht geschieht, ist die Erfahrung oder das Leben unrein, richtungslos und konfus, das Verhalten destruktiv oder negativ. In Anbetracht dessen: Was geschieht, wenn eine Gesellschaft als Ganzes fortfährt, all ihre gefühlsmäßigen Impulse Generation um Generation zu verdammen, während sie gleichzeitig unablässig nach immer größeren und noch größeren Formen der Befriedigung und Sättigung sucht? Was dabei herauskommt, sind die heutigen Rock'n'Roll Kids, verzweifelt vor Sehnsucht und loyal jedem gegenüber, der sie in Berührung mit sich selbst bringt. Was folgt also, wenn eine Gesellschaft versucht, diesen Kids ihre Musik, die Erfahrung von Einheit und Transzendenz zu verbieten, nach denen ihre Seelen verlangen? Das hier: Heavy Metal Kids, Megadeath, Crack-Sucht, Alkoholismus, fehlgeleitete Ekstase und – ja, Guns N' Roses und Wahnsinn.

Die Quintessenz des Dionysos ist eben dieser Wahnsinn. Und wie uns die Sage lehrt: Es ist leicht, die Grenzen der Verzückung zu überschreiten, zu gefährlicher Wildheit und Zerstörung, vom Geheiligten zum Profanen überzugehen. Die Brücke zu Dionysos ist der

Rausch. Der Gott der Kreativität und Zerstörung und der Gott des Weines sind ein und derselbe.

Und wir wissen auch, daß Dionysos (und seine Counterparts) ein Opfer verlangen. Dieses Opfer ist immer aus Fleisch und Blut. Wird es nicht freiwillig gebracht, dann wird es genommen, oft auf tragische Weise, doch es geschieht gleichwohl.

Obwohl Guns N' Roses das Licht und die Energie des Lebens in die Unsterblichkeit der Musik verwandelt hatten, kam schon bald der Tag, an dem Dionysos einen substantielleren Beweis der Dankbarkeit für seine Segnungen fordern sollte.

Für Guns N' Roses gab es ein bestimmtes Datum und einen besonderen Ort: 1988, Castle Donnington, das »Monster of Rock Festival«. »Ich hab's gesehen«, berichtete Axl, noch immer kaum imstande, es auch zu glauben.

> »Ich habe es genau gesehen. Direkt von der Bühne aus. Ich sah diese beiden Gesichter, wie sie hochkamen und wieder runtergingen. Hoch und runter, sie kamen wieder hoch und verschwanden wieder nach unten, und dann kamen sie nicht mehr wieder hoch. Das Publikum drehte wirklich durch, wir haben ihnen mächtig eingeheizt. Aber was dann geschah, war nicht unsere Schuld, wir haben die Show dreimal unterbrochen und haben versucht, die Sache zu beruhigen. Die Sicherheitskräfte haben nicht geholfen. Ich wußte, wenn ich da jetzt runtergehe, dann bricht die Hölle los. Ich denke, jemand hätte runtergehen können und diesen Leuten helfen . . . Ich weiß wirklich nicht, wie ich darüber denken soll.«

Zwei Jugendliche, der achtzehnjährige Alan Dick und der zwanzig Jahre alte Landon Siggers, wurden zu Tode getrampelt, mitten in einem Guns N' Roses Gig vor einer Menge von 107 000 schwitzenden, tanzenden, in Trance geratenen Feiernden. Bassist Duff McKagan hatte schon vorher, kurz vor dem Festival, gesagt: »Wenn du Donnington spielst, dann mischst du die Geschichte auf.« Er sollte recht behalten. Kaum hatte die Band die Bühne betreten, drängten die Fans nach vorn, rückten die Leute im Publikum wie bei einer Stampede zusammen und preßten sich an den Bühnenrand. Im Video zu »Paradise City« – der dritten und letzten Single von *Appetite* – kann man sehen, wie die Menge tobt und auf und ab wogt, als wäre sie *eine* Person. Es ist ein bestechendes, aber auch erschreckendes Beispiel dafür, was an dieser Band so großartig und einzigartig ist.

Slash lieferte unmittelbar nach dem Auftritt einen detaillierten Augenzeugenbericht. »Es war wirklich unheimlich ... Kids über Kids über Kids, der Länge nach auf dem Boden. Sie waren ohnmächtig, und dauernd stürzten noch mehr Leute über sie. Ich hab' sie gesehen. Es dauerte ungefähr zwei Minuten, um sie rauszuschaffen. Wir haben die Show ein paarmal unterbrochen, und schließlich zogen sie die letzten beiden da raus, und ich dachte: Sie sind tot. Es war wirklich verrückt. Ich hab gesehen, daß da kein Fünkchen Leben in diesen Körpern war.«

Weiter meinte Slash: »Das amerikanische Publikum ist wirklich cool. Das britische ist viel hektischer, viel verrückter. Das ist der große Unterschied. Ich denke, die Briten sind einfach ausgehungert. Sie müssen im Leben eine größere Hölle durchmachen. In Amerika kommen die Leute, um Spaß zu haben und sich ein paar schöne Stunden zu machen. In England grenzt das schon an Verzweiflung, weil das Leben hier ziemlich beschissen ist. Ich bin hier geboren, und ich weiß, wie das ist ...«

Aber es kann überall passieren. Es passierte beim Konzert der Who in Cincinnati, noch ehe das Konzert überhaupt begonnen hatte, als die Menge wie von Sinnen ins Auditorium stürmte, auf der Jagd nach den besten freien Plätzen ganz vorn. Es passierte auch den Doors bei einem Konzert, als einer aus dem Publikum auf die Balustrade des zweiten Rangs kletterte, mit einem glückseligen Ausdruck auf dem Gesicht und mit ausgebreiteten Armen wie ein gekreuzigter Schwan absprang und mit einem häßlichen Geräusch auf den Asphaltboden klatschte, gerade als die Doors die aufrührerischen Anfangsakkorde zu »When the Music's Over« gespielt hatten. Und es passierte im Altamont Speedway, als die Stones das Opening zu »Sympathy for the Devil« spielten und Jagger (ohne sich darüber im klaren zu sein, wie gefährlich das Gedränge der Leute vorn an der Bühne war) sich dazu hinreißen ließ, einen lockeren Spruch loszulassen: »Bei diesem Song passiert immer was Verrücktes.«

Indem er die ganze Frustration und Wut der Band wegen dieses Unfalls zusammenfaßt, legt Slash unabsichtlich den Finger genau auf das Dilemma, dem sich die Band gegenübersieht: Wenn alles im voraus arrangiert und geplant ist, dann wird der Gig Mist; wenn aber so viel dem Zufall überlassen bleibt, dann können eben auch solche Zwischenfälle passieren. Glückliche und tragische wie der in Donnington.

> »Wenn Kids bei einem Gig umkommen, das ist ja gar nicht das ganze Problem . . . Die Scheiße daran ist, daß es eine Art Catch 22 ist, weil du das Element von Gefahr und Unberechenbarkeit haben willst. Du willst diese Art chaotische Man-weiß-nie-was-als-Nächstes-passiert-Situation, aber wenn dabei wirklich Leute verletzt werden, dann fühlst du dich dafür verantwortlich, und du haßt es, weil eine Rock'n'Roll Show wirklich so sein sollte, daß man seinen Spaß hat, und genau das versuchen wir und bieten es den Leuten. Ursprünglich war es doch dazu gedacht, die Leute zusammenzubringen. Also macht so was natürlich die ganze Sache irgendwie kaputt. Es ist großartig, rauszugehen und den Leuten Feuer unterm Arsch zu machen, aber dann schafft diese Energie, die du da reinsteckst, eine noch stärkere Energie, und plötzlich, noch ehe du es überhaupt mitkriegst, kannst du es nicht mehr kontrollieren.«

Auch Axl fühlt einige Verantwortung, aber eben nicht für alles.

> »Ja, wir waren beteiligt an dem, was geschehen ist, ganz einfach, weil wir da waren. Aber ich denke nicht, daß wir für das verantwortlich sind, was passiert ist. Wir haben den Leuten nicht gesagt, daß sie sich gegenseitig zerquetschen sollen. Wir haben den Leuten nicht gesagt, sie sollen so viel saufen, daß sie verdammt noch mal nicht mehr aufstehen können. Versteh mich nicht falsch – daß Leute verletzt wurden, war sehr tragisch, die Toten, das war eine Tragödie, gar keine Frage. Aber wir hatten das beste abgefuckte Publikum von allen gottverdammten Bands an diesem Tag.«

Und er hat jedes Recht, stolz darauf zu sein. Es war die größte Menge, vor der sie je aufgetreten waren; ein großer Teil des Publikums war wegen anderer Bands gekommen, doch die Gunners zogen an diesem Tag eine besonders große, unerwartete Zahl von Besuchern an, und sie gingen raus, um die Headliner wegzupusten, um alles in diese Show zu legen, was sie hatten, damit es noch den letzten ganz hinten umwarf. Und sie schafften es. »Fahnen, Schals, die Leute haben mitgesungen, getanzt, alles«, erinnerte sich Axl. »Es war total wahnsinnig.«

Während des Konzerts, ehe Axl informiert wurde, daß Leute umgekommen waren, sagte er zum Publikum: »Have a fucking good day. Und bringt euch nicht um dabei.« Aber da war es schon zu spät. Dionysos kann für seine Anhänger Ekstase oder Wahnsinn bedeuten, und oft wird das eine zum anderen, blitzschnell, im Bruchteil einer Sekunde, oder beides vermischt sich und wird zu ein und demselben.

Eins ist sicher: Es war eine schwierige, schmerzliche Prüfung für eine Band, die noch so jung ist – eine junge Band, die schon so schwer und so oft geprüft worden war und in den kommenden Wochen und Monaten weiter geprüft werden sollte.

Die Parallele zu Dionysos ist die: Wenn wir einen unsterblichen Gott oder einen Archetypen verleugnen, wird er nicht verschwinden; er mag fortgehen, in den Untergrund oder in den Ozean (des Unterbewußtseins) abtauchen, aber er wird zurückkehren, pervertiert und mächtiger denn je. Mit anderen Worten, wenn man einen Gott unterdrückt, erhält man einen Dämon. Diejenigen, die ihn akzeptieren, erfahren Ekstase, diejenigen, die sich ihm verweigern, sind verdammt.

Der Wahnsinn oder die Manie, durch Dionysos verbreitet, ergreift und begeistert eine große Zahl von Menschen. Wann immer Dionysos unterdrückt oder bekämpft wird, nimmt er die Ausmaße einer Epidemie an. Die in der Antike am meisten verehrten Götter waren umherwandernde Götter – Orpheus, Pan, Hermes. Jeder von ihnen hatte seine Saison, die Menschen riefen ihre Anwesenheit herbei, ihnen zu Ehren wurden Hymnen gesungen. Dionysos war unter den Göttern der am meisten begehrte, der am meisten gefürchtete und am tiefsten verehrte. Wenn Dionysos hatte, was er verlangte, zog er weiter, jedoch nicht, ohne zuvor jene belohnt zu haben, die ihn anbeteten. Wichtig ist, festzuhalten, daß Dionysos ständig unterwegs war und als souveräner Herrscher über das Spontane und Plötzliche bezeichnet wurde; er erschien in einem Schwall natürlicher Energie, war der »Prinz der Unmittelbarkeit«. Nichts kann ihn aufhalten, und wenn es dennoch versucht wird, kehrt sich die begonnene Aktion in ihr Gegenteil um. Auf jede unterdrückte Handlung folgt eine noch stärkere Reaktion.

Heute ist der Wahnsinn des Dionysos evidenter denn je. Er läuft frei herum, ist größer, mächtiger und zerstörerischer als jemals zuvor. Das Problem, dem sich König Lykurg gegenübersah, war nur ein Mikrokosmos des Problems, mit dem wir heute in Form der Drogenepidemie konfrontiert sind. Und es ist eine interessante Tatsachen, daß *»Epidemie«* ursprünglich ein Wort war, das benutzt wurde, wenn von einem »Opfer für die Götter« die Rede war.

Der Gedanke, Dionysos zu beschwichtigen und ihm einen Platz in seinem Königreich zu gewähren, widerstrebte König Lykurg so sehr wie den politischen Machern heute der Gedanke, Drogen zu legalisieren. (Auch wenn sich – während ich dies schreibe – der ehemalige Staatssekretär George Shultz inzwischen positiv zu einer Legalisierung äußert: »Wir haben versucht, das Problem an der Quelle stoppen – es hat nicht funktioniert. Wir haben versucht, die Nachfrage zu stoppen – es hat nicht funktioniert. Es (die Legalisierung) ist die einzige Antwort. Wir haben einfach nicht genügend Platz in den Gefängnissen der Welt, um auch nur ein Zehntel der Drogenkonsumenten dieses Landes unterzubringen.«) So wie Dionysos mit dreifacher Kraft und Wut zurückkehrte, so wird auch das Drogenproblem weiterhin seinen Preis einfordern.

Und wenn »sie«, ebenso unterdrückerisch, versuchen, ein Konzert abzusagen, eine Platte zu *»raten«*, aus dem Handel zu ziehen oder zu verbieten, wenn »sie« versuchen, mit irgendwelchen Gesetzen gegen unsere Musik vorzugehen, dann wird es ultimativ auf »sie« zurückschlagen. Jedesmal wenn »sie« versuchen, ein Gesetz zu erlassen, das sich gegen den Geschmack der Menschen richtet, wird das Verlangen nach Transzendenz und Rausch wachsen und wird Dionysos zurückschlagen.

Nach drei Jahrzehnten der Repression scheint der Rock'n'Roll weite Teile der Bevölkerung umarmt zu haben. Schalte den Fernseher ein, und schau dir an, wie viele Madison-Avenue-Kreaturen die weichgespülte Version der Rockmusik als Soundtrack für ihr Leben benutzen, als faszinierenden, Emotionen hervorzaubernden Background. Trotz solch breiter Akzeptanz wird der Rock'n'Roll immer einen Fransenrand an Leuten produzieren, die sich dem entziehen und kein Interesse an reiner Unterhaltung haben. Für sie ist Rock'n'Roll eine Haltung, eine Überzeugung, ein Lebensgefühl oder –

wenn man so will – eine Religion. Was denken die Eltern von heute, wenn ihre Töchter und Söhne am Altar dieser Outlaws beten? Dasselbe, was schon jene Mütter und Väter in Theben empfunden haben, als ihre Sprößlinge sich der Familientradition verweigerten und davonrannten, um sich Dionysos und seiner Anhängerschaft in ihren ekstatischen Ausschweifungen anzuschließen. Das Patriarchat versucht, den Exodus zu stoppen, den Wahnsinn zu beenden – den Gott zu verleugnen. Die Eltern empfinden Wut, sie reagieren besitzergreifend und beschützerisch.

Heute existieren sowohl auf Bundes- wie auf Landesebene Gesetze, die ein Ratingsystem für Schallplatten schaffen, ähnlich dem beim Film: *X, R, PG* und das kürzlich eingeführte *NC-17*. Das ist der Versuch, die Kraft zu zähmen und die Faszination der Musik zu brechen. Dieser Versuch wird fehlschlagen, denn je strenger eine Platte eingeordnet wird, desto größer wird das Verlangen der Kids sein, diese Platte zu hören und zu besitzen. Man schaue sich die öffentliche Reaktion auf die Unterdrückungskampagne gegen 2 Live Crew im Jahre 1990 an. Die Plattenumsätze vervierfachten sich. Die Songs und die Musik von Guns N' Roses, das ist sicher, wird man als erstes zu kontrollieren und zu unterdrücken versuchen. In einigen Bundesstaaten werden ihre Platten bereits *»geratet«* und mit Aufklebern versehen, die davor warnen, daß die Platte »möglicherweise obszöne Texte« enthält.

Es ist kein Zufall, daß die kraftvolle Emotion, die die Beatles bei ihren Fans hervorriefen, Beatlemania genannt wurde. Die Manie ist das exklusive Reich des Dionysos. So wie die Beatles Dionysos als Antwort auf die Unterdrückung auferstehen ließen, die er während der konservativen Fünfziger Eisenhowers erlitt, so schaffen auch Guns N' Roses eine Manie; was die reinen Plattenumsätze betrifft, sind sie sogar noch größer als die Beatles. Sie sind jenseits jedes Erfolges. Sie sind ein Phänomen – eine Manie.

Bezeichnenderweise betrachteten die Griechen Wahnsinn oder Manie als eine Unreinheit und Krankheit. Geheilt werden konnte sie nur durch ein besonderes Ritual der Reinigung, durchgeführt von einem Wahrsager oder Magus. Dionysos selbst wurde von seiner Großmutter Rhea gereinigt, nachdem seine eifersüchtige Stiefmutter ihren Zorn und ihre Wut auf ihn gerichtet hatte. Er zog durch

Ägypten und Syrien, bis Rhea, Mutter der Götter, ihn von seiner Manie erlöste.

Dieser Prozeß erinnert auch an die Erfahrung der Schamanen im Altertum, die erst verwundet werden mußten, ehe sie zu heilen vermochten. Der Schamane mußte erst leiden, ehe er die Macht hatte, das Leiden anderer zu kurieren. Auch diese Macht ist dionysisch. Ein Rockkonzert kann, wenn auch sehr selten, eine ähnlich profunde Erfahrung bieten. Es richtet sich an das seelisch verwundete oder körperlich mit Narben versehene jugendliche Publikum und kann es mittels der Macht der Musik heilen. Guns N' Roses zählen zu den Auserwählten, weil besonders sie in der Vergangenheit Narben davongetragen haben.

Guns N' Roses sind der Aufschrei einer verletzten, zornigen Generation, die, umzingelt von Kaufhäusern und Kinokathedralen, von den Medien manipuliert wird und von der Urquelle eines dynamischen inneren Lebens abgeschnitten ist.

Selbst der Bandname Guns N' Roses ist Symbol für die duale Natur des Dionysos – Ekstase oder Wahnsinn, Schaffen oder Zerstören, Gewalt oder Romanze, Schönheit oder Häßlichkeit, *»a kiss or a kill«*. Die Tätowierungen der Bandmitglieder sind ebenso symbolisch. Sie sind nicht nur eine Form der Selbstzerstörung, sie besiegeln auch für alle Zeit die Trennung ihres Trägers vom Rest der Gesellschaft. Nicht zufällig sind in Japan die meisten Tätowierten Mitglieder der Unterwelt und findet man in Amerika Tätowierungen am häufigsten im Gefängnis und bei Hardrock Bands. Die Tätowierung stellt noch ein weiteres Paradox dar: Schönheit geschaffen auf brutale Weise, »die Glorifizierung des Fleisches als ein Mittel zur Spiritualität« (Diane Ackerman in *Natural History of the Senses*). Axl personifiziert perfekt die Dualität zwischen Unschuld, wie sie sich beispielsweise im Song »Sweet Child o' Mine« findet, und impulsiver Wut wie in »Welcome to the Jungle«. Bezeichnend auch, daß sich Axls Nachname im Bandnamen wiederfindet – die Rose, Schönheit mit Dornen. »Welcome to the Jungle« ist in der Tat eine doppelte Metapher: der Dschungel steht für die Großstadt, aber auch für den Dschungel primitiver, mächtiger Emotionen wie Kampf oder Flucht; für den dionysischen Drang, ekstatisch zu sein oder bei dem Versuch wahnsinnig zu werden.

In der sich fortsetzenden Debatte, warum der Versuch, den

menschlichen Geschmack gesetzlich einzuschränken, keinen Erfolg zu haben scheint, ist das Argument erhoben worden, das Verlangen nach Rausch stelle in Wahrheit einen vierten Trieb da. In seinem Buch *Intoxication* führt Dr. Segal dazu aus:

> »Neue ethnologische Studien oder Laborstudien mit Nagetieren und Untersuchungen auf Inseln von Primaten sowie eine Analyse der sozialen und biologischen Geschichte lassen die Schlußfolgerung zu, daß der Drang nach Rausch durch Drogen eine primäre motivierende Kraft im Verhalten des Organismus darstellt. Unser Nervensystem ist wie das der Nagetiere und Primaten so angelegt, daß es auf eine chemische Intoxikation in derselben Art und Weise reagiert wie auf Belohnung durch Essen, Trinken und Sex. In unserer gesamten Geschichte als Spezies hat der Rausch dieselbe Funktion gehabt wie die Basistriebe Hunger, Durst oder Sex, manchmal hat er sogar alle anderen Aktivitäten des Lebens überschattet. *Der Rausch ist der vierte Trieb*.
>
> Drogen gaben den Menschen Bilder zum Schauen, Stimmen zum Lauschen, Gedanken zum Reflektieren und veränderte Bewußtseinsstufen zum Erforschen. Sie haben globale Konditionen erzeugt, die nur mit Begriffen wie *Ekstase* oder *Wahnsinn* beschrieben werden können.«

Wir nehmen Drogen, schrieb der Dichter Baudelaire, »um die Engel nachzuäffen, und werden selbst dabei zu Tieren.«

Jean Cocteau, der Süchtige-Autor-Maler-Filmemacher, beschrieb, wie sehr Tiere vom Rausch angezogen werden:

> »Opium lockt die Tiere an. Die Süchtigen in den Kolonien wissen um die Gefahr dieses Köders für wilde Tiere und Reptilien. Fliegen schwirren um das Tablett mit dem Opium und träumen, die Echsen mit ihren kleinen Pfoten werden beinah ohnmächtig an der Wand und warten auf die Nacht, Mäuse kommen näher und knabbern . . . Die Kakerlaken und die Spinnen bilden in Ekstase einen Kreis.«
>
> *(Opium Diary of a Cure)*

Wenn also sowohl dem Tier als auch dem Menschen ein vollkommen natürliches Bedürfnis, veränderte Bewußtseinsstufen zu erlangen, eigen ist, dann haben alle Gesetze und Verbotsversuche durch die herrschende patriarchalische Moral keinen Sinn. Dionysisches Verhalten kann und darf nicht zu ungesetzlichem Tun gemacht werden.

Axl, Slash und Duff: » Laut, grob, selbstsüchtig, irritierend, unverantwortlich, verkommene Subjekte, ungehobelte Kerle – in einem Wort: vulgär.«
(Foto: Larry Busacca/Retna Ltd.)

Es wird nicht zu stoppen sein, weil man es nicht stoppen *kann*. Wie die griechische Mythologie klarmacht, wird Widerstand gegen diese Kraft nur fortgesetzte und gesteigerte Gegenwehr erzeugen. Dionysos verkörpert jedoch nicht nur die dualen Kräfte von Rausch und Wahnsinn – der große Gott tanzte auch, und, ebenso wichtig: er machte Musik. Er hatte seine Gefolgschaft, seine Anhänger; in gewisser Weise kann man Dionysos als den ersten Rockstar bezeichnen und seine Mänaden als die ersten Rockfans.

Die göttliche Essenz des Dionysos ist der Wahnsinn, doch der Wahnsinn, der Dionysos genannt wird, ist eine Krankheit, keine Debilität, sondern ein Begleiter des Lebens in seiner gesündesten Form. Auch nach den Worten von Walter F. Otto steckt darin »das Aufwühlen der Essenz des Lebens, umgeben von den Stürmen des Todes. Seit solcher Tumult in den allertiefsten Tiefen liegt und sich bemerkbar macht, ist alle Ekstase des Lebens durch dionysischen Wahnsinn aufgebracht und bereit, die Grenze von Verzückung und gefährlicher Wildheit zu überschreiten.« Es ist der ursprüngliche, unvernünftige Wahnsinn, dem Schoß der Mutter innewohnend, der alle Momente des Schaffens umfaßt, der die konstante, geordnete Existenz in Chaos verwandelt und ursprüngliche Erlösung und Schmerz begleitet – die ursprüngliche Wildheit des Seins ... Die tiefe Emotion, mit der sich dieser Wahnsinn ankündigt und in der er seinen vollkommensten Ausdruck findet, ist der Rausch, die Musik, der Tanz.

Tranceartige Zustände und verrücktes Herumwirbeln waren Formen der Besessenheit, welche die Mänaden ergriffen, wenn sie von der Musik des Dionysos gefangen wurden. Das transformierende Paradox der Verrücktheit und der Kreativität führt einen genau an den Rand der Klippe und dann hinunter in den Abgrund. Aus diesen elementaren Tiefen kommt der Wahnsinn, der alle Gesundheit zu zerstören droht – durch den Verlust an Kontrolle und/oder der Furcht vor dem Tod. Aus der ursprünglichen Wildnis in uns erhebt sich ebenso das Fremde und Unheimliche, das in die Sicherheit des Alltags einbricht und Inspiration, Ekstase und die Verheißung eines neuen Lebens bringen kann. Dionysos ist die Gottheit, die diese Widersprüche personifiziert.

»Alle irdischen Mächte sind in diesem Gott vereint: die schaffende, nährende, berauschende Verzückung, die lebenspendende Unerschöpflichkeit und der zerreißende Schmerz, die tödliche Blässe, die sprachlose Nacht des Gewesenen. Er ist die verrückte Ekstase, die über jeder Empfängnis und jeder Geburt schwebt und deren Wildheit immer bereit ist, weiterzugehen zu Zerstörung und Tod. Er ist Leben, das, wenn es überfließt, wahnsinnig wird und in seiner profundesten Leidenschaft eng mit dem Tod assoziiert wird.«
(Walter F. Otto in *Dionysos: Mythos und Kultus*)

Das ist der Hunger nach Zerstörung – *Appetite for Destruction*.

Die Welt des Sonnenlichts ist das Reich des Apollo. Wo das Leben auf Distanz gehalten wird. Dionysos ist die Alternative – die Welt der Nacht, vollkommen und unmittelbar. Apollo bewahrt, wo Dionysos zerstört. Apollo ist der Gott der Form, nicht des Instinkts. Geraten diese beiden archetypischen Energien aus der Balance, dann füllt Sucht – ob nach Liebe, Macht, Drogen oder Aktivität – die entstandene Lücke und verdeckt die Gefahr. Nur in der Vereinigung dieser Energie können Beständigkeit, Kreativität und deren Resultat gedeihen. Ein Künstler braucht den Kontakt zum dunklen Kosmos der Kreativität, aber er muß auch die disziplinierte Logik, verkörpert in Apollo, besetzen, um sein Werk weiterzuführen. Um ein langes, produktives und ausbalanciertes Leben zu überleben, müssen wir beide Welten ungestraft erfahren haben. Aber um Langlebigkeit schert sich die ursprüngliche Kraft des Rock'n'Roll nicht. Allein das *Jetzt* existiert. Das intensive Jetzt.

Paulus versuchte, den Athenern den ihnen unbekannten Gott zu erklären: »Es ist Gott, der uns dazu geschaffen hat, durch die Schatten unseres Nichtwissens hindurch zu suchen und Gott zu finden.« Und natürlich versprach Gott eine Antwort: »Wenn du mich mit all deinem Herzen suchst, werde ich dich mich finden lassen.«

Carl Jung zeigte auf, daß keineswegs zufällig Alkohol auch »Spiritus« genannt wurde, und schrieb, daß der Durst des Alkoholikers auf Alkohol gleichzusetzen sei mit dem spirituellen Dürsten der Seele nach dem »Einssein« mit Gott.

»Alkohol heißt im Lateinischen *›spiritus‹*, und man gebraucht ein und dasselbe Wort sowohl für die höchste religiöse Erfahrung wie für das am meisten verderbende Gift. Die hilfreiche Formel lautete daher: *›spiritus contra spiritus‹*.« Es ist eine alchemistische Formel. Es bedeutet, in den Worten eines Briefes, den Jung an den Gründer der Anonymen Alkoholiker, Bill Wilson, schrieb, daß man den Spirituosen nur mit spiritueller Erfahrung begegnen kann – oder mit anderen Worten: man braucht Feuer, um Feuer zu bekämpfen.

Die in der Tradition Jungs stehende Analytikerin Marion Woodman arbeitete Jahre später heraus: »Betrachtet man Alkoholismus und Sucht als eine Sehnsucht nach spiritueller Erfahrung, dann könnte dies bedeuten, daß in unserer Gesellschaft etwas ganz anderes vor sich geht, als es auf den ersten Blick den Anschein hat. Man könnte sagen, daß wir keine durch Alkohol und Drogen bedingte Krise haben, sondern vielmehr eine spirituelle Krise.«

Freud betonte, daß unsere Gesellschaft im großen und ganzen eine repressive ist. Es herrscht ein ständiger Konflikt zwischen dem Verlangen nach Konformität und dem Verlangen unserer instinktiven Energien, von Nietzsche »dionysisch« und von Freud »sexuell« genannt. Und wir versuchen unseren natürlichen Durst auf jede nur mögliche Weise zu löschen.

Der Autor, Humanist und Philosoph R. D. Laing schrieb in seinem Buch *Das geteilte Selbst*, daß »unsere Zivilisation nicht nur die Instinkte unterdrückt, nicht nur die Sexualität, sondern jede Form der Transzendenz. Unter eindimensional ausgerichteten Menschen ist es nicht verwunderlich, daß jemand mit Erfahrungen in ganz anderen Dimensionen, die er nicht gänzlich abstreiten oder vergessen kann, Gefahr laufen wird, entweder von den anderen vernichtet zu werden oder zu verleugnen, was er braucht und weiß, oder sich sogar selbst zu zerstören.«

Wir scheinen unsere Sehnsucht nach Gott durch andere Dinge zu ersetzen, wir sind von ihnen besetzt anstatt von Gott. Wir suchen Befriedigung und finden sie, aber früher oder später sind wir enttäuscht. Wenn das stimmt, dann zeigt es uns sicherlich, warum Gottes Erscheinen, warum ein spirituelles Erwachen das einzige zu sein scheint, das einen Süchtigen heilen kann. Man kann nur eines tun: die Droge durch Gott ersetzen; dies ist, wie schon zuvor angeführt, die ursprüngliche Intention, sich dem Ritual der Reinigung zu unterziehen. Gott tritt, wie im Schamanismus, durch die Wunde ein.

Selbst der Ausdruck »high werden« verrät die spirituellen Ziele. Moses erhielt die Zehn Gebote hoch oben auf dem Gipfel des Berges, die Götter und Göttinnen der Griechen wohnten auf dem Berg Olymp. Der Himmel ist »hoch oben«, ätherisch. Die Hölle natürlich »tief unten«, erdgebunden, materiell.

Die Welt der Drogen und der Musik kann als eine ruhelose Kultur auf der Suche nach Erleuchtung gesehen werden. Vielleicht muß diese Sehnsucht, die überhaupt erst Rituale der Initiation schuf, Opfer fordern, um wirkliche Bedeutung zu erlangen, wenn das Überleben der Stärksten eines der Ziele der Natur ist.

1930 schrieb Dr. Carl Jung über den Anstieg des Alkoholismus unter seinen Patienten: »Ungefähr ein Drittel meiner Fälle leidet an keiner klinisch definierbaren Neurose, sondern an der Sinnlosigkeit und Leere ihres Lebens.«

Die Leere, die Jung anspricht, hat nicht abgenommen. Wenn überhaupt, dann hat sie in der heutigen Gesellschaft eher noch zugenommen. Sogar so sehr, daß Dr. Rolo May, ein prominenter New Yorker Psychiater, 1969 schrieb: »Es mag überraschen, wenn ich auf der Basis meiner eigenen praktischen Erfahrung sage, daß das Hauptproblem der mittleren Dekade des 20. Jahrhunderts die Leere ist . . . wenn mancher sich auch amüsieren mag – die Langeweile existiert bis hin zu einem Zustand der Sinnlosigkeit und Verzweiflung, in der im besten Fall nur die Aussicht auf Gefahr attraktiv erscheint.«

Wir jagen von einem Ereignis zum nächsten, getrieben von Hingabe zu Hingabe, von einem Objekt zum anderen und weiter zum nächsten, weil die Bedeutung jedes einzelnen so schnell verschwindet und der kreative Eros sich in Gleichgültigkeit und Aversion verwandelt hat. Alles wurde ausprobiert , und nichts befriedigt. Besorgt wendet man sich von jeglicher konkreten Lösung ab und fängt an, nach ultimativer Erlösung zu suchen oder nach irgendeinem Sinn – um dann doch nur zu entdecken, daß da ein alles durchziehendes Gefühl der Sinnlosigkeit und Verzweiflung ist. Alles um uns herum verspricht Linderung und Erlösung – doch nichts hilft wirklich.

Von frühester Jugend an, kaum daß wir sprechen können, werden wir mit der Botschaft bombardiert, daß wir allein nicht genug sind: Nimm dies; kauf das; besitze jenes; fühl dich besser, stärker, sicherer, sexier, begehrenswerter, geschützter, mächtiger – aber nichts von all dem hilft, weil es nie genug ist; und es ist nicht genug, weil wir am falschen Ort suchen. Die eigentliche Religion Amerikas ist der Konsumismus; Kapitalismus ist kein System, es ist ein »way of life«. Wir sind einer gigantischen Verkaufskampagne mit einer erbarmungslosen Botschaft ausgesetzt: *Kauft! Konsumiert!* Doch das Zeug, das wir kaufen, ist fehlerhaft, weil ihm die eigene Zerstörung innewohnt: Es hilft nicht, weil die Werte auf den Kopf gestellt sind. Man hat uns dazu verführt, eine Belohnung zu erwarten, doch sie kommt nie. Wir kommen um vor Durst, und alle Wassereimer haben Löcher. Wenn es die Waren nicht schaffen, uns vollständig zu befriedigen, und wir das wissen, dann wenden wir uns den Drogen und der Musik zu. Viele von uns stellen fest, daß *sie* helfen. Wir zahlen für etwas, und voilà! Es verändert die Art und Weise, wie wir fühlen, wie wir uns in unserer Haut fühlen, dort, wo es drauf ankommt, wo wir leben. Es hilft. Das Ziel ist erreicht: Wir fühlen uns besser – anders, besonders, stärker, eben so, wie man uns gesagt hat, daß wir uns fühlen sollen, was wir aber anders nicht zu erreichen vermocht haben. Drogen und Musik sind, in diesem Zusammenhang betrachtet, nur die am leichtesten zu erwerbenden (und zeitweise wirkungsvollen) Lösungen für eine wuchernde spirituelle Unterernährung.

Die Sucht nach »Wein, Weib und Gesang«, so die Kritiker, ist ein Weg, über das Ich hinauszugehen, ohne es wirklich zu tun. Als ob solch eine Arbeitsmoral hier angebracht wäre – als sei es falsch, sich durch die Hintertür ins Paradies zu schleichen, ohne den Eintrittspreis zu bezahlen, wenn wir doch in der Realität, in unserem Alltag, bezahlt und bezahlt haben und sowieso niemand weiß, wo die vordere Eingangstür ist. Die Seele sucht unentwegt nach Transzendenz als einer Art Flucht aus dem bedrückenden Dasein des eigenen Ich. Der Rausch, so scheint es, ist immer noch besser als nichts. Wenn wir die Transzendenz nicht auf rechtmäßigem Wege erreichen können, werden wir sie eben auf illegalem Wege erreichen.

Nietzsche als der offensichtliche Erbe der Romantiker verteidigt den Kult des Rausches in *Die Geburt der Tragödie aus dem Geist der Musik*, indem er schreibt: »Ein Gefühl des Erfülltseins und gestiegener Energie wird den Beteiligten zuteil – indem das gesamte Gefühlsleben aufgeweckt und höchst lebendig ist, wie im Rausch des Frühlings oder in seinem Gegenteil – dem Rausch der Zerstörung. Und unter dem Einfluß von Alkohol und Narkotika.«

Baudelaire war davon überzeugt, der Rausch sei absolut notwendig für die Kreativität und die Quelle des Rausches sei irrelevant: »Sei stets berauscht. Das ist alles.«

Offenbar personifizieren der Rock'n'Roll insgesamt und besonders Guns N' Roses den Zeitgeist unserer Tage, und in dieser Hinsicht sind sie das Echo der Gefühle und Philosophien des dionysischen Geistes und der Ansicht der Romantiker. Doch jetzt betritt die andere Seite die Bühne: die Kirche, Autorität von eigenen Gnaden, die sogenannte moralische Mehrheit, die Verteidiger von Anstand und Sitte, all die verschiedenen Gemeinden, Tipper Gore und ihre PMRC (Parents Musical Ressource Committee, eine nach Zensur schreiende Organisation, die das ganze Musikbusiness heimsucht), Schreiberlinge, Kritiker, Prediger und Mütter, die Eltern-Lehrer-Organisation, Väter und zahllose sonstige potentielle Retter und Erlöser oder selbsternannte Gralshüter des Menschen und seiner in Versuchung geführten Seele. Allan Bloom gibt in seinem Bestseller *The Closing of the American Mind* auch der Rockmusik schuld am Niedergang der Werte in der Jugend Amerikas. Guns N' Roses als extreme Vertreter dieser Musik sind demnach, so muß man annehmen, die schlimmsten Verführer von allen; sie korrumpieren die Jugend wie niemand sonst, wenn man nach Bloom und seiner Theorie von Rockmusik als Ursache (und nicht als Folge) geht.

In einem 1988 veröffentlichten Pamphlet der US-Regierung mit dem Titel »The Downbeat Effects of Rock Musik on an Upbeat Generation«, zusammengestellt von einer obskuren Vereinigung, bekannt als »The National Committee on Music«, wird der Hardrock beschuldigt, den Sexualtrieb anzustacheln, und zwar »durch Veränderung der zerebrospinalen Flüssigkeiten, wodurch die Funktion der Hirnanhangdrüse gestört, das Gleichgewicht von Sexual- und Adrenalinhormonen zum Kippen gebracht und eine Veränderung des Blutzuckergehalts und des Kalziumanteils hervorgerufen wird«, ein Effekt, der Einfluß auf die Gehirnfunktionen hat. Da »das Gehirn ausschließlich durch Blutzucker ernährt wird, führt eine Veränderung des Blutzuckerspiegels zu einer Beeinträchtigung der korrekten

Hirnfunktion, was entweder ein gefährliches Absinken oder die völlige Auslöschung moralischer Hemmungen zur Folge haben kann.« Wenn diese Behauptungen tatsächlich zutreffen sollten, und einige davon tun das vielleicht sogar, dann sind diese Effekte, dargestellt in einem durch und durch negativen Licht, die Resultate einer Musik, die »zum Besten unserer Gesellschaft, vor allem aber unserer Jugend eliminiert werden sollte.« Das Pamphlet bezeichnet die Rockmusik als Ursache jedes sozialen Übels wie (aber nicht nur): »Mord, Vergewaltigung, Inzest, Drogenkonsum, verbotenen Sex, Homosexualität, Satanismus, Selbstmord, Sadomasochismus, Unzucht mit Tieren und Kindern . . .«

Viele junge Menschen wenden sich dem (*»upbeat«*) Effekt der Rockmusik zu und finden Spaß daran, ganz gleich aus welchen Gründen. Rockmusik ist viel eher Folge als Ursache eines tiefen Verlangens in den Herzen und Seelen der Jugend Amerikas und anderer westlicher Gesellschaften; ein *»electric mirror«*, der unsere kollektiven Hoffnungen und die meisten geheimen Wünsche ebenso wie unsere schlimmsten und schrecklichsten Ängste und Neigungen widerspiegelt.

Der Verlust der spirituellen Einheit in der westlichen Kultur hat eine Lücke hinterlassen, die wir auf die einzige Weise auszufüllen versuchen, die wir kennen – und mit allem, dessen wir nur irgendwie habhaft werden können. Was wir wollen, ist Gefahr und Vergnügen. Drama. Ekstase. Nicht daran denkend, daß es unsere Sinne sind, die wir befriedigen wollen, versuchen wir es manchmal mit Ratgebern und Kursen. Aber noch häufiger wenden wir uns dem Materialismus zu und in den meisten Fällen – besonders die Jugendlichen, die Leidenschaftlichen – der Musik, den Drogen und Pillen und dem Sex.

Guns N' Roses sind das Todesgerassel von zwei Jahrtausenden jüdisch-christlicher Kultur. Guns N' Roses sind der Soundtrack unserer auseinanderbrechenden Gesellschaft, die den Preis dafür zahlt, daß ihre Werte nicht mehr stimmen. Guns N' Roses sind der tosende Sound des wieder aufsteigenden Dionysos, die Musik der animalischen Kräfte des Menschen, die sich nicht länger verleugnen lassen; sie beißen und zerren am Knebel, der sie unterdrückt; sie drohen und tanzen am Rande des Abgrunds einer Gesellschaft, die in sich selbst kollabiert.

KAPITEL 3

DIE ANKUNFT DES BIESTES

Auf jeden Keith Richards, der Drogen nehmen und kreativ sein konnte, kommen 10 000 namenlose, leichenblasse Gitarristen, die auf der Straße herumhängen, reichlich mit Schals und Totenkopf-Regalia aufgemacht, und die es nie in ein Aufnahmestudio schaffen. »Ich habe *Exile on Main Street* aufgenommen und Jagger im Tennis geschlagen, während ich auf Smack war«, hat Richards einmal geprahlt. Was aber selten erwähnt wird, ist die Tatsache, daß er auch *Goat's Head Soup* fabriziert und sich von einem »elegant verwilderten« in einen schlicht und einfach *häßlichen Mann* verwandelt hat – und das innerhalb relativ kurzer Zeit.

Izzy Stradlin (mit bürgerlichem Namen Jeff Isabelle) hätte leicht einer von diesen Zehntausend werden können, so wie auch Joe Perry von Aerosmith um ein Haar ein ähnliches Schicksal widerfahren wäre, als er mit Steve Taylor ihre Variante von »Richards & Jagger« spielte und dann beinah implodierte, fast alles verlor und es gerade noch schaffte, dem Tod zu entgehen (oder einem schlimmeren Schicksal: der Hölle einer Solokarriere), indem er ausstieg. Die Zeit wird erweisen, wie Izzys Schicksal aussehen wird, aber fest steht, daß er bereits Erfolg hatte, wo Hunderte gescheitert sind. Ob er in dem Maß Erfolg haben wird wie Richards oder Perry, wird sich erst noch zeigen. Joseph Campbells Biograph Phil Cosineau zitiert Campbell: »Wenn du den Mythos nicht lebst, dann wird der Mythos dich leben.« Oder wie in diesem Fall *umbringen*.

»Ich weiß gar nicht mehr, wann ich das erste Mal besoffen war. Ich war's eben. Punkt«, sagt Izzy. Alles, woran er sich aus seiner Jugend erinnern will, ist, daß er ein wilder Bursche war, der nichts zu tun hatte und in Lafayette im Bundesstaat Indiana rumgammelte. »Ich mag das Kaff nicht mal erwähnen. Ich hab's gehaßt. Ich hab' mich durch und durch mies gefühlt.« Izzy ist von allen Mitgliedern der Band der am wenigsten Gesprächsbereite, vor allem was seine Vergangenheit angeht. Die einzige Information, mit der er noch rausrückt, ist, daß er in Florida zur Welt kam und nach der Trennung der Eltern mit seiner Mutter nach Lafayette zog, noch vor seiner Teenagerzeit. Sogar Slash gibt zu: »Jeder in der Band hat irgendeine Macke – keiner hatte eine normale Kindheit. Deshalb passen wir ja auch so gut zusammen.«

Izzy verbrachte nach der Trennung seiner Eltern eine Menge Zeit alleine mit seiner Gitarre. 1979 schloß er die Highschool ab, und mit siebzehn bewegte er seinen Arsch raus aus Lafayette und machte sich auf nach L. A., wo er sich mit einem weiteren Lafayette-Sproß zusammentat – mit (William) Bill Bailey, schon bald bekannt als W. Axl Rose. Der Name »Axel« rührt übrigens aus einem Vorschlag für einen Bandnamen her, den Bill Bailey bei einem Telefongespräch mit einem Freund falsch aufschrieb. Izzy und Axl trieben sich schon bald zusammen auf der Straße rum, beschützten einander und vertrauten niemandem sonst, ein Team, das ums nackte Überleben kämpfte und versuchte, wenigstens lange genug zu überleben, um es in eine Rock'n'Roll Band zu schaffen.

Izzy, der Axl wahrscheinlich besser und ganz sicher länger kennt als jeder andere, berichtet, daß Axl »ein echter Irrer war, als ich ihn das erste Mal traf. Er war echt abgefuckt und dauernd drauf aus, sich mit jemandem anzulegen oder Sachen zu zerdeppern. Mußte ihn nur einer schief angucken, und schon ging er ihm an die Gurgel. Und in Lafayette, Scheiße, Mann, da gab's sonst einfach nichts zu tun.«

Izzy erinnert sich, wie ihm Axl zum ersten Mal auffiel: »Das erste, woran ich mich bei Axl erinnere, ich meine, bevor ich ihn wirklich kennenlernte, das war am ersten Schultag, achte oder neunte Klasse. Ich sitze also im Klassenzimmer, und plötzlich höre ich diesen Krach, der da vorne abgeht, und ich sehe diese Scheißbücher durch die Luft segeln, und ich höre die Brüllerei, und dann geht die Keilerei los, und ich sehe ihn, Axl, und seinen Lehrer, wie der vom Türpfosten zurückprallt. Und dann rennt Axl raus auf den Flur und die ganzen Lehrer hinter ihm her . . . werd' ich nie vergessen.«

Steven Adler, der Drummer der Band, ist ein »Happy-go-lucky«-Typ von einer fast kindlichen Unbekümmertheit. Adler, geboren 1965 in Cleveland, Ohio, konnte es kaum abwarten, endlich nach Hollywood zu gehen und an dem Glamour und den Exzessen teilzuhaben, die, wie er annahm, dort ganz sicher auf ihn warteten. Wie sich zeigte, brauchte er nicht allzu lange zu warten. Seine Familie zog nach L. A., und Steven tauschte die Gitarre gegen die Drums ein. »Als ich das erste Mal high war, war ich acht Jahre alt. Ich habe mich im Badezimmer meiner Großmutter eingeschlossen und heimlich Pot geraucht.« Trommeln, sich volldröhnen, Rock'n'Roll, Hockey und Motorräder – das war alles, worum er sich scherte, vermutlich auch in dieser Reihenfolge. »Wenn ich trinke«, sagte Adler, »dann macht es mich nur normal – genau wie den Rest der Jungs auch.«

In der zehnten Klasse verließ er die Schule und trat mit einer Menge unbekannter Bands in Los Angeles auf; tagsüber ging er diversen Jobs gleichzeitig nach. Seit der ersten Erfolgswelle soll Adler, so wird erzählt, drei- oder viermal den Entzug bei Betty Ford geschmissen haben (einmal 1989, als die Band anläßlich der Grammy-Verleihung auftrat und Don Henley in Stevens Abwesenheit die Drums übernahm). Offiziell entschuldigte man ihn mit der Grippe. Im Herbst 1989 ging das Gerücht, daß der innerhalb der Band bereits »auf Bewährung stehende« Drummer einmal zu oft ausgefallen und nun endgültig draußen sei. Die Band, gerade bei den Proben für ihre dritte Veröffentlichung, beraumte Auditions für einen Ersatzmann an, nur um den neuen Drummer wieder wegzuschicken, nachdem Bassist Duff die Session kopfschüttelnd und mit den Worten: »Das kann ich nicht machen« verlassen hatte. Prompt wurde Adler zurückgeholt, nur um gleich wieder vom Zug zu fallen. Matt Sorum, Drummer von The Cult, wurde offiziell in die Band aufgenommen, und die Proben für die neue LP gewannen an Tempo.

Duff (Rose) McKagan ist der personifizierte Rockstar und Bassist: groß, blond, schlank, mit einem ausgeprägteren Hang zur Eleganz als die anderen. Selbst in einer Band wie Duran Duran wäre er nicht fehl am Platz gewesen. Für Duff ist die Erinnerung an seinen ersten Vollrausch als Kind in einem Vorort von Seattle eher mit freundlichen und klaren Gefühlen verbunden. »Mein alter Herr gab mir etwas

Duff, Andrew Dice Clay und Axl backstage bei Diceman's L..A. Show.
(Foto: Steve Granitz/Retna Ltd.)

Whiskey, als ich noch ziemlich klein war. Hawaiianischer Whiskey war das, und der hatte diesen langen hawaiianischen Namen. Mein Dad meinte: Nimm einen Schluck, und sprich den Namen aus. Nach ungefähr vier Schluck konnte ich den Namen nicht mehr aussprechen, weil ich schon zu besoffen war.«

Duff, am 5. Februar 1964 als Michael McKagan geboren, ist das jüngste von acht Kindern einer netten katholischen Familie. Er spielte in gut einem Dutzend Gruppen in und um Seattle Gitarre und Drums, und bald wurde die Musik wichtiger als die Schule. Mit neunzehn zog er nach Los Angeles. Kurz darauf stieg er um auf den Baß, schlicht und einfach, weil Bassisten gefragter waren als Gitarristen. Duff ist der einzige aus der Band, dessen Alkohol- oder Drogenkonsum keine notorischen Ausmaße angenommen hat, auch wenn sein Faible für Alkohol, besonders für Wodka Stolitschnaja, sehr gut dokumentiert ist.

Slash – nun, das ist ein Rätsel. Einer dunklen Kreuzung aus dem Mad Hatter und Cousin It ähnelnd – oder wie Axl einmal meinte: »halb Mensch, halb Tier« –, entzieht sich Slash einer leichten Charakterisierung. Wenn die anderen, was ihren Alkoholkonsum (oder -mißbrauch) angeht, schon unverfroren sind, so scheint Slash fast stolz auf seinen zu sein. »Ich saufe jeden Tag – eine Menge, und ich kippe nachts aus den Latschen, aber das steht mir nicht im Weg. Ich erscheine immer pünktlich zu den Proben. Die Musik ist das Allerwichtigste, sie ist unser Leben.« Auf Guns N' Roses' erstem Europatrip, 1987, plauderte Slash freimütig über seine Trinkgewohnheiten und die der Band während der Tour: »Wenn wir nachmittags aufstehen, um den Soundcheck zu machen, trinken wir so viel, daß wir nicht spielen können, weil uns die Hände flattern wie Windmühlenflügel. Also, was machen wir? Wir saufen! Wir saufen und saufen, und dann sind wir gut drauf, und am nächsten Tag wachst du dann mit irgendeiner Tussie auf . . . Du weißt nicht mal, wie die überhaupt heißt . . . Du hast irgendwelchen abgefuckten verrückten Scheiß auf deinem Pimmel . . . Dein Bett ist total naß von Pisse, und du sagst: ›Hör mal, Baby, tu mir 'nen Gefallen und besorg mir ein bißchen Booze.‹«

Während Axl bewiesen hat, daß er in der Lage ist, sich vollzudröhnen und sich dann wieder am Riemen zu reißen, wenn es Zeit ist zu arbeiten, scheint Slash, genau wie Adler und Izzy, eine solche Balance nicht halten zu können. Er kommt aus einer, wie man es damals nannte, ultraliberalen Familie und ist der Mischlingssohn einer amerikanischen schwarzen Mutter (einer Modedesignerin namens Ola) und eines britischen weißen Vaters, der schwer trank und sein Geld mit Entwürfen für Plattencover verdiente. Slash kam als Paul Hudson am 23. Juli 1965 in Stoke-on-Trent, England, zur Welt. Sein Vater brachte ihn als Kind mit nach Los Angeles. Besucher der Hudsons erinnern sich an seine frühen und angeborenen künstlerischen Talente, vor allem an seine besondere Begabung, Dinosaurier zu malen. Die Ehe seiner Eltern war ein endloses Auf und Ab, anders kannte er es gar nicht. Um die Schule kümmerte er sich nie sonderlich, statt dessen wählte er die Musik als Fluchtmöglichkeit, Zeitvertreib und Hauptinteresse. Als er anfing, Gitarre zu spielen, war das, wie er selbst sagt, »der Anfang vom Ende«.

Als Kind erfuhr Slash nach eigenen Aussagen »totale Freiheit«. Seine Mutter erinnert er als »echten Happy-go-lucky-Hippie«. Er wuchs am Rande des Musikbusiness auf, das seinen kreativen Eltern Arbeit bot. »Es war die Zeit der ›freien Liebe‹, und es gab kein Nein«, sagt er zurückblickend.

Zeugt das von Vertrauen und Unterstützung? Oder handelt es sich doch nur um altmodisches »Laissez faire« mit der Konsequenz: »Spar dir die Rute / verdirb dir das Kind«?

Slash hat, was seine Erziehung angeht, mittlerweile eine objektive, aber auch resignierte Haltung. »Daß ich mit mir als Person zufrieden bin, liegt sicher auch daran.« Und doch ... und doch ... wenn er wirklich so zufrieden mit sich wäre, dann würde er sich keine Drogen in die Venen jagen. Aber lassen wir Slash fortfahren: »Und gleichzeitig bin ich wahrscheinlich ... ich meine, auf diesem oder jenem Gebiet bin ich nicht unbedingt so, wie ich sein sollte.«

Unendlich vorsichtig, um niemanden anzuklagen, legt er an seine Eltern einen niedrigeren Maßstab als an sich selbst. »Meine Eltern haben mich immer sehr unterstützt, und dafür liebe ich sie.« Damit will er sagen, daß nichts von dem, was er sich selbst antut, ihr Fehler ist.

Vertreter einer bestimmten Suchttheorie würden jetzt sagen, daß er seine Eltern damit zu schnell vom Haken läßt. »Totale Freiheit«

Drummer Steven Adler, unbekümmert wie ein Kind, wollte immer ein Rockstar sein. Doch leider wollte er die Drogen noch mehr. Er wurde gefeuert, weil wie Axl sagt: »Steven nicht damit aufhören konnte, Drogen zu nehmen.« *(Foto Larry Busacca/Retna Ltd.)*

sei nichts anderes als »Mangel an Verantwortungsgefühl«. Und ein Drogensüchtiger – was Slash so vorsichtig mit »nicht unbedingt so, wie ich sein sollte« andeutete – werde nicht von einer idealen familiären Situation produziert. Und dann gibt es eine andere Theorie, derzufolge niemand für die Sucht eines Kindes/einer Person verantwortlich ist außer dem Süchtigen selbst. Man steckt sich selbst mit dem Virus an, entwickelt und hält ihn am Leben, nur man selbst ganz allein.

Auch wenn man auf beides ziemlich scharf ist, auf Alkohol und Heroin, so ist es dennoch nicht üblich, während eines Heroin-Highs Alkohol zu sich zu nehmen – wie William Burroughs es dargestellt hat, scheinen die Zellen, die Smack aufnehmen, jegliches Verlangen nach Alkohol zu befriedigen –, und doch kann man es praktizieren, wie Slash erfolgreich beweist. Die Gefahr einer Überdosis ist jedoch um ein Hundertfaches höher, und dieser Typus Süchtiger lebt gewöhnlich nicht sehr lange. Nimmt man beides in großer Dosis vermischt, kann dies leicht zu Herzstillstand führen. Genau das hat höchstwahrscheinlich Jim Morrison umgebracht; bereits betrunken, schnupfte er – ob es ihm nun angeboten wurde oder ob er es fand – das gebunkerte Heroin seiner Frau, Stoff, der in Paris zu dieser Zeit als ziemlich rein galt, nahm ein Bad und kam nie mehr aus der Wanne heraus. Oder, wie einige behaupten, er kletterte doch aus der Wanne und kehrte niemals zurück, was aber reichlich unwahrscheinlich ist.

Slash scheint sich einer Kategorisierung zu widersetzen – selbst in den Bereichen, die er sich gewählt hat. Offensichtlich aber ist, daß er das perfekte Gegenstück zu Axl darstellt: sein dunkler Typ gegen Axls hellen, sein lockiges schwarzes Haar gegen Axls blondes, glattes und dünnes. Axl ist immer offen, schiebt das Haar hinter die Ohren, wirft es im Konzert und im Video über die Schultern zurück, versucht ständig, Blickkontakt herzustellen, und starrt dich in Grund und Boden. Slashs Augen dagegen scheinen gar nicht zu existieren, und wenn seine Pupillen mal zu sehen sind, dann ist sein Blick meist nach unten gerichtet, das Gesicht verschanzt hinter Haar und Hut. Doch was mir am meisten in Hinsicht auf ihre Gegensätzlichkeit auffiel, ist, wie maskulin Slash und wie feminin Axl wirkt. Der eine ist rauh, der andere sanft.

Ein Mitglied von The Cult erzählte eine Story, die ihm ein Tätowierer über Axl verraten hatte. Axl kam zu ihm und wollte ein paar Tattoos, um nicht mehr wie ein »fucking chick« auszusehen. In der Terminologie der Drogen wird Kokain »girl« genannt und Heroin »boy«. Axls Kokain gegenüber Slashs Heroin. Kokain führt schnell zu Gewalttätigkeit – Heroin ist langsam, lässig, träge. Beiden Persönlichkeiten gemein ist die Möglichkeit, daß sie gewalttätig werden. Man spürt in Slashs Präsenz, mag sie auch noch so gedämpft sein, die drohende dunkle Wolke der Feindseligkeit. Axl ist ein Jagger und Morrison verschmelzender, originaler Schamanen-Dionysos-Archetyp. Sein Tanzstil erinnert an die Bewegungen eines Reptils, ist so sinnlich und ausdrucksstark wie Morrisons indianischer Regentanz oder Jaggers »Rooster Strut«. Und wir dürfen nicht vergessen, daß mit der Schlange das Böse identifiziert wird, wie im Paradies, im Garten Eden, daß sie ein ebenso mächtiger Archetyp ist, beladen mit Freudscher Symbolik und sexueller Energie – wie im Kundalini-Yoga.

Axl strahlt ständig ein Gefühl der Unberechenbarkeit aus; er ist schnell aufbrausend und leicht beleidigt. Slash scheint seine Gefühle besser zu verbergen als Axl; er schafft es, sie zu kontrollieren und zurückzuhalten – was wahrscheinlich an den Drogen liegt, die ihn ruhig machen und ihm helfen, mit den gewaltigen Kräften umzugehen, die ihn Tag für Tag umgeben. Axl eilt sein eigener Ruf voraus, selbst wenn er ruhig und freundlich ist, und das aus gutem Grund, denn irgendwo unter der Oberfläche kann man es spüren – ein falsches Wort, eine falsche Bewegung kann den Jungen zum Ausklinken bringen.

»Mit sechzehn war ich das erste Mal betrunken«, erinnert sich Axl. »Ich weiß, ich war eine Art Spätzünder«, gibt er zu, ehe er dann weiter gesteht: »Aber ich habe bis dahin an Gott geglaubt. Dann hat er mich im Stich gelassen.« Vermutlich begann Axl damals, die verlorene Zeit aufzuholen. Er hatte im Kirchenchor gesungen, hatte Wettbewerbe im Bibellesen gewonnen und unterrichtete in der Sonntagsschule, und dennoch fühlte er sich nie wirklich in Kontakt mit Gott. Bis er sich der Musik zuwandte. Und den Drogen.

Bill B. (für Bruce) Bailey wurde am 6. Februar 1962 in der Kleinstadt Lafayette im Bundesstaat Indiana geboren; er war der älteste

Slash. Verloren und versunken in der Musik.
(Foto: Anastasia Pantsios/London Features International)

Sohn von L. Stephen und Sharon Bailey. Mit ungefähr sechzehn fing er an, sich das bronzene Haar wachsen zu lassen, sang in einer Rock'n'Roll Band und legte ein Verhalten an den Tag, das Psychologen »Ausagieren« nennen.

Damals wußte Axl noch nicht, daß Stephen Bailey nicht sein leiblicher, sondern sein Stiefvater war. Und sein Geburtsname lautete nicht Bailey, sondern Rose. Sein leiblicher Vater hatte sich kurz nach der Geburt des Kindes aus dem Staub gemacht. Als Axl das mit siebzehn herausfand, explodierte er vor Wut und Rage, nahm wieder den Namen W. Rose an und intensivierte sein inzwischen unsoziales Verhalten. Später sollte er dann eine Weile lang darauf bestehen, »Babe« genannt zu werden.

Heute, weniger zornig und um einiges weiser, betrachtet Axl seinen Stiefvater als seinen echten Dad, aber dennoch änderte er seinen Namen auch offiziell in W. Axl Rose, kurz bevor Guns N' Roses im März 1986 ihren Vertrag mit Geffen Records unterschrieben.

Keiner aus der Band illustriert die These »Rausch als Sublimierung für Gott« so gut wie Axl. Schmerzvoll erinnert er sich an ein sublimes, doch erschreckendes Bild seines Vaters, der ganz an Gottes Draht hing: »Ich habe meinen Vater erlebt, wie er – on key – in perfektem Japanisch gesungen hat und dabei mit geschlossenen Augen den Highway runtergerast ist. Mit mehr als hundert Meilen pro Stunde, ohne einen Unfall zu bauen. Und dabei konnte mein Vater kein einziges Wort Japanisch. Mir ist nie etwas in der Art passiert.« Eine Zeitlang war er Meßdiener, Mitglied im Kirchenchor. Nichts passierte. Er fühlte nichts Außergewöhnliches. Die Leere und Wut blieben. »Ich hab' die ganze Zeit gedacht, ich sei verflucht.«

Die Familie Bailey war streng religiös, Mitglied der Landkirche der Pfingstbewegung. Doch bald wurde klar, daß Axls religiöse Gefühle nicht mit dem Rest der Familie übereinstimmten. »Ich hab' gesehen, wie Leute geheilt wurden . . . Ich habe Leute gesehen, die blind waren und gelesen haben. Es ist total strange. Aber mir ist nie etwas Derartiges passiert. Ich habe immer diese Bibelwettbewerbe gewonnen, ich habe in der Sonntagsschule unterrichtet und Klavier gespielt, ich hatte mehr Gospelsongs drauf als jeder andere, den ich kannte. Wenn es da oben wirklich jemanden gibt, dann kenne ich ihn nicht. Ich habe wirklich keinen blassen Schimmer.« Dafür wußte er, was er mochte: Rock'n'Roll und high sein. »Als ich zur Schule ging, gab es diese ganzen Klischees. Wenn du auf die Stones standest, warst du ein Schwuler, weil Jagger damals in *Saturday Night Live* Keith Richards geküßt hat. Wenn du Grateful Dead mochtest, warst du ein Hippie. Und wenn du auf die Sex Pistols abgefahren bist, galtest du als Punker. Ich schätze, das hat mich wohl zu einem schwulen Hippie Punk Rocker gemacht.«

Ob in der Schule oder außerhalb, Axl hatte ständig Ärger und wurde ein echter jugendlicher Querulant. Es wird erzählt, daß man ihn mehr als zwanzigmal ins Gefängnis gesteckt hat, einmal sogar den ganzen Sommer über, ehe er dann 1980 die Stadt verließ und sich nach Los Angeles aufmachte. So ziemlich mit das erste, was erledigt werden mußte, als die Band es geschafft hatte, war, einen Anwalt damit zu beauftragen, Axls dubiose Vergangenheit in Lafayette zu klären – einer Stadt, von der Izzy sagt: »Scheiße, da gab's sonst einfach nichts zu tun.« Und Izzy weigert sich ja auch, abgesehen von ein oder zwei kritischen Bemerkungen, diesen Ort überhaupt zu erwähnen.

Jeder einzelne für sich mag fast wie eine Figur aus einem Comic erscheinen. Sogar Axl sagt halb im Scherz, daß »Slash einer meiner Lieblings-Comicfiguren ist.« Als Ganzes aber ist ihr Image absolut gefährlich, dekadent, exzessiv – sie sind verwahrlost und auch noch stolz darauf. Daß sie dieses Bild abgeben, scheint ihrer Popularität nicht geschadet zu haben. Ganz im Gegenteil. In einer Ära, in der die öffentliche Meinung strikt gegen Drogen eingestellt ist, ist »nüchtern« zu sein in einigen Kreisen heutzutage so populär, wie Pot zu rauchen oder Acid einzuwerfen es in früheren Zeiten war. Guns N' Roses haben es geschafft, daß abgefuckt auszusehen wieder hip ist (eine Art Heavy Metal Dean Martin).

Guns N' Roses wurde eine Woche nachdem das Lineup aus der Asche der beiden Hollywood-Bands L. A. Guns und Hollywood Rose hervorgegangen war, als Band geboren.

»Jeder von uns kam zu einem anderen Zeitpunkt nach L. A.«, erzählte Slash. »Aber niemand war so hart drauf, wie wir es waren, und irgendwie waren wir auf dieselbe Sache aus. Es ist verrückt, wie wir zusammengekommen sind. Es ist irgendwie so passiert.« Duff McKagan hatte Slash über eine Anzeige im *Music Connection* kennengelernt. Slash und Steven kannten sich schon von einer Band namens Road Crew. Für kurze Zeit war auch Duff dabei, dann entstand daraus Hollywood Rose. Und Axl und Izzy kannten sich natürlich noch aus Schultagen in Lafayette, Indiana. Axl brachte Izzy mit Slash zusammen, nachdem er eine Aerosmith-Karikatur gesehen hatte, die Slash gezeichnet hatte. Slash war von Anfang an scharf drauf, mit Axl zusammenzuarbeiten, aber Izzy war ein Problem, und Slash weigerte sich anfangs, die Verantwortung mit einem zweiten Gitarristen zu teilen. Slash hatte einen ebenso sonderbaren Musikgeschmack wie Axl – einen Tag hörte er sich Cat Stevens an und am nächsten Led Zeppelin. Slash erzählt, wie er anfangs darüber dachte, daß Izzy mit von der Partie sein sollte.

> »Als Izzy und ich uns zum erstenmal begegnet sind, hat es nicht gleich klick gemacht. Izzy und Axl hatten zusammen eine Band, und ich wollte Axl, aber ich wollte nicht mit einem zweiten Gitarristen zusammen spielen, weil ich das noch nie vorher gemacht hatte. Mit anderen Gitarristen zusammenzuarbeiten, da hatte ich nie die Kontrolle, was gitarrenmäßig abgeht. Also wollte ich Axl von Izzy loseisen, aber das war absolut unmöglich. Zu der Zeit, als ich Axl kennenlernte, haben wir eine Band gegründet, und Izzy war natürlich auch mit von der Partie, aber dann hat er sich abgeseilt, um bei einer Band namens London einzusteigen, von der ich mich gerade verabschiedet hatte. Das war cool, denn nun hatten Axl und ich eine Band laufen. Dann brach das wieder auseinander. Schließlich stieg Axl bei den L. A. Guns ein. Dann stieg auch Izzy bei L. A. Guns ein, weil jeder in einer Band sein wollte und was tun. Aber das haute nicht hin bei denen, und ich kriegte diesen Anruf, und sie fragten mich, ob ich nicht zurückkommen und mit ihnen spielen will. Zuerst wollte ich nicht, weil Axl und ich ein paarmal ziemlich derbe aneinandergeraten sind. Aber dann habe ich es doch gemacht und habe auch mit Izzy zusammen gespielt, weil es eben das war, was abging. Es war die einzige Band weit und breit, mit der ich klarkam.«

Slashs letzte Band vor Guns N' Roses und nach Road Crew war eine Angelegenheit namens Black Sheep, und Slash war genau drei Tage und einen Gig im Country Club in Roseda, Kalifornien, lang dabei. Es sollte sein letzter Auftritt sein, bevor er sich Guns N' Roses anschloß. Dann kam Drummer Steven Adler vorbei und meinte:

Duff bei einem der ersten Gigs. *(Foto: Michele Matz/Retna Ltd.)*

»Seht zu, daß ihr euren Drummer loswerdet. Der ist nicht gut genug.« Adler war drin.

Der 6. Juni 1985 markiert das offizielle Geburtsdatum; es war der Tag, an dem sich alle fünf ansahen und wußten: Wir sind eine Band. Noch in derselben Woche spielten sie ihren ersten Gig in einem ehemals berühmten Folk Club, dem Troubadour, das sich seit den frühen Achtzigern fast ausschließlich auf Heavy Metal und dessen ständig wachsendes Publikum eingerichtet hatte. Die Show war an einem Donnerstagabend.

Vier Tage später schmiß die noch immer unerfahrene Band ihre zuvor abgemachten Auftritte und setzte sich in den Kopf, statt dessen durch Seattle, Portland, Eugene, Sacramento und San Francisco zu touren. Auf dem Papier sah alles prächtig aus. Es würde sie aus der L. A. Scene rausbringen und vor allem aus ihren erbärmlichen Lebensbedingungen in West Hollywood. Wenn sie sich zusammenrissen, könnten sie sogar etwas Geld mit nach Hause bringen. Unterwegs jedoch, in Fresno, wurden ihre Pläne nur allzu schnell über den Haufen geworfen. Ihr Wagen gab den Geist auf. Und dann begann, was Slash gern die »Treacherous Journey« nennt. Mit ihren Gitarren in der Hand und in voller Montur, schwarzen, nietenbesetzten Lederjacken und mit allen Rock-Regalia, die Sommerhitze sengend heiß im Rücken, latschten sie quer durch die öde, menschenleere Farmlandschaft, hielten den Daumen raus und warteten. Und warteten.

Dies ist die inoffizielle Vereinigung der Band. Izzy, wie Axl aus Lafayette, Indiana, für den so eine Gegend nichts Neues war, erinnert sich gut an diesen Tag:

> »Der Moment der Wahrheit, der Moment, als die ganze Sache wirklich losging . . . das war, als unser Wagen schlappmachte, ungefähr hundert Meilen weit in dieser abgefuckten Wüste irgendwo im Niemandsland, als wir zu unserem ersten Gig außerhalb der Stadt unterwegs waren. Als Duff bei uns einstieg, mußte er diese Gigs in Seattle spielen. Duff meinte: ›Yo! Seattle, das ist ganz oben in Amerika.‹ Wir sagten: ›Hey, cool, Mann, let's fuckin' *go*.‹ Es war ein völliges Desaster. Wir steckten also in dieser abgefuckten Wüste, wir waren da am Arsch, klar? Keine Chance, daß wir nach Hollywood zurückgingen. Ich meine, wir reden hier über Gigs, die uns dreihundert Bucks die Nacht bringen würden. Also sind wir getrampt. Nach zwei abgefuckten Tagen in der Wüste hat

> uns ein Typ mit einem halboffenen Transporter aufgegabelt. Schließlich haben wir es bis nach Seattle geschafft. Wir haben gespielt. Da waren vielleicht zehn, höchstens zwanzig Leutchen. Man hat uns nichts bezahlt. Von da an ging's bergab. Irgendwie haben wir es zurück nach L. A. geschafft.
>
> Und von diesem Tag an, als wir wieder in Hollywood waren, lief es so: Was auch kommt, weißt du, wir halten immer noch zusammen gegen . . . alles. Ehrlich, Guns N' Roses' Motto von diesem Tag an war: Fick sie alle, fick sie alle, bevor sie dich ficken. *Fuck the whole fuckin' world, y' know*. Laß uns einfach nur *weitermachen*.
>
> Es war wie ein Test . . . Und nach diesem kleinen Abenteuer war L. A. eigentlich gar nicht so schlecht.«

»Wir haben echt eine *Fuck-You*-Haltung«, gibt Axl zu. »Aber unser Ziel ist, so viele Barrikaden wie möglich niederzureißen. Ich meine nicht nur musikalisch, ich meine, wir wollen auch die Barrikaden in den Köpfen der Leute einreißen.«

In L. A. macht die Band harte Zeiten durch. Die einzelnen Bandmitglieder wechseln von einer Wohnung zur anderen, um doch nur wieder rauszufliegen. Axl erinnert sich, daß er nie länger als zwei Monate an einem Ort, in ein und derselben Wohnung lebte und zwischendurch sogar in leerstehenden Apartments wohnte. Slash erinnert sich: »Wir sind den Hollywood Boulevard rauf und runter und sind in jeden Porno-Shop, weil die rund um die Uhr auf hatten.« Dann kam der Tag, als sie alle zusammenzogen; einmal, um die Kosten zu senken, vor allem aber, um sich ganz auf ihre Vision zu konzentrieren und um die Energie, mit der sie diese Vision artikulieren wollten, zu bündeln und zu konsolidieren.

Mit äußerst gutem Willen könnte man es als eine Kombination aus Wohnquartier und Übungsraum bezeichnen, aber in Wirklichkeit war der Raum in der Gardner Street, wo sie unterkamen, eine armselige Bruchbude, gerade mal knapp 50 Quadratmeter groß; es gab keine Toilette, keine Dusche, keine Küche. »Eine sehr ungemütliche Gefängniszelle«, erinnert sich Slash, »Aber mein Gott, haben wir da drin gut geklungen! Wir waren eine echt laute Band, und wir haben nie Kompromisse bei der Lautstärke gemacht. Wir haben's uns mit ein paar Marshal Amps um die Ohren gehauen, und es war cool, weil die ganzen Loser vom Sunset Boulevard und all die anderen Bands vorbeikamen und dort rumhingen.«

Axl erinnert sich an diese frühen Tage: »Bei uns unten ging jedes Wochenende die größte Party in ganz L. A. ab. Wir hatten da an die fünfhundert Leutchen, die standen Schlange, und einer hat Bier vom Faß verkauft, pro Bier ein Buck; es war wie eine Bar, und alle hatten ihren Whiskey. Wir konnten da tun und lassen, was wir wollten, außer wenn die Cops vorbeikamen ... Wenn es ein Problem mit irgendwelchen Leuten gab, dann wurden die hinauskomplimentiert. Und mit ›hinauskomplimentieren‹ meine ich, wir haben die an den Haaren gepackt und auf die Straße geschmissen, nackt.«

»Das Lustige ist«, fügte Axl nostalgisch hinzu, »wir vermissen das fast schon ...«

»Mein Gott«, wiederholt Slash, »hatten wir einen guten Sound da drinnen.«

Während dieser Zeit experimentierten sie mit ihrem Look und übten, bastelten an ihrem Sound. Jedes Mitglied brachte seine Einzigartigkeit ein. Sie vereinten den Sound und das Auftreten der Band zu einer Vision mit hohem Ziel: alles oder nichts. Natürlich glaubten sie an sich, doch sie besaßen auch Klarsicht. Sie wußten, wenn sie ihre Vision artikulieren wollten, dann führte allein knüppelhartes Schuften zum Erfolg, der ebenso wankelmütig wie auch schwer zu fassen ist. Aber diese Jungs hatten bereits eine der Hauptzutaten für den Erfolg – nämlich Glück. Sie konzentrierten sich darauf, einen einzigartigen Musikstil zu entwickeln, der aus der Individualität jedes einzelnen Mitglieds resultierte, und schufen etwas, das viel größer als die Summe der einzelnen Teile war.

Sie mögen harte Partys gefeiert haben, sie mögen zugedröhnt gewesen sein, aber sie haben ebensooft hart gearbeitet. Sie haben sich nicht entmutigen lassen, weil sie sich selber sahen und hörten – die ersten Ergebnisse waren greifbar, und sie waren ermutigend. Sie fingen an, noch härter zu arbeiten.

Doch während die Musik heranreifte, war ihre finanzielle Sicherheit gleich Null. Ihr Lebensstandard sank mit jedem Tag. Die Amps mußten repariert werden, sie brauchten Transportmöglichkeiten, Gitarrensaiten, Drum Sticks, ein Drumhead, Klamotten und so weiter. Um zu überleben, verließen sie sich auf den »odd gig«, aber ihre Haupterlöse kamen von Girls und Drogen ... uuh ... das war knapp. Gerade noch geschafft.

Während dieser Zeit schlug sich Steven Adler mit lausigen Jobs durch: Tellerwäscher, Hausmeister einer Bowlingbahn, Rasenmähen und Pizzabäcker. Izzy war kurzzeitig in einem Gitarren-Shop beschäftigt, aber in der Junkie Scene von L. A. war er ein vertrautes Gesicht unter den Konsumenten des iranischen braunen Heroins, das damals ins Land floß. Es war kurz nach dem Sturz des Schahs; der Iran stürzte ins Chaos, was viele von der Elite des Landes zwang, ihren Wohlstand in etwas leicht Transportables und Konvertierbares zu verwandeln – zum Beispiel in Heroin. Slashs Beziehung zum Heroin und zu Izzy begann ungefähr zur selben Zeit. Angeblich hat er damals in einer Uhrenfabrik malocht, während Axl Telefonverkauf machte und eine Weile als Night Manager bei Tower Video auf dem Sunset Boulevard rumhockte. Oft schlief er auch hinter dem Laden, die Hintertreppe als Dach nutzend. Um durchzukommen, meldeten sich Axl und Izzy als medizinische Testpersonen für die UCLA und rauchten Zigaretten für wissenschaftliche Forschungen, für 8 Dollar die Stunde.

Wie Slash betonte: »Du kannst hier (in L. A.) mit einem ganz normalen Job kaum einigermaßen anständig leben. Im Ernst, dazu ist es hier einfach zu teuer. Ich hatte einen Ganztagsjob, aber ich wurde gefeuert, weil ich die ganze Zeit am Telefon hing, Gigs gebucht und die Reise vorbereitet habe. Die Miete für unsere Bude haben wir hauptsächlich von unseren Gigs bezahlt, und wegen Geld fürs Essen haben wir Chicks angeschnorrt – Essen für 45 Cent, ich schwör's bei Gott. Suppe bei Denny's abgefucktem Coffee Shop.«

In einem Press Release Anfang 1987 rief Duff den Alltag der Gardner Street wach: »Wir haben da in diesem Schuhkarton gelebt, in dieser engen kleinen Bude. Wir hatten kein Geld, aber wir konnten eigentlich immer einen Buck auftreiben, um runter in den Schnapsladen zu gehen, der diesen großartigen Wein ›Nighttrain‹ verkaufte, der hat dich zugetan für einen Buck. Fünf Dollar, und wir waren alle hinüber. Wir haben uns von dem Zeug ernährt.«

Meistens schnorrten sie. Duff schildert einen typischen Hustle: »Du rufst ein Girl an und sagst: ›Hör zu, mein Baß ist geliefert worden, aber die Idioten haben vergessen, die Saiten zu lösen, und jetzt sind alle gerissen, und ich brauche einen neuen Satz. Kannst du mir zwanzig Dollar leihen?‹. Slash fügt hinzu: »Ich bin immer ins

Whiskey, ins Rainbow und ins Roxy gegangen, einige Nächte in der Woche, und habe mir von jedem Geld gepumpt. Ich hab' den Leuten erzählt, daß mein Mietwagen abgeschleppt worden ist und ich draußen in Silverlake wohne und die einzige Möglichkeit, nach Hause zu kommen – bitte, gib mir fünf Bucks oder zwanzig Bucks. Es mag sich ziemlich beschissen anhören, gebe ich ja zu, aber so war es nun mal.« Duff stimmt offensichtlich zu: »Das ist Überleben.«

Wirklich beeindruckend an dieser Phase vor dem großen Erfolg ist, daß die Band trotz all ihres Draufgängertums und ihrer Haltung und obwohl sie sich volldröhnten und rummachten, sich nie von ihrem Weg abbringen ließ. Sie haben es geschafft, nicht unterzugehen in der bösartigen, verlockenden Unterströmung, die so viele Musiker verschluckt, Musiker, die weniger Talent haben, weniger Hingabe und, ja, weniger Glück. Musik hatte für sie allerhöchste Priorität. Wenn nötig, würden sie dafür töten oder sterben – keine einmalige Haltung in der schwirrenden Masse der L. A. Scene, wo der Wettbewerb wegen der unmittelbaren Nähe der Majors und der vielen Independent Labels so viel härter ist als in anderen Städten. Daß eine Band die Rock-Ethik in einer Art dekadenter Ergebenheit lebt, bis zum Anschlag lebt, das ist nicht ungewöhnlich. *Was* ungewöhnlich ist – besonders für eine Band, die es erst noch schaffen will –, ist, daß sie die respektlosen Rituale des Rausches und des Sex, kombiniert mit der guten altmodischen Hol's-der-Teufel-Haltung, überlebt. Es ist die Art des noblen, wenngleich abartigen Opfers *mit* Hingabe, wie man sie bei Kamikazepiloten findet.

Slash stimmt dem zu.

> »Wenn du den Kontakt dazu verlierst, dann bist du gar nicht wirklich drin. Wenn du der Meinung bist, daß es wichtiger ist, dich rumzutreiben und es locker angehen zu lassen, und nicht tust, was du tun solltest, dann gehst du unter. Wenn du den Hollywood Boulevard hoch und runter fährst, wirst du Hunderte Kids sehen, denen es so ergangen ist, die an den Straßenecken rumhängen, vor den Hamburger-Ständen und Videowänden. Das ist eine wirklich traurige Szene, und das passiert dauernd. Sie kommen aus Wyoming und denken, hier in Los Angeles kommt schon alles von ganz allein. Sie kommen alle hierher und enden dann im Dreck, das ganze Szenario.«

Duff kann das nur unterstreichen. »Es ist fast immer so, wenn die Leute hierherkommen. Sie sind überwältigt. Du mußt dich hier wirklich auf etwas konzentrieren. Du mußt genau wissen, was du willst, und mußt die richtige Einstellung haben. Was mich angeht, ich kann mich auf fast alles einstellen – besonders wenn ich es muß. Ich habe hier gelebt, ich mußte mich anpassen.«

»Ich werd' dir sagen, was wir gemacht haben«, meint Axl und bezieht sich damit auf ihren täglichen Kampf ums Überleben:

> »Wir haben uns gegenseitig wie die Bekloppten angebrüllt und uns gegenseitig die Scheiße aus dem Kopp geprügelt, wenn einer Scheiß gebaut und Drogen genommen hat. ›Du versaust uns alles, du Arsch! Wir haben keine Zeit für so 'nen Scheiß!‹ Und dann haben wir Verträge gemacht, weißt du, so in der Art: ›Hier, unterschreib das: Wenn du Drogen nimmst, bist du draußen.‹ Wir hatten ja gar nicht vor, irgend jemanden aus der Band zu schmeißen, aber wir wollten, daß jeder Schiß hat, es könnte doch passieren. Wir wollten eben nicht verlieren, was wir hatten. Und was Drogen betrifft, wir haben ganz offen darüber geredet. Wir haben sie genommen, weißt du. Wir waren alle zugedröhnt, haben damit rumexperimentiert. Aber das war nun mal so, und wir haben es eben gemacht. Nicht viele Leute wußten davon. Dann fing das an, daß große Bands kamen und uns ausstechen wollten, so Zeugs. Und wir brauchten das Geld, sicher . . . Und plötzlich standen wir im Mittelpunkt. Und dann geriet alles durcheinander . . .«

Es war pure Ironie, aber die Band mit dem miesesten Ruf in der Stadt, die Band, von der angenommen wurde, sie würde als erste wieder zu Asche verbrennen, stellte sich als die Band mit der Vision und dem Stehvermögen heraus, die ganzen zwölf Runden durchzustehen und einen exklusiven Plattenvertrag zu unterschreiben.

Während sie versuchten, einfach nur den nächsten Tag und die nächste Nacht zu überleben, bahnten sie sich ihren Weg durch die knallharte Konkurrenz der »dog-eat-dog« Hardrock Scene Hollywoods, wo pro Woche dreißig Busse und mehr voller Musiker eintrudeln, die mit leuchtenden Augen nach Südkalifornien kommen, um es hier zu schaffen. Die Konkurrenz unter den Hardrock Bands war in L. A. so mörderisch geworden, daß die Clubbesitzer sich etwas Neues hatten einfallen lassen. Um in ihren Clubs auftreten zu können, mußte die Band die Clubbesitzer bezahlen. Daß diese Bands das taten, beschreibt, wie verzweifelt und überlaufen die Rock'n'Roll Scene in L. A. war. Und all die Jungs in den Bands kannten nur einen einzigen Wunsch: »Make it Big!« Guns N' Roses dagegen – und das zeichnet sie aus – hatten von Anfang an ein fanatisches Publikum. Die Gerüchte, die über sie kursierten, waren so heiß, daß die Leute bezahlten, um sie zu sehen; also hatten die Clubbesitzer keine andere Wahl, als die neue junge Band zu buchen. Es bedurfte keiner hellseherischen Fähigkeiten, um zu ahnen, daß sie ein gutes Geschäft bescheren würden – ein vollbesetztes Haus mit zahlenden, schwer trinkenden Gästen war für jeden Clubbesitzer allemal besser als die paar hundert Scheine, die er aus einer anderen Band quetschen konnte, die vielleicht fünfzig von ihren Freunden mitbrachte.

Als der Erfolg für Guns N' Roses heraufzog, explodierte die ohnehin brodelnde, ständig wachsende Hard Rock Scene, und die Zahl der Bands, die sich um die begrenzten Auftrittsmöglichkeiten in den Clubs stritten, nahm unglaublich zu.

»Du kämpfst um deinen Platz«, sagte Axl.

> »Ich erinnere mich, ich habe zwei Jahre lang im Troubadour gestanden und mit keinem einzigen da geredet, weil alle glaubten, daß sie sonstwie cool sind. Schließlich haben wir unser eigenes Ding gemacht, haben neue Freunde kennengelernt und brachten dann unser eigenes Publikum mit ins Troubadour.
> Zuerst, als wir noch eine Clubband waren, waren wir eine Art Wunde in der Glam Scene – mittendrin, aber gleichzeitig überhaupt nicht drin. Wir haben eine Art *Fuck-you*-Haltung an den Tag gelegt, und das hat der Band eine Grundlage gegeben.«

Und es verlieh der Band einen attraktiven Glanz – gerade indem sie sich der Mentalität der Plattenindustrie nicht anbiederten, erweckten sie starkes Interesse unter den Record Labels.

»Wir haben einfach weitergespielt«, sagt Izzy, »und wir sind nicht weggegangen, und wir haben so viel Lärm gemacht in der Stadt . . ., daß die Plattenfirmen schließlich gekommen sind, um uns zu sehen. Sie kamen zu uns!« Er erzählt es so, als könne er selbst noch immer nicht glauben, wie gut es lief. »Sie kamen rüber in unser Studio und kamen die Straße lang und sahen Besoffene . . . Und ehe du dich versiehst, sitzen wir mit ihnen in ihren Büros. Wir haben dafür gesorgt, daß sie uns ein, zwei Wochen lang zum Essen einluden, und wir fingen an, endlich gut zu essen! Wir haben jede Menge zu essen und zu trinken bestellt und gesagt: ›Okay, schießt los.‹« Doch die Plattenfirmen hatten ein mulmiges Gefühl bei der Band. So viel Aufmerksamkeit und Lob sie auch ernteten, sie hatten etwas an sich, das etlichen Leuten Angst einjagte. Wenngleich ihre musikalischen und Live-Qualitäten bereits zu hören und zu sehen waren, fragten sich viele, ob dieses Talent allein rechtfertigte, fünf Wahnsinnige zu engagieren, die augenscheinlich drauf und dran waren, sich selber kaputtzumachen, und wild entschlossen, jeden auszunehmen, der dämlich genug war, das zuzulassen.

An einem frühen Punkt ihrer Karriere lebten die fünf mitsamt ihrem Equipment in Vicky Hamiltons Apartment in West Hollywood. Vicky buchte ihre Shows, Vicky fütterte sie, Vicky wusch ihre Klamotten, Vicky glaubte an sie, vielleicht als erste außerhalb der Band selbst. Slash sagte einmal in einem Interview, daß es vor Vickys Engagement kein Interesse von seiten der Labels gegeben habe. »Sie war die erste, die uns den Rücken gestärkt hat, als wir unsere ersten Gigs spielten. Sie sagte: ›Ihr Jungs seid *großartig*, ihr packt es.‹ Ich ziehe meinen Hut vor ihr.«

Nach der Veröffentlichung von *Appetite* erzählte Axl eine etwas andere Version über ihre inoffizielle Exmanagerin. Er erklärte, daß Vicky Hamilton »praktisch ein Monopol darauf hatte, die Bands für das Roxy und das Whiskey zu buchen, und wir brauchten diese Gigs. Und wir brauchten auch einen Platz zum Wohnen. Vicky hat uns Hilfe angeboten. Sie versprach, uns 25 000 Dollar zu geben, Geld, das wir dringend für ein anständiges Equipment brauchten, um endlich dem Sound nahezukommen, den wir haben wollten. Gemanagt hat sie die Band aber nie. Wir – Slash, Izzy, Steven, Duff und ich – *wir* waren unsere eigenen Manger.«

Eines steht fest: Es war während ihrer Zeit mit Vicky, als sie alle, Izzy und Axl besonders, an Kim Fowley schrieben. Er war eine Legende in Hollywood, eine Art Mogul, Produzent, Singer/Songwriter, Scene-Macher, dessen Zweimeter-Präsenz seit den frühen Tagen des Sunset Boulevard eine Art Markenzeichen Hollywoods gewesen war, als das Whiskey A-Go-Go-Bands wie Buffalo Springfield, die Doors, Love, die Byrds und andere beherbergte. Kim war, wenn überhaupt etwas, dann ein Überlebenskünstler, und er war ein Profi mit hohen Standards, dem sein Modus Operandi im Business ebenso viele Feinde wie Freunde eingebracht hatte. In Guns N' Roses' erstem Brief (damals schrieben sie sich noch Guns & Roses), bewiesen sie bereits eine Haltung, Individualität und vor allem ein Image, das für eine so junge Band bemerkenswert sophisticated war. Ich habe die erste Bio gelesen, die Jim Morrison für die Doors schrieb und Elektra Records zu Promozwecken gab, als ihre erste LP veröffentlicht wurde; sie spielte damals eine wichtige Rolle, ihr Image zu etablieren.

Guns N' Roses bewiesen ein ähnlich weit entwickeltes und klar formuliertes Gespür für sich selbst. Es war augenscheinlich, daß diese Jungs an sich glaubten, gegen überwältigende Widerstände ankämpften und eine gemeinsame Vision hatten, die ihr kollektives Vertrauen mit der Realität verband.

In diesem Brief betonten Izzy und Axl ihre »Street-Level Credibility« und ihre rebellische, ungezähmte Haltung. Sie waren sich bereits des potentiellen Wertes solcher Ingredienzien bewußt. Schon jetzt priesen sie Authentizität und Loyalität sich selbst gegenüber als Ideal, zusammen mit rauher Power und dem Bekenntnis zu ihrer kollektiven Kreativität. Die Formation der Gruppe geht auf den embryonalen Nukleus von Rose und Stradlin zurück, eine Partnerschaft, gegründet während ihrer Jugend in Lafayette, Indiana, und hinübergerettet in die Straßen von Hollywood, wo jeder gegen jeden kämpft. Zusammen mit dem Team Slash/Adler, die auch schon eine ganze Weile zusammen herumgezogen waren, und mit der Rekrutierung von Duff McKagan war die Rock'n'Roll-Familie komplett.

Die zwingende Direktheit und Objektivität des Briefes demonstriert eine Weitsichtigkeit, die selten und überraschend für eine so junge Band ist. Mit Pathos und Naivität zugleich konzentrieren sich Izzy und Axl auf ihre Zukunft, und dank der Energie und des Vertrauens, das hinter dieser Vision steht, machen sie ihre Träume wahr. Sie haben eine klare Vision ihrer Band: Für Zweifel ist kein Platz. Nach dem Eingeständnis, daß ihre Musik einzig und allein aus egoistischen Gründen geschrieben und gespielt werde, fahren sie fort, indem sie ihre »Wir-gegen-den-Rest«-Haltung darstellen, die sie auf ihrer Debüt-LP so zornig äußern. Sie verkünden der Welt, daß sie nur sich selbst gefallen wollen und daß jeder, der das nicht kapiert oder nicht damit übereinstimmt, ein Outsider und ein potentieller Antagonist sei. Entweder du bist für sie oder gegen sie. Sie kündigen an, daß sie nur sie selbst sein und sich weigern werden, irgendwelche Kompromisse einzugehen, was ihre Werte und Überzeugungen betrifft – ganz gleich, wem gegenüber oder wo und wann.

Schon hier können wir die vollkommene Hingabe und das Bekenntnis zur Band sehen, das in späteren Interviews und Artikeln so bezeichnend für die Mitglieder der Band wurde. Nachdem er seine Absicht verkündet hat, alles zu geben, was er zu geben habe, gibt Axl seine Variation des Hamlet – to do or die, es tun oder sterben: Er wolle selbst das letzte bißchen Energie und Leben opfern, das er seinem Körper abringen könne, im Tausch für den transzendenten Ruhm, den nur der Rock'n'Roll ihm bieten könne. Völlige, restlose Hingabe. Sein Schicksal ist von Anfang an besiegelt. Zur Umkehr ist es bereits zu spät.

Axl beendet den Text, der schon bald die Grundlage für die erste offizielle Bio bieten sollte, mit den Worten: »Ich will verdammt sein, wenn es nicht das ist: Entweder alles, was wir geben können, oder unsere Existenz hat keinen Sinn.«

Nach unnötigen Entschuldigungen für die Ungeschliffenheit des Textes kritzelte Izzy per Hand unter den Brief: »Dramatisch, was?«

Yeah, und nicht nur das – auch *smart*. Zurückblickend kann man den Brief als pure Vision bezeichnen. Aufrichtig ihre wahre Natur widerspiegelnd, klar, aber unverfroren formuliert, sensationell, verzweifelt. Entschlossen, denen zu gefallen, die sie begeistern können, indem sie sind, was und wie sie sind. Den Rest werden sie gehörig in Rage bringen – und zur Hölle mit ihnen.

Während sich der Phönix Guns N' Roses aus dem aufgeblähten Bauch der Heavy Metal Scene emporkämpfte, wurde von einer anderen Hardrock Band drüben bei Elektra Records Geschichte geschrieben – von Mötley Crüe. Die Crüe waren mit einem Image angetreten, das dem von Guns N' Roses ähnelte: Lederklamotten, hartes Leben, hartes Saufen, harter Rock, hartes Ficken. Aber die Crüe hatten ein Problem: Niemand nahm sie ernst. Natürlich nahmen mehr Leute sie ernst, als man hätte vermuten können, und doch war es Konsens im Plattenbusiness des Jahres 1986, daß Mötley Crüe nicht nur keine

Songs hatten, sondern daß auch ihr Gehabe reine Pose war, Heuchelei, ein reines Presse-Image, das nichts mit ihrem wirklichen Leben zu tun hatte. Ob sie es wirklich nur für die Presse taten oder nicht, war auch ganz egal – es war einfach nur Heuchelei. Dann fingen sie an, in solchen Unmengen Platten zu verkaufen, wie es der Hardrock seit den Tagen von Grand Funk Railroad und Kiss nicht mehr fertiggebracht hatte, und mit letzteren schienen sie auch das Image, eine Mischung aus Cartoon *und* Chaos, zu teilen.

In der Zwischenzeit hatte der Repräsentant von Elektra, der die Crüe unter Vertrag genommen hatte, ein paar Probleme mit seinem Boß und wurde von mehreren anderen Labels gleichzeitig umgarnt. Das sogenannte Kid war ein blondes Engelchen, ein zweiundzwanzigjähriger Mann namens Tom Zutaut. Er hatte als Junior A & T (Artist & Repertoire, die Vertragsabteilung) Mötley Crüe entdeckt und aufgebaut. Im Business liebevoll »Zoot« genannt, lebte und atmete er seinen Rock'n'Roll auf dieselbe Weise wie die Kids, die die Platten der Crüe kauften.

Ungefähr um diese Zeit tritt David Geffen auf den Plan, ein ungewöhnlicher, fast unpassender Freier, wenn man seinen Werdegang und sein Engagement mit so entspannten und pflegeleichten, glattpolierten Künstlern wie Jackson Browne und Linda Ronstadt bedenkt. Geffen hatte als Präsident von Asylum Records, einer Konzerntochter von Elektra, einige Deals mit Elektra. Nach einer zehnjährigen Pause war Geffen jetzt wieder zurück im Business, mit Künstlern wie John Lennon und Elton John im Schlepptau, und er war auf der Suche nach einem Heavy Metal Scout, der wußte, was angesagt war, und der ihm guten, jungen, harten Rock'n'Roll besorgen konnte, um seinen frischen Künstlerstall damit abzurunden. Geffen wollte seine eigene Mötley Crüe, und wer wäre geeigneter, sie zu finden, als das 20jährige Kid, das Mötley Crüe entdeckt hatte? Geffen hatte keinen Zweifel, daß ein Blitz eine Person zweimal treffen kann – und wenn er Zweifel gehabt hätte, hätte er trotzdem darauf gesetzt –, und so lockte er Tom Zutaut von Elektra weg und nahm ihn unter Vertrag, mit der einzigen Anweisung, ihm auch eine Mötley Crüe ranzuschaffen. Und innerhalb eines Jahres hatte Zutaut sie.

Um die Band zu finden, ging Zutaut einfach zu Vinyl Fetish, dem Plattenladen auf der Melrose Avenue, der sich auf die Sorte Hardrock spezialisiert hatte, die er liebte, und fragte den Verkäufer, ob er irgendwelche großartigen neuen Bands gehört habe. Die Antwort lautete: »Nur eine.« Doch die Plattenindustrie, und Geffen vielleicht auch, waren noch immer skeptisch, genau wie damals, als Zutaut mit den Crüe angekommen war. Er muß sich gefragt haben, wann man ihm endlich etwas Respekt entgegenbringen würde, etwas Vertrauen. Geffen bot ihm einen Newcomer Development Fond an, um weiterzumachen und die junge Band mit dem Namen Guns N' Roses ranzuschaffen. Im März 1986 unterschrieb die Band bei Geffen, dank Zutauts Anstrengungen, für die Summe von 75 000 Dollar (37 500 als Memo Deal und 37 500 bei Vertragsbestätigung) und einem Budget für ein Album.

Die Band war happy – sie hatten eine Wohnung, einen Platten-Deal, einen Vertrag, und sie mußten nicht mehr ganz so hart ums Überleben kämpfen. Nun konnten sie mehr Zeit aufwenden, um Songs zu schreiben und einzuüben, um das bestmögliche Album einzuspielen.

Geffen war happy – er hatte die heißeste Band der Stadt, und er hatte sie zu einem Spottpreis eingekauft, wenn auch nicht ganz ohne Risiko.

Zutaut war happy – er hatte die Band für die Plattenfirma unter Vertrag genommen, zu einem Hungerlohn, obwohl es in Wirklichkeit ein ausgezeichneter Deal für alle beteiligten Parteien war, besonders für Geffen. Geffen hatte nicht mehr und nicht weniger als notwendig in eine Band investiert, die, so meinten die meisten Leute im Business, es niemals so weit bringen würde, auf Tour zu gehen, um ihr Debütalbum zu promoten. Aber Guns N' Roses hatten etwas, was Mötley Crüe nicht besaßen – Glaubwürdigkeit. Diese Jungs waren wirklich »fucking nuts«. Man konnte ihnen nicht trauen, wenn sie allein zu Hause waren, und man lief ihnen besser nicht über den Weg. Diesen Eindruck vermittelten sie bis in die Stahlspitzen ihrer Stiefel.

Jeder war happy mit dem neuen Platten-Deal – jeder bis auf Vicky Hamilton. Sie hatte man hängenlassen. Der Vertrag beinhaltete auch die stillschweigende Vereinbarung, daß die Bandmitglieder das vorgeschossene Geld verwenden würden, um Material für ihre erste LP zu schreiben. Doch Vicky Hamilton hatte ganz andere Vorstellungen und verklagte die Band auf eine Million Dollar; sie begründete dies damit, daß ihr die Band nicht nur Geld schulde, sondern sie auch immense Unkosten gehabt habe. Diese Lachnummer wurde außergerichtlich mit 30 000 Dollar aus der Welt geschafft, von denen die Hälfte die Band und die andere Hälfte Geffen zahlte.

Auf der Straße erzählte man sich, die Jungs hätten, während sie tatsächlich Material für das Album einübten, die Schulden bei ihren Dealern beglichen und würden das meiste von den 75 Riesen für Dope ausgeben. Jeder in der Band sei entweder vollgedröhnt oder am Saufen, hieß es. Sie lebten, worüber sie schrieben, und sie schrieben über ihr Leben, und allgemein rechnete man nicht damit, daß sie noch lange leben würden. Die Wirklichkeit sah etwas anders aus: Von den ersten 37 500 Dollar wurde das meiste für Klamotten und Equipment ausgegeben. Von den zweiten 37 500 Dollar ging *eine Menge* für Drogen und Dealer drauf.

Da gab es noch etwas, was an Vicky Hamilton nagte, als sie sich an die Phase vor ihrem feindseligen Split erinnerte: »Du redest hier über eine Bande Strolche von der Straße. Die hatten doch vorher nie Geld in der Tasche, und plötzlich hieß es: ›Das Leben ist eine Party.‹ An dem Tag, als sie ihren Vertrag unterschrieben, habe ich geheult, weil ich wußte, was kommen würde.« Ihre Befürchtungen waren nicht ganz unbegründet. In einem Interview, kurz nachdem der Deal mit Geffen perfekt war, schien Slash den Grund für Vickys Besorgnis zu bestätigen: »Unser Leben hat sich eigentlich nicht verändert – der einzige echte Unterschied ist, daß ich es mir jetzt leisten kann, mich vollzuknallen.«

Wahr genug. Innerhalb von nur zwei Monaten hatte die Band ihre 75 000 Dollar ausgegeben und verlangte bereits mehr Geld.

Dann, gerade als die Aufmerksamkeit der Majors dank der Unterzeichnung des Vertrages mit Geffen geweckt war, wurde gegen Rose und Slash eine Anklage wegen Vergewaltigung erhoben (und wieder fallengelassen). Inmitten des Wirbels von Drohungen seitens der Justizbehörden, Anschuldigungen, wildem Drogenkonsum, dem Gefühl des bevorstehenden Untergangs und einem scheinbar endlosen Mahlstrom wüster Gerüchte veröffentlichten Guns N' Roses im Dezember 1986 ihre erste Platte – die von ihnen selbst produzierte und auf ihrem eigenen Label »Uzi-Suicide« erschienene EP *Live?! (a) Like a Suicide.* Ohne jegliche Werbung, mit wenig Promotion (wenn überhaupt), nur durch Mund-zu-Mund-Propaganda verkauften sich in vier Wochen 10 000 Exemplare, eine sehr respektable Zahl für eine EP auf einem Independent Label. Es war sehr clever für diese Grünschnabel-Band, auf diesem Weg zu beweisen, wie hungrig ihr potentielles Publikum war. Geffen kaufte schließlich die Rechte und veröffentlichte die Platte nochmals in der Phase zwischen *Appetite for Destruction* und dem verspäteten zweiten Album.

Kiss-Mitglied Paul Stanley, der sich bereits als cleverer Geschäftsmann erwiesen hatte (einerseits durch die Langlebigkeit von Kiss und andererseits durch die Investitionen, die eine solche Langlebigkeit ermöglicht), bekundete Interesse an der Band. Er traf sich mit Axl und Slash und diskutierte die Möglichkeit, als ihr Produzent an Bord zu kommen. Die drei hörten sich gemeinsam das Demo an, das sie bereits mit Producer Spencer Proffer aufgenommen hatten, aber wie Axl es beschrieb: »Er wollte zwei unserer Lieblingssongs umschreiben, also war die Sache gegessen, gleich damals.« Stanley wußte, die Band hatte das Zeug, groß zu werden, aber die Band glaubte nicht, daß er auch verstand, warum.

Slash erinnert sich daran, wie Paul Stanley eine ihrer frühen Shows besuchte: »Ich sehe also diesen Typen, wie er sich anguckt, was wir machen. Er ist ein netter Bursche, hat aber keinen blassen Schimmer, was wir tun. Jeder hat die grundsätzliche Idee: ›Sie sind eine Rock'n'Roll Band.‹ Aber sie kapieren die Formel einfach nicht.« Guns N' Roses ließen Stanley sausen.

Als Guns N' Roses bei Geffen unterschrieben, war das nicht der einzig mögliche Deal in der Stadt, nicht mal der beste, aber wie Izzy meint: »Sie waren die coolsten: Sie haben kapiert, was abgeht. Sie haben Rock'n'Roll kapiert. Es gab Labels, zu denen wir gingen, die wollten uns unter Vertrag nehmen, wußten aber nicht mal, wer zum Teufel Aerosmith sind. Bei einer Plattenfirma erwähnte jemand Steven Tyler, und dieses Chick fragte doch glatt: ›Wer ist das denn?‹« Dann kam Zutaut. »Er ist der Hauptgrund, warum unsere Platte passierte«, gibt Axl zu.

Axls Bewunderung sollte nur kurz anhalten: Zutauts Kürzung der zweiten Single, die es bis an die Spitze der Charts schaffte, »Sweet Child o' Mine«, von sechs Minuten auf drei ließ Axl ausrasten. Aber das sollte noch einige Zeit hin sein.

Zum Zeitpunkt, als sie mit dem Proben begannen, hatten Guns N' Roses ausreichend Material von ihren Auftritten in der Stadt, so daß sie nicht viel Neues schreiben mußten, ehe sie mit den Aufnahmen im Studio begannen. Doch sie mußten an ihren Songs feilen. Gerade so viel, um ihre Ecken und Kanten mit Verve auszudrücken und gleichzeitig ihren Sound nicht in einem dumpfen Brei untergehen zu lassen.

Dann tauchte das Problem auf, einen passenden Manager zu finden, einen, der die Band bis an die Spitze bringen konnte, der den Recording Process handelt, mit der Plattenfirma zusammenarbeitet, mit der Booking-Agentur verhandelt und dafür sorgt, daß alle fünf Jungs auf den Beinen bleiben und gleichzeitig atmen. Im August 1986 machte Zutaut die Band mit Tim Collins bekannt, Aerosmiths Manager in schlechten wie in guten Zeiten. Collins verfügte über reichlich Erfahrung, wie man eine erfolgreiche Rock'n'Roll Band mit temperamentvollen Künstlern mit ernsten Drogenproblemen anfassen und betreuen mußte, oder anders gesagt: mit Leuten wie Tyler und Perry. Nach dem Meeting hinterließen Guns N' Roses eine Rechnung von 400 Dollar für Essen und Trinken und machten sich auf in Collins' Hotelzimmer, was Collins zwang, sich in ein anderes Zimmer einzuchecken, um wenigstens etwas Schlaf zu kriegen. Am nächsten Morgen lehnte er die zweifelhafte Ehre ab, Guns N' Roses zu managen.

»Es war gar keine absichtlich fiese Sache«, erklärt Duff. »Es war nur das, was wir gewohnt waren; so waren wir eben, aber die Industrie und die Plattenfirma waren nicht so.«

»Wenn ich mich korrekt erinnere, wollten sie uns einmal rausschmeißen«, sagt Izzy. »Ungefähr ein Jahr, nachdem sie uns unter Vertrag genommen hatten.«

Slash erinnert sich. »Na ja, was passiert ist – wir sind unruhig geworden. Wir hatten einen Vertrag, sie haben uns einen Haufen Geld gegeben, haben uns in ein Apartment gesteckt, wir konnten nicht rausgehen und irgendwas unternehmen – also sind wir abgefuckt gelangweilt gewesen und haben angefangen, eine Menge Drogen zu nehmen, haben viel gesoffen und das Haus ein bißchen auseinandergenommen . . .«

Izzy pflichtet dem bei: »Wir haben es da eine Weile lang ganz schön munter getrieben . . . harte Partys . . .«

Slash fügt hinzu: »Und fast jeder Manager, mit dem wir uns trafen, hatte die Hosen voll. Und es war schlimm. Wir konnten nichts machen. Wir haben uns gelangweilt. Also haben wir uns zugetan und sind ausgerastet. Aber schließlich haben wir es doch noch auf die Reihe gekriegt und haben ihnen gegeben, was sie von uns haben wollten.«

Gemeint ist ihr Debütalbum für Geffen.

Izzy sagt: »Und jetzt lieben uns alle.«

Zutaut hatte noch einen weiteren möglichen Kandidaten im Kopf: Bei Elektra Records war ein junger Engländer sein Assistent gewesen, der eine andere aufstrebende Hardrock Band aus L. A. managte – und zwar Great White. Fast schon in einem Zustand der Verzweiflung, weil Guns N' Roses ein kleines Vermögen für Studiokosten verbrauchten, ohne bislang etwas von substantiellem Wert abgeliefert zu haben, trafen sie sich mit Alan Niven in der neuen Unterkunft der Band in den Hollywood Hills. Niven schaffte eigenhändig Jack Daniels, Pornomags und Pizza für die Jungs ran, und auch wenn die Bandmitglieder nicht sofort Zuneigung zu ihrem dreisten und vorlauten Manager faßten und ganz sicher keine Fans von Great White waren, so hatten sie doch das Gefühl, daß Niven sie verstand, ihrer Sache Sympathie entgegenbrachte und ihre ureigensten Interessen aggressiv vertreten würde. Es gibt eine Geschichte, derzufolge Niven die Band dann zu einem Meeting in »Barney's Beanery«, einem Schuppen in West Hollywood, einlud, wo er es schaffte, die Gunners mit seiner Trinkfestigkeit zu beeindrucken. Er hatte den Job.

Nun waren Guns N' Roses komplett. Ein scharfer Manager, ein Plattenvertrag, Reputation, einen Sound – nun mußten sie es nur noch *tun*, genau *das* tun, was jeder von ihnen immer hatte tun wollen und worauf sie die letzten zehn Jahre gewartet hatten. Nun lag es allein an ihnen, diesen Traum wahr werden zu lassen.

KAPITEL 4
DIE GÖTTER NACHAHMEN

Jede Kultur hat die Leitfiguren, die sie verdient, also sollte es uns nicht überraschen, daß wir auch die musikalischen Entertainer haben, die wir verdienen. Wenn sie uns den Spiegel vorhalten und uns nicht gefällt, was wir sehen, versuchen wir, *ihnen* die Schuld zu geben. Doch Konfuzius weiß es besser: »Wenn einer wissen will, ob ein Königreich gut regiert wird, ob die Moral gut oder schlecht ist, wird die Qualität der Musik diese Frage beantworten.«

Bis Axl Rose erschien, war Mick Jagger der Inbegriff dessen, was Nietzsche »nihilin« nannte – antibourgoise Wut. Jagger bedeutete alles für all seine Fans, und er versprach jedem alles: Gleichermaßen männlich wie weiblich, unbelastet von Anstand und Schamgefühl, jenseits von Gesetz und Ordnung, Moral und Politik streckte er den Autoritäten die Zunge raus und kam damit auch noch durch. Jagger war – zu seiner Zeit – für das Entertainment, was Napoleon politisch zu seiner Zeit in Frankreich war. Als Jagger und seine Stones (ohne die er impotent ist) im Laufe der achtziger Jahre als rebellische Kraft mehr und mehr verblaßten, kam Axl Rose daher und ließ Jagger im Vergleich zahm aussehen – so wie Jagger und seine Band zwei Jahrzehnte zuvor die Beatles hatten putzig aussehen lassen und so wie die Beatles ihrerseits Leute wie Frankie Avalon, Ricky Nelson, Pat Boone und, ja, auch Elvis Presley harmlos erscheinen ließen. Seit Jagger und Morrison hat es (auch in seiner Androgynität) keinen derart dionysischen Sänger gegeben wie Axl.

Der Vergleich mit den Stones trifft viel eher zu, wenn er sich auf die jungen, ungehobelten, zornigen, rebellischen Stones und nicht auf die polierten Professionals bezieht, die sie geworden sind. Guns

N' Roses sind eine einzigartige amerikanische Band, und sie explodieren überall mit ihren Platten, sowohl in den Charts Amerikas wie Englands, in Kanada ebenso wie in Deutschland. Wie Amerika selbst, so spiegeln auch sie ihre einzelnen Komponenten nicht wider, sondern absorbieren sie, nehmen sie völlig auf und machen sie zu ihren Einflüssen. Sie sind nicht die Summe ihrer Teile, sie sind etwas Größeres, anderes und Mächtigeres. Punks in der Kleidung, Haltung und im Sound, Heavy Metal in Power und Wut, dazu Stones-artiger Rhythm and Blues und das Beste von den New York Dolls, Aerosmith, und Sex Pistols . . .

Guns N' Roses sind die logische Kreuzung aus dem Besten, was England und Amerika im dionysischen Geist des Rock'n'Roll zu bieten haben. Sie sind ein Produkt unserer Zeit; sie werfen ein grelles Licht darauf, was es heißt, im Jahr 2000, in der Großstadt, auf der Klippe der zerbrechenden jüdisch-christlichen Kultur zu leben, die unsere Bedürfnisse nicht mehr erfüllt. Sie sind der Sound der Revolte und der Tanz der Wiedergeburt, sie sind der Soundtrack für T. S. Eliots »Waste Land«.

Sie sind ohne Frage die beste amerikanische Band seit den Doors, und dieser Vergleich ist nicht nur stimmig, er ist angemessen. Axl Rose ist einfach der echteste und brillanteste Performer seit Jim Morrison, L. A.'s wildem Kind der ersten Generation. Morrison kam nach L. A. nach einer Halbwertszeit auf Navy-Basen und ständiger Umzüge und erblühte dann aus dem wüsten Schoß der Stadt. An Stelle anderer Kandidaten, die es durchaus wert gewesen wären (Van Halen und Mötley Crüe waren nur ein Fünkchen dessen, was folgen sollte), adoptierte L. A. Axl Rose und stillte ihn wie ein eigenes Kind. »The West is the best«, sang Morrsion in seinem Song »The End«. »Get there and we'll do the rest.« Die Eagles hatten natürlich ihr eigenes Loblied auf L. A. mit »(Welcome to the) Hotel California«. Aber in »Welcome to the Jungle« knurrte Axl mit offensichtlichem Gefallen und voller Ungastlichkeit: »You can have anything you want but you better not take it from me.«

In der Tat, niemand in L. A. war auch nur versucht, etwas von einem von ihnen zu nehmen. Die Leute hatten Angst vor dieser Band, eben weil sie keine Poser waren und weil sie nicht im mindesten zu zögern schienen, das auch zu beweisen. Was die Wahl eines Produ-

Axl im Gebet vor dem Altar des Rock'n'Roll.
(Foto: Chris Lee Helton/Retna Ltd.)

zenten zu einer schwierigen Angelegenheit machte. Zutauts Assistentin, Teresa Ensenat, erinnert sich so: »Sie hatten alle total Schiß – jeder machte sich sofort wieder aus dem Staub. Mike Clink war nie erste Wahl. Hauptsächlich war er als Engineer für Ron Nevison bekannt.« Und der war bekannt für seine Arbeit als Producer von Chicago, Europe, Heart, Kiss, Eddie Money, Ozzy Osbourne und anderen.

Produziert und engineered von Mike Clink und mixed von Steve Thompson und Michael Barbiero, wurde im Juli 1987 *Appetite for Destruction* veröffentlicht. Zehn Monate dauerte es, um überhaupt die Top 100 des *Billboard* zu knacken. Die Platte und die Band benötigten noch etwas, einen Extra-Push.

Eine Weile lang sah es so aus, als könnte dieses »Etwas« der Film *The Dead Pool* sein, eine Clint Eastwood Dirty Harry Story, die auch Guns N' Roses ins Licht der Öffentlichkeit hieven würde. Clints Sohn Kyle, der Guns N' Roses bereits für sich entdeckt hatte, war die treibende Kraft hinter ihrem Auftritt in diesem Streifen. Kyle meinte, sie wären perfekt.

Und so faßte Slash ihre Rolle zusammen: »Dieser Film handelt von einer Art Wettgeschichte, wo Leute Wetten darauf abschließen, wer als nächster abkratzt, und sie fangen an, die Wetten abzugeben. Also, da ist dieser Rockstar, ein Junkie . . . Und wir sind die Freunde von diesem toten Rockstar.« Die Ironie war dem Gitarristen nicht entgangen: »Ich glaube, sie haben sich die perfekte Band dafür ausgesucht.« Am Ende war es nicht der große Durchbruch, sondern gerade mal zehn Sekunden auf der Leinwand.

Aber im großen und ganzen hatte es gut ausgesehen, und der Song »Welcome to the Jungle« sollte mit auf den Soundtrack. Die Hoffnung im Lager von Guns N' Roses war dieselbe wie bei vielen Rock'n'Roll-Filmprojekten: Der Song würde vom Film unterstützt und im Radio gespielt werden und den Weg für das Album ebnen. Die Vermählung von Rocksongs und Filmprojekten hat fast immer Erfolg, beide Seiten profitieren immens von dieser »Ehe«. Auf seiten der Filmproduzenten herrschte natürlich die Hoffnung, der Song möge eine neue Schar von Leuten ins Kino locken. Ein Hit würde dem Film guttun, und der Film könnte sicher den Song unterstützen.

Trotz des kurzen Auftritts der Band in *The Dead Pool* profitierte der Song »Welcome to the Jungle« von der zusätzlichen Lebensdauer, die der Film ihm verlieh. Ein Promo-Clip für den Song, bereits unabhängig vom Film gedreht, brachte eine weitere Chance. Das war alles, was noch gefehlt hatte.

»Welcome to the Jungle« tauchte im Radio und in Video Outlets auf, und der Song donnerte wie eine lang ersehnte Stampede los, überholte alles und jeden auf seinem Weg. Seine Kraft war einfach ohne Konkurrenz, seine Botschaft überzeugend, seine Visuals lieferten den ersten wahren Funken von Axl Rose und der Band, unerreicht von Dutzenden anderer Heavy Metal Monster. Die Musik war wirklich bedrohlich, sie war primitiv, doch poliert und sehr zwingend – man konnte nicht anders, als ihnen zuzuschauen. Es war gefährlich, gewagt und seltsam schön, und die Musik ging ab wie eine Lokomotive. Wie bei Dutzenden anderer Acts vor ihnen ebnete ihnen das Video endgültig den Weg. Sie sahen so aus, wie sie klangen, und sie klangen *fucking great*.

Rückblickend wird MTV für sich in Anspruch nehmen, Guns N' Roses zum Durchbruch verholfen zu haben. Das ist zwar nicht ganz falsch; es ist nur so, daß sie ein bißchen spät dran waren. Teresa erinnert sich: »Es hat uns sechs Monate gekostet, ein halbes Jahr haben wir MTV bearbeiten müssen, damit sie das Video spielten. Jetzt bringen sie Anzeigen mit ›Ihr habt sie zuerst bei uns gesehen‹. Dabei haben sie sich bis zur letzten Minute gesträubt. Es war abartig, was dieser Sender mit uns gemacht hat, bis wir sie dazu bewegen konnten, diese Band zu bringen.«

Doch nachdem der Clip ausgestrahlt worden war, dauerte es nicht mehr lange, bis klar wurde, daß MTV keine weitere Ermunterung mehr benötigte. Die Hölle brach los, und der Clip zu »Welcome to the Jungle«, der zunächst nur sporadisch gesendet worden war, lief nun ständig, und er blieb wie Pech an den Kids kleben, die den Hauptteil von MTVs Dreißig-Millionen-Publikum ausmachen. Mittels Wunsch-Telefonen und Marketingerhebungen steht der Sender in direktem Draht zu seinen Zuschauern, und alle Zeichen standen auf Sturm – die Kids konnten einfach nicht genug kriegen von dieser lauten, intensiven neuen Gruppe.

Der Song »Welcome to the Jungle« war das perfekte Intro für die Band: wild und doch kommerziell, kompromißlos, aber zugänglich;

Slash und Axl während eines Breaks zwischen zwei Songs.
(Foto: Chris Lee Helton/Retna Ltd.)

doch das Beste daran war – er war echt, ebenso echt wie die Band, und in harter autobiographischer Wahrheit verwurzelt.

»Einmal habe ich mitten in Queens übernachtet, auf einem Schulhof mit einem großen Zaun ringsrum«, erinnert sich Axl. Dann trieb er sich in New York herum und entdeckte, daß er das einzige weiße Kid in der Bronx war. Inmitten einer ausgebrannten und ausgebombten, verlassenen Gegend stand Axl plötzlich jemandem gegenüber, der ihn warnte, auch nur einen Schritt weiter zu gehen. »Dieser schwarze Typ kam auf mich zu und meinte: ›Weißt du überhaupt, wo du bist? Du bist im Dschungel, Baby! Du bist so gut wie tot.‹«

Der Song war auch Axls und Slashs erster Erfolg als Co-Writer. Axl schrieb den Text in Seattle. »Es ist eine große Stadt, aber im Vergleich zu L. A. und den Dingen, die du dort lernst, ist es eine kleine City ... Ich schrieb einfach, wie mir L. A. vorkam. Wenn einer in die Stadt kommt und etwas finden will, dann kann er hier finden, was auch immer er sucht. Und ich war in New York gewesen . . . Also, ich liebe L. A. Ich kenne eine Menge Leute dort und weiß, was wo abgeht.«

»Welcome to the Jungle« war ihre erste Single und legte ihr Bekenntnis so schnell und so klar wie möglich dar: Du bist verrückt – ich bin abgefuckt, aber ich bringe es! Sie wurden die »Kings of the Jungle«, bei göttlichem Recht und durch eigene Leistung. L. A. ist der Dschungel, und der Dschungel ist die Metapher für jede Großstadt. In ganz Amerika, Tag für Tag, jede Stunde, kamen kleine Möchtegern-Axl-Roses, Ausreißer mit fauligem Atem, schmuddelig, aber engelsgleich, »teenage he-devils« auf den Busstationen an. Das ungastliche Los Angeles paßte zu Axls Wut und Rage, zu seiner Unschuld und seinem Sinn für Romantik. Es war ein gutes Schlachtfeld für seinen persönlichen Krieg, das Feld für seine Ein-Mann-Mission. Das war eigentlich gar nicht so einzigartig. Axl wollte es schaffen, aber zu seinen Bedingungen und dann um jeden Preis. Er vernahm – so wie sicher auch der Schamane – den Ruf seines Herzens. Auf ihn wartete das, wovon er völlig besessen war: in einer Sunset Strip Hardrock Band zu singen. Ein Traum, der täglich unzählige Male geträumt wird, dort in der Wüste, die auf das Meer trifft. Es hieß: entweder diese Bühne oder eine Gummizelle oder sogar eine Gefängniszelle. Es gab keine Wahl, es war ganz einfach buchstäblich die

Gosse oder die Bühne, es ging um Leben und Tod, alles oder nichts, es war Axl Rose pur.

Axl hat es geschafft, er hat überlebt, und nun ist er der »King of the Jungle«, kein leichtes Kunststück. Er spricht für all die anderen Ausreißer oder Möchtegern-Ausreißer, die etwas wollen, das echter und befriedigender ist als das, was ihnen ihre augenblickliche Situation bietet. Axl ist dort gewesen, er hat sich auf den Straßen rumgetrieben, und er hat es geschafft. Er hat nicht nur überlebt, er hat es vor allem nach seinen eigenen Spielregeln geschafft. Er ist Herrscher über alles, was er sieht – die ganze Heavy-Metal-Gemeinde, die um Guns N' Roses herum entstanden ist –, die Szene in L. A., auf dem Sunset Strip, am Rainbow Bar & Grill, im Cathouse, im Whiskey, Gazzaris's . . . Über allem und doch ein innewohnender Teil – Axls Präsenz ist nun allgegenwärtig in dieser Szene. Der Name der Band und ihre Gegenwart werden in jeder Minute beschworen. Es greift um sich. Wenn eines der Bandmitglieder in der Szene auftaucht, ist es, als würde ein Mitglied des Herrscherclans sein Reich betreten. Die L. A. Attitude der coolen, unbeeindruckten Abgestumpftheit verschwindet, und der König hält hof.

Es muß seltsam sein, besonders für Axl, der einen wahr gewordenen Traum träumte, von anderen gefeiert zu werden, die denselben Traum träumen. Kneift er sich selbst, um aufzuwachen? Axl genießt die Geschichte, wie sehr seine Eltern fürchteten, er könne fehlschlagen: »Für meinen Dad ist es das Größte, in ein Restaurant zu gehen oder irgendwo bei sich zu Hause, wo die Leute, die er kennt, auf ihn zukommen und fragen: ›Hey, was macht eigentlich dein Sohn?‹ ›Aaah, er ist nach Kalifornien gegangen, um Rockstar zu werden‹, sagt Dad. ›Und?‹ fragen die anderen, ›wie ist es gelaufen?‹ ›Er ist ein Rockstar geworden.‹ Ich glaube, er mag das.« Aber glaubt Axl wirklich, daß sein Traum wahr ist? Oder weiß er, daß er in seinem Innern doch nur so ist wie sie? Und wenn – ängstigt es ihn, oder macht es ihn sicherer?

Was nicht heißen soll, er sei durchschnittlich. Überhaupt nicht. Eigensinnig und unverschämt vielleicht. Impulsiv, energisch, gefährlich, kapriziös und unberechenbar – ja, auch. Aber Axl ist auch strahlend nett, manchmal entwaffnend aufrichtig, einnehmend und charismatisch und mitunter sogar auf erschreckende, bewegende Weise verletzlich und unschuldig im alten romantischen Sinn. Als

Autor, kultureller Kommentator und Kommunikator ist er gegenwärtig ein Hardrock-Sänger und Songwriter ohnegleichen. Seine Performance auf der Bühne erreicht niemand auch nur im entferntesten. Wie ein Hamlet des Rock'n'Roll hat er ins schwarze Herz der Stadt geblickt, und was er gesehen hat, widert ihn an. Dieser Ekel beeinflußt jede seiner Handlungen, denn wie Hamlet wußte und Axl weiß, können Handlungen nichts ändern. Es ist nicht überraschend, daß Axl sich weigert, die Verantwortung als Leitfigur für seine Herde zu übernehmen – er will nicht scheitern. Beide, Hamlet und Axl Rose, fühlen, wie lächerlich es ist, daß man von ihnen erwartet, eine Welt, die aus dem Lot ist, wieder auszurichten. Der Einblick in erschrekkende Wahrheiten überwiegt über alle Maßen jede Motivation, außerhalb der Bühne zu handeln – für Hamlet ebenso wie für Axl Rose. Ekel erzeugt Wut, Wut erzeugt Rebellion, und Rebellion erzeugt Rock'n'Roll – den Schrei des Protestes, des Schocks, wiedergeboren in einer furchtbaren Form. Im ersten Video, in »Welcome to the Jungle«, kommt Axl an, hoffnungslos naiv, in Bellbottoms und mit Baseballkappe. Mit einem alten, umschnürten Koffer in der Hand steigt er aus einem Bus. Man kann sogar noch sehen, wie er auf einem Strohhalm kaut.

Und plötzlich ist er vollkommen verwandelt, wie durch eine groteske Schocktherapie. Als nächstes sehen wir ihn auf der Bühne, in Leder und Stiefeln, und er hat die Kontrolle über sein Publikum. Der Tod der Unschuld. Es ist tragisch und doch eigentümlich triumphierend. Er tanzt den Tanz des Überlebens und der Feier, aber er weiß auch um schreckliche Geheimnisse . . .

Vielleicht tut er das, vielleicht auch nicht. Es spielt keine Rolle. Vielleicht ist es unbewußt, alles nur ein Zufall – aber wenn: welch ein brillanter Fehler. Welch feiner Schauspieler er geworden ist. Und was, wenn er sich der Macht doch bewußt ist? Dann verdient er alles, was er kriegen kann, und mehr. Dann ist er wahrhaft Jim Morrisons kleiner psychotischer Bruder, der dieselben Grenzen der Realität in dieselbe Richtung verschiebt – immer weiter vorwärts und niemals zurückweichend. Es ist nicht überraschend, daß er offstage niemals Kompromisse eingeht – er kann es gar nicht, so wie Morrison es nicht konnte. Er müßte seine wahre Natur leugnen, er müßte sie faken, doch wie Morrison kann er das nicht oder würde es niemals tun, weil ein einziger Schritt zurück, nur ein Schritt, der vom Weg abweicht, genügen würde, damit die Band den hart errungenen Erfolg verspielt, für den sie beide gekämpft haben. Die gegnerische Macht könnte sich sammeln und ihn aus der Balance bringen, und davor gilt es sich stets zu hüten. Seine einzige Verpflichtung gegenüber seinem Publikum und sich selbst ist es, echt zu sein, ständig wachsam, sich um jeden Preis vor dem Fall zu schützen, selbst wenn das bedeutet, sich unentwegt gegen die Brandung zu stemmen (was er tut); aber nur weil die Belohnung für den Ritt auf diesen hohen Wogen der Power, Stärke und höchsten Richtigkeit, diese wertvollen Minuten auf der Bühne, alles rechtfertigen. Jegliche Opposition ist ausgelöscht, und er ist in seinem Element, bringt das Publikum zu sich, und es gibt nichts, was sie zusammen nicht tun könnten; nichts, was sie nicht haben könnten; niemanden, der ihnen etwas verweigern könnte.

Axl wagt es, die Wahrheit auszusprechen; die Aufrichtigkeit seiner Gefühle und das Hören auf die Weisungen seines Herzens machen sein Genie aus. So wie seine Lyrics zwischen gefährlich (oder arrogant) und unschuldig (oder verletzlich) variieren, so kann auch er absolut ehrlich sein. Die Wahrheit ist das Wichtigste, Ausdruck und Kommunikation sind alles. Wenn er gefragt wird, ob er Drogen nimmt, dann sagt er die Wahrheit. Ja, tu ich. Als Ergebnis dieser Aufrichtigkeit sowohl im Wort als auch im Verhalten klagen die Heuchler und Scheinheiligen die Band an, verantwortungslos zu sein, weil sie keine positiven Leitfiguren für ihre Fans seien.

An welchem Punkt wird Aufrichtigkeit zu Verherrlichung? An welchem Punkt wird aus einem Musiker eine Leitfigur? Indem sie ihren Drogenkonsum zugeben, machen sie sich , so scheint es, schuldig, diesen Konsum zu verherrlichen. Was ist so verlockend oder unverantwortlich an Worten wie »I used to do a little, but a little wouldn't do?«, gesungen in »Mr. Brownstone«? Und daran, daß mehr *eine Menge mehr* ist? Toleranz gegenüber Heroin zu entwickeln, hört sich für mich eher unattraktiv als verlockend an.

Liegt es daran, daß sie so erfolgreich und hip scheinen und geliebt werden, daß durch ihr Geständnis, Drogen und Alkohol zu konsumieren, diese Drogen und der Alkohol in gewisser Weise als ein Teil dessen erscheinen, was sie verkaufen? Wenn ein Kid Axl Rose auf der

Axl Rose: die beste Hardrock-Stimme seit Robert Plant.
(Foto: Larry Busacca/Retna Ltd.)

Bühne sieht, entrückt und völlig außer sich, dann denkt es nicht: »Oh, logisch, Nietzsche, ekstatisches Prinzip, alles klar, ich kapiere.« Wenn es das Foto von Slash auf dem Cover einer Zeitschrift sieht, völlig breit und mit einer Flasche Jack Daniels zwischen den Beinen, die Augen verdeckt und dunkel, dann denkt es nicht: »Welch ein schmerzerfüllter, sensibler junger Mann« oder: »Welch eine Pose, welch ein unhipper Blödmann.« Nein, dieses Kid denkt: »Cool.« Wo steht, daß diese Jungs eine moralische Verantwortung empfinden sollten, nur weil sich andere, die Kids, mit ihnen identifizieren? Nun, ich möchte lieber, daß mein Kind zu jemandem aufsieht, der ehrlich ist, was seine Fehler angeht, als zu jemandem, der ständig lügt, was seinen Drogenkonsum betrifft. Diese fünf Jungs sind zu Rockstars geworden, aber es ist sehr unwahrscheinlich, daß sie darüber nachgedacht haben, welche Verantwortung in dieser Rolle steckt.

Dennoch scheint Axl seinen Lebensstil nicht zu empfehlen. »Ich lerne jede Lektion auf die harte Tour. Entweder ich mache etwas richtig oder gar nicht. Die Dinge holen dich ein – ich würde es niemandem empfehlen.«

Duff ging das Thema Leitfigur ganz direkt an, als er einem Heavy-Metal-Monatsmagazin sagte: »Wir wollten nie Leitfiguren für die Kids sein. Wir sind nur wir selbst. Wenn ein Kid blöd genug ist, zu versuchen, so zu sein wie wir und so zu leben, dann übernehmen wir keine Verantwortung für das, was passieren kann. Die Art Leben, wie wir es führen, ist gut für uns – aber wir haben Glück gehabt. Genau so leicht wie ein Number-One-Album zu haben, kannst du dabei draufgehen.« Duff untertrieb die tatsächliche Situation etwas. Die Chance, dabei draufzugehen, ist eben um vieles größer, und viel öfter steht *das* am Ende – und nicht der Starruhm.

Sind Guns N' Roses in einer Zeit, in der Rehabilitation, Fitneß und Kampagnen wie »Just Say No« so sehr en vogue sind, eine gute Sache? Verdammt richtig! Das sind sie! Und natürlich sind sie es nicht. Nein, sie sind es nicht! Ich schätze, es kommt darauf an, auf welcher Seite man selber steht. Ich persönlich kann nicht sagen, ob ich sie verdammen soll, weil sie so dumm sind und auf solch alberne Weise Aufmerksamkeit erwecken wollen, oder ob ich ihnen gratulieren soll, weil sie so tapfer sind und aufrichtig und weil sie dem Rock'n'Roll seine wahre Rolle zurückgegeben haben, nämlich die als Musik von Misfits für

Misfits. Vielleicht sollte Rock'n'Roll nicht »safe« und keimfrei sein. Aus der Sicht der Welt sind Axl und seine Band keine guten Jungs, ganz gleich, wie man es auch dreht und wendet. Aber das macht sie nicht nur relevant, sondern wichtig und vielleicht sogar notwendig. Wie der alte Will Rogers sagte: Eine freie Gesellschaft braucht künstlerisch artikulierten Dissens, damit wir alle hellwach bleiben. Plato war der Überzeugung, daß »Musik und Rhythmus ihren Weg zu den geheimen Plätzen der Seele finden – musikalische Neuerung ist voller Gefahren für den Staat.« Wir brauchen Guns N' Roses, oder, um genau zu sein: der Rock braucht sie, so wie wir den Rock'n'Roll brauchen. Indem sie in den Augen der Welt als das Schlimmste angesehen werden, können wir sehen, warum sie in ihren Augen und denen ihres Publikums die Besten sind. »Nice boys don't play rock'n'roll«, singen sie in einem ihrer frühesten Songs (einem Cover von Rose Tattoo). »Nice Boys«. Sie wissen, daß Rock'n'Roll nicht zensiert und nicht safe sein sollte. Und so sind sie vielleicht nicht »gut« im alltäglichen Sinn. Aber andererseits könnten sie eine der drei oder vier besten Bands sein, die es derzeit gibt.

Außerdem lieben nicht nur die Kids und die Fans Guns N' Roses. Das Musikbusiness unterstützt sie ebenso. Bereits im Sommer 1988 hielt Paul McGuiness, Manger von U2, die Hauptrede beim New Music Seminar, und er richtete seinen Blick dabei ganz besonders auf die damals noch neue Band.

> »Guns N' Roses ist das Aufregendste, was dem Rock'n'Roll seit einer Ewigkeit passiert ist. Sie werden die ganze Welt erobern. Sie haben bewiesen, daß die Welt dem Mutigen gehört. Und in der lahmen Musiklandschaft von 1988 ragen sie, meiner Meinung nach, wie ein Leuchtfeuer heraus. Sie sind jetzt die größte Band in L. A. . . . Sie brauchen meine Unterstützung nicht, aber ich wünsche ihnen nichts als Glück. Sie sind unglaublich interessant. Das fundamentale Gesetz des Musik-Business lautet: Nur der Starke überlebt. Zweites Gesetz: Das Publikum stimmt mit den Füßen ab.«

Er hatte in jeder Hinsicht recht.

Was die Kritiker der Band nicht sehen oder anerkennen, ja nicht einmal akzeptieren, ist, daß eine große Rock'n'Roll Band nicht safe sein sollte. Das Amerika der Konzerne sollte keine wahrhaft große

Rockband sponsern wollen, denn Rock'n'Roll ist die Musik des Dissens und nicht des Sponsoring. Und eine große Rock'n'Roll Band gibt keinen Deut nach und kennt kein Pardon. Rock'n'Roll ist der Sound der Freiheit, nicht der Werbespots. Ich rede nicht von Rock'n'Roll als reiner Unterhaltung, ich spreche von Musik als Lebensantrieb, jener Sorte Rock'n'Roll, die das Leben befreit und verändert. Der Art Musik, die ihre Zuhörer und Anhänger mit dem unerschütterlichen Glauben erfüllt, daß alles möglich, alles erlaubt ist, und wenn du morgen stirbst, dann ist es okay, weil du den heutigen Tag genossen hast. Es gibt kein Morgen, es gibt nur das ewige Jetzt, und du solltest nicht auf morgen warten – weil es nämlich nicht existiert.

Der Feind heißt Langeweile. Für die Band und für ihr Publikum.

»No limits«, rief Jim Morrison beim Konzert in Miami in der Nacht, als die ganze Halle um das Feuer tanzte. »No limits, no laws.«

»I can't get no satisfaction«, gab Jagger zu.

»I drink and drive, everything 's in sight.« Halb Geständnis, halb Prahlerei.

Für die wahrsten Rocker existieren keine Grenzen, ihre Gedanken sind sonstwo, eingeschlossen in eine sie nährende Raserei. Der Rock'n'Roll verschlingt nicht nur seine Kinder, sondern alles um ihn herum. Sein Appetit ist jenseits von Völlerei und Selbstsucht, jenseits aller Fürsorge; es ist ein Bankett ohnegleichen, ungeachtet aller Konsequenzen. Wie Tim White in *Rock Lives* schreibt: »Der habgierige Rocker glaubt, daß alle Geschichte, ob die persönliche, die des Rock oder die Geschichte der Menschen, erlöst wird durch die Ewigkeit.«

Diese Art Hero, ob in der Rockmusik oder der Romantik, »tanzt über dem Abgrund«, dem Abgrund der Selbstzerstörung, geschaffen, wenn das Ich, anstatt die Grenzen des Universums ins Unbegrenzte zu erweitern, auf sich selbst zurückfällt und sich mit seinem unerfüllten Verlangen quält. Baudelaire war instinktiv der Poet des Ennui, und Dostojewskis *Notizen aus dem Kellerloch* sagen uns, daß die Wahl lautet: »Entweder ein Held zu sein oder im Schmutz zu kriechen – dazwischen gibt es nichts.« Iggy Pop sagt: »I'm bored, I'm the chairman of the bored.« Axl singt: »It's so easy«, und auch »and I'm bored«. Wie Jim Morrison in einem Interview äußerte: »Man könnte sagen, daß ich an Extremen interessiert bin ... Alles dazwischen ist ... na ja, eben nur dazwischen.« Axl sicherte sich seinen Platz im Pantheon der Ungeduldigen und Ruhelosen, als er dem Magazin *Circus* erzählte: »Ich lebe ständig am Rand der Klippe, und das kann ein sehr gefährlicher Ort sein.« Ein aufregender auch.

Für die Rockmusik und die Romantik sind Selbstverleugnung und Selbsterfüllung die Pose der Erfahrung. Langeweile darf nicht unterdrückt, sie muß zum Explodieren gebracht und zerstört werden. »The sunshine bores the daylight out of me / chasing shadows built on mysteries«, sang Jagger. »The future's uncertain and the end is always near«, wie Morrison schrieb – das ist die Haltung, die es zu adoptieren gilt, und Axl Rose lebt diese Philosophie bis zum Letzten aus, in seinem Leben und in seinen Songs. »And I'm ready«, brüllt er, »to crash and burn.« Genau wie Ikarus.

In diesem Zustand der Würde ist alles für dich in greifbarer Nähe – trunken vor Power, mit der dich die Musik erfüllt, hast du all deine Zwänge abgelegt und dich ganz der Musik hingegeben, und indem du dich gehenläßt, bis du völlig außer Kontrolle bist, hast du ihre größte erdenkliche Power entdeckt: Sie ist ein Ausweg. Du kannst nicht nur das Morgen bannen, sondern auch den Tod. Und jeder, der Dionysos durch die berauschende Macht der Musik berührt hat (oder zugelassen hat, daß Dionysos ihn berührt), weiß, wie das Gefühl ist, den Tod in den Dancefloor zu stampfen – wo dich nichts berühren kann, wo die Musik zu einem Hurrikan wird, der vor dir und um dich herum wirbelt, während du vor seinem heulenden Tumult stehst. Du bist erfüllt von dem Verlangen, diese unbändige Kraft zu besitzen und dich darüber zu erheben, dich kopfüber in ihr Zentrum zu stürzen, dazuzugehören oder sie zu besitzen und schließlich auf ihr zu reiten. Dann hast du *es*. Jetzt *rockst* du. Der Impuls ist ebenso instinktiv wie der eines Kindes, das seine Finger in den Ventilator hält oder auf einem hohen Geländer balanciert und springen oder fliegen will. Er ist erschreckend, und er ist verlockend, und er ist aufregend und gibt dir das unglaubliche Gefühl, am Leben zu sein.

Dies war die Art Transformation, auf die Antonin Artaud mit seinem Theater der Grausamkeit hoffte: »Das Theater ist ebenso wie die Pest eine Krise, die durch Tod oder Kur gelöst wird. Es löst Konflikte, entfesselt Mächte, schafft Möglichkeiten, und wenn diese

Möglichkeiten und Mächte dunkel sind, so ist dies nicht die Schuld der Pest oder des Theaters, sondern des Lebens selbst.« Weiter schrieb er: »Es lädt den Geist ein, an einem Delirium teilzuhaben, das seine Energien preist: Und wir können erkennen, daß die Aktion des Theaters, wie die der Pest, aus der menschlichen Sicht der Dinge gut und von Nutzen ist, daß es demaskiert, die Lüge, die Schlampigkeit und Niederträchtigkeit und Heuchelei unserer Welt enthüllt. Es eröffnet den Menschen ihre dunkle Macht, ihre verborgenen Triebe, es lädt sie ein, im Angesicht des Schicksals, eine höhere Haltung einzunehmen« (aus *The Theater and Its Double*).

Wäre dies eine Kritik eines Konzerts von Guns N' Roses – es wäre eine der besten, die ich je gelesen habe. Artaud zeigt besser als jeder Rockjournalist auf, warum Axl Rose für so viele Kids heutzutage ein solcher Held ist und warum er dies selbst für mich ist. Er kommt mit etwas klar, wo die meisten von uns schlappmachen. Er weigert sich, Kompromisse einzugehen, und besteht auf dem göttlichen Recht, er selbst zu sein. Was das betrifft, kann ich mir keine bessere Leitfigur vorstellen. Er wiegelt die Menschen auf – was viele begeistert und ebenso viele auf die Palme bringt.

Mag der Look auch neu sein, die angeberische Pose ist klassisch. Die Rockmusik ist berüchtigt dafür, die Tradition der Romantik im 19. Jahrhundert widerzuspiegeln. Die romantische Verehrung des Instinktiven erblüht im Rock Idiom – Shelley schrieb im klassisch arroganten, doch verwundeten Ton des Künstlers: »I fall upon the thorns of life; I bleed« – eine Zeile, von der die Stones ihre scharfe Reposte auf das laue »Let It Be« der Beatles ableiteten: »Let It Bleed.« Und Axl fügt hinzu: »I'm gonna watch you bleed.« Damals galten die Romantiker in der vorherrschenden Meinung aus dem gleichen Grund als vulgär wie heute die Mitglieder von Guns N' Roses, die so viele beleidigen. Die heutige Welt schätzt Axl Roses impulsiven, emotional aufrichtigen Genius oder Jim Morrisons von LSD getränkte, inspirierte Brillanz ebensowenig, wie sie Chattertons frühreifen Romantizismus, Egon Schieles Bilder, Baudelaires Korrespondenz, Rimbauds Haltung und Genie oder van Goghs Bäume und Krähen schätzte.

Gemeinsam haben die Romantik und die Rockmusik auch die Protokolle des Heldentums im Exzeß – chemischem, sexuellem und im Verhalten. Der Extrovertierte, der Hedonist, der Verrückte, der Kriminelle, der Selbstmörder erhebt sich in der Rockmusik aus denselben Gründen zu heldenhafter Statur, aus denen Byron und Rimbaud zu Helden der Romantik wurden; sie alle widersetzen sich den ihnen durch die Gesellschaft auferlegten Beschränkungen. Der Held der Romantik fordert mit dem Exzeß den Tod heraus; der Rockmusiker hat das gleiche Recht. Der Tod als die ultimative Form von Exzeß. »Sein Leben länger als vierzig Jahre zu leben, ist ein Zeichen von schlechter Angewohnheit«, sagt Dostojewskis Mann aus dem Kellerloch. So wie die schwarzen Bluesmusiker – bis hin zum R & B und Leuten wie Chuck Berry und Little Richard – die musikalischen Grundlagen für den Rock'n'Roll schufen, so etablierten die Romantiker die Haltung. Zwanzig Jahre später ließen die Vertreter der Dekadenz sie wiederaufleben, Schopenhauers Pessimismus lieferte die Definition, die verlorenen Surrealisten bezogen sich darauf; sie alle zeigten eine starke Neigung zu Ausschweifung, zu Intensität und zum Exzeß – Faszination für den Tod, Erotizismus und Mystizismus. Sie alle teilten ein fast zwanghaftes Verlangen, einer materialistischen Gesellschaft zu entkommen, entweder indem sie darin feierten oder aus ihr flohen oder sie zerstörten. Etwas bewahren zu wollen, war eine Bankrotterklärung, Zerstörung und Kreieren das Ideal (Philippe Juan in *Dreams of Decadence*). Exaltiertheit nahm den Platz der Wahrheit ein. Erfahrung ersetzte Wissen. Tanz wurde dem Gedanken vorgezogen. Verhalten dem Denken, Verrücktheit der Normalität. Sie lebten im und für den Augenblick, weil die Antwort – so es eine gibt – nur hier liegt.

Intensität ist das ständige Ziel, Mäßigung ist jenseits von nutzlos, doch Intensität und Dauer sind, wie Jack London schrieb, »uralte Feinde – sie sind in sich zerstörerisch. Sie können nicht zusammen existieren und tun es auch nicht« (*John Barleycorn Must Die*).

Keiner dieser Helden, auch Axl Rose nicht, ist böse oder schlecht. Sie sind jedoch in gewisser Weise gezwungen, sich »böse« zu verhalten, aus einer Art Nostalgie heraus für ein unerreichbar hohes Ideal, ein nicht realisierbares Gut. Diese Männer, mögen sie Poeten oder Rockmusiker sein, Schauspieler oder Stückeschreiben kommen damit klar, weil sie die Wahrheit kennen. Sie kommen bis zu einem gewissen Punkt damit durch: Wenn sie nicht achtgeben und wenn sie lange genug leben, tritt die Gesellschaft dazwischen und sagt: »Genug!« Die Gesellschaft will die Wahrheit nicht wissen, wenn diese sich von ihrer Version oder ihrem Konzept unterscheidet, besonders wenn diese Wahrheit den Status Quo bedroht – was große Kunst tut. Die Gesellschaft kann nicht überleben, wenn jeder ein Held sein will. Jemand muß ja zur Arbeit gehen. Helden sind aus eben diesem Grund gefährlich, denn sie sagen: Es *ist* möglich. Die Helden der Musik sind wahrscheinlich die gefährlichsten von allen. Hören wir noch einmal Plato aus *Der Staat*: »Wenn sich die Musik verändert, dann ändern sich mit ihr die Gesetze des Staates.« Stoppt die Musiker, und ihr stoppt die Veränderung. Plato empfahl, den Status Quo zu erhalten, weil er um die Mächte wußte, die der Rhythmus wachrufen kann. Aristoteles unterstützte in *Die Politik* diese Theorie: »Emotionen aller Art werden durch Musik geweckt, und Musik, wenn sie wahr ist, hat die Macht, den Charakter zu formen.« Nicht nur die Musik, sondern jede wahre Kunst. Und es ist höchste Zeit, daß die Welt begreift und anerkennt, was der Rockkritiker schon seit Jahren weiß: Großer Rock'n'Roll ist Kunst.

Das Entstehen dieses Gegensatzes (Gesellschaft gegen Künstler) ist einer der Eckpfeiler von Nietzsches Philosophie; und er verwendet in diesem Zusammenhang die Begriffe »gut« und »böse«. In *Also sprach Zarathustra* schreibt er: »Die ›Guten‹ sind unfähig, etwas Neues zu schaffen; sie sind immer der Anfang vom Ende. Sie kreuzigen den, der neue Werte auf neue Tafeln schreibt; sie opfern die Zukunft für sich, und indem sie das tun, opfern sie die Zukunft aller Menschen.«

Und so bannt die Gesellschaft die Werke der Künstler, steckt jene hinter Gitter, institutionalisiert und verspottet sie. Die Gesellschaft sagt nein zu diesen Leuten. Und wenn du etwas für einen normalen Teenager interessant machen willst, dann sag einfach nein dazu – »Just Say No«. Und bleib bei deiner Meinung, ganz gleich was kommt. Es ist das Diktum der verbotenen Frucht: Wenn du etwas nicht kriegen kannst, dann *muß* es gut sein. Kein Sex, keine Drogen, kein Hardrock, keine Erlösung aus Unsicherheit, Furcht und Isolation.

> »Wenn das junge Herz unglaublich schwer ist, wenn der beladene Geist unerträglich einsam wird, wenn die Bedrängungen zu verwirrend

> werden, als daß man wagen könnte, etwas daran zu ändern – und du es dennoch tust, weil sie ein Teil von dir sind –, dann *rockst* du. Rock'n'Roll ist die Dunkelheit, in der die geheimen, unerfüllten Wünsche wohnen, und der Hunger, der dich vorwärtstreibt, sie zu enthüllen. Und wenn du rocken willst, da kann dir Jerry Lee Lewis erzählen, wie es sein wird: ›You do not go gently into that good night.‹«
> (Timothy White, *Rock Lives*)

Um zu helfen, diese rauhen Rituale zu kodifizieren, prägte Carl Jung einen Begriff für die persönlichen Eigenschaften und schwelenden Triebe, die sich alle Menschen anzuerkennen weigern – *den Schatten.* Auch wenn Carl Jung Jim Morrison nicht »When the Music's Over« singen oder Jimi Hendrix »Are You experienced?« hat spielen hören, so hätte er doch das Ventil verstanden, das diese Werke schuf, und er hätte applaudiert. Und ebenso gewiß hätte Jung die Ethik des Rock'n'Roll verstanden: »Nichts ist, wie es scheint – alles ist möglich.«

Dieser Ausspruch stammt von Hassan I. Sabbah, einer persischen Gestalt des 11. Jahrhunderts, bekannt als der Alte Mann vom Berg, ein Zeitgenosse von Omar Khayyam. Hassan I. Sabbah war ein politischer Agitator, der eine Sekte mit dem Namen Ismailis gründete und fünfunddreißig Jahre in seiner Festung hoch oben auf einem Berggipfel lebte.

> »Wenn du deinem eigenen Schatten in all seinen Inkarnationen gegenüberstehst, dann bist du im Innern des Rock'n'Roll. Wenn du es musikalisch tust, auf der Bühne, in einem schrecklichen, wundervoll fröstelnden Kontakt mit deinem Publikum, und du es ermutigst, auch von seinem Schatten etwas in den kreisenden Mahlstrom zu geben, dann bist du ein Rockstar.«
> (Timothy White, *Rock Lives*)

Dieselbe autoritäre Gesellschaft, die nein sagte zu Vincent van Gogh, Oscar Wilde, Edgar Allan Poe, Arthur Rimbaud, Antonin Artaud, Vaclaw Nijinski, William Burroughs, Allen Ginsberg und Jim Morrison, sagt nun nein zu Axl Rose und Guns N' Roses. Je größer der Krach, desto größer die Verdammung; je größer die Verdammung, desto größer die Bloßstellung, und je größer die Bloßstellung, desto größer und lauter ist der ursprüngliche Sound.

»Von was für einer Unterdrückung redest du?« mag mancher jetzt fragen. »Immerhin haben sie fünfzehn Millionen Platten verkauft!«

Stimmt, das haben sie. Und oberflächlich betrachtet mag es so aussehen, als würden sie nicht unterdrückt. Aber tritt einen Schritt zurück, und du wirst sehen, daß es ihre Umgebung ist, von der sie attackiert werden, nicht von ihrem Publikum. Ihr Publikum, diese fünfzehnMillionen, sie reagieren auf ihre animalische Natur; sie werden nach einem langen Hunger gesättigt. Das ist die Faszination von Guns N' Roses und ihre Bedrohung. Sie weigern sich, es sich in der Nische bequem zu machen, mit der andere Hardrock Bands in letzter Zeit so zufrieden gewesen sind. Und zugleich scheint es ihnen egal zu sein, ob sie sich für einen anderen Platz eignen.

Die Band ist nicht blöd, und sie ist sich zumindest teilweise ihrer Position bewußt. Slash sagt: »Es hat immer diese leicht gefährliche Seite der Rockmusik gegeben, bis zurück zu den Stones. Die Kids haben Spaß an Dingen, von denen sie wissen, daß ihre Eltern sie nicht mögen – die ein bißchen wild und crazy sind. Das ist es zum Teil, was Guns N' Roses erfolgreich macht. Aber du mußt ihnen auch gute Songs bieten. Ohne die bedeutet alles, was du machst, nur einen Scheiß.«

Meistens wird Rockmusik nicht offen unterdrückt oder verleugnet, aber es wird ein Urteil über sie gefällt, und in diesem Urteil steckt die patriarchalische Stimme der Verdammung, die sich nicht entscheiden kann, ob diese Musik nun unbedeutend ist oder ob sie eine ernsthafte Bedrohung für die geistige Gesundheit unserer Jugend darstellt. Auf jeden Fall ist diese Rockmusik schlecht. Selbst die gemäßigtesten Rhythmen lassen Amerikas autoritäres Herz zurückzucken, es ist ein puritanischer Kniereflex, der Wunsch, das zu *stoppen*. Je härter der Beat, je lauter die Drums, je lauter der Protest, desto stärker ist das Verlangen, es zu *stoppen*. Slash ist sich der intensiven Gefühle, die die Band bei ihren Gegnern hervorruft, nur allzu bewußt: »Wir legen es gar nicht auf Trouble an, aber selbst der kleinste Vorfall nimmt gleich unglaubliche Ausmaße an. Wir verursachen einiges Chaos, klar, weil wir glauben, daß es im Rock'n'Roll darum geht. Die meisten Gruppen sind doch happy, das zu tun, was man ihnen sagt, nur damit sie kommerziellen Erfolg haben; die geben ihre Identität auf. So etwas wollten wir nie tun. Und deshalb sind wir für die Öffentlichkeit der neue Feind Nummer eins, und jeder Sheriff, jeder Cop will nur eines: einen von Guns N' Roses festnageln.« Recht hat er.

Heute sind die meisten Bands damit zufrieden, von einer großen Company für Millionen Dollar gesponsert zu werden und eine Tour zu organisieren, bei der jegliche Spontaneität entweder herausgeplant oder untersagt ist. Amerika hat zuviel von seinem musikalischen Entertainment verdaut und homogenisiert, die Tourneen sind zu groß, und zuviel Geld ist im Spiel, um irgendwelche Risiken einzugehen. Alles muß dem Entertainment dienen; Fehltritte, Aussetzer, Pannen – das darf unter keinen Umständen passieren. Schau über die Köpfe derer, die auf der Bühne stehen und spielen, schau in die Farben, von denen sie angestrahlt werden. Dieses Licht leuchtet aus Millionen-Dollar-Konstruktionen. Sie werden von einem komplizierten Computer gesteuert, der so programmiert ist, daß er auf bestimmte, festgelegte Einsätze reagiert. Der Sänger ist einer festen Choreographie unterworfen, und er muß während einer ganz bestimmten Stelle eines Songs an einem ganz bestimmten Punkt der Bühne stehen, damit er bei dieser traurigen Textzeile in dieser Ballade in blaues Licht getaucht ist. Für Improvisation ist da kein Platz, und wenn doch, dann ist auch das geplant, dann gibt es vielleicht zwei oder drei Minuten für ein Solo, aber die Beschränkungen und Vorgaben gelten weiterhin. Der Set muß geplant sein, und jeder – der Mann am Mischpult, an der Lightshow, der Prop Man, der Roadmanager, der Stage Manager, der Guitar Roadie, der Drum Roadie und jedes Bandmitglied – muß eine identische Liste des Sets haben, und die kann nicht geändert werden, ohne daß alle das wissen, zugestimmt und die Änderung kapiert haben. Doch die Möglichkeit eines Fehlers zu eliminieren, bedeutet gleichzeitig, jede Magie zu verbannen.

Genau dieser restriktiven Falle und allem, was damit zusammenhängt, verweigern sich Guns N' Roses. Sie werden nicht auf Nummer Sicher gehen, sie werden nicht vorhersagbar werden, und sie werden die Spontaneität nicht opfern, eben weil es *kein gutes Gefühl wäre*. Weil sie wissen, daß Rock'n'Roll dann am besten funktioniert, wenn die Chemie zwischen ihnen und ihrem Publikum stimmt – sie wissen, daß der Bühnenaufbau perfekt sein muß, aber eben nur, damit die

Muse kommen kann. Dafür leben sie, deshalb haben sie die Band gegründet, deshalb folgte Axl dem »Ruf«, Rocksänger zu werden. Rock'n'Roll ist der Sound der Freiheit, und während es eine Sache ist, professionell zu sein und dem Publikum etwas für sein Geld zu geben, ist es etwas völlig anderes, die Seele zu opfern, um Vorhersagbarkeit zu erreichen. Es ist das Risiko wert, als Entertainer zu versagen, wenn man möglicherweise als Gott siegen kann. Es ist diese Qualität, die Guns N' Roses so hemmungslos verfolgen, und wenn sie sie zu fassen kriegen, dann mit einer unvergleichlichen Brillanz. Es ist diese Qualität, die sie nicht aufgeben, um gefällig, verläßlich, professionell oder gewöhnlich zu werden. Dionysos ist der Gott der Aktion, »der kommt, der eintrifft«. Aber er muß eingeladen werden, es muß Platz für ihn sein – wenn selbst der letzte Schritt, wenn jeder Moment der Lightshow im voraus geplant ist, wo soll Dionysos dann hingehen?

»Seit den Pistols hat der Rock'n'Roll einen großen abgefuckten Schwanz gelutscht«, faßte Izzy, der am wenigsten Gesprächsbereite und am wenigsten Entgegenkommende der Gunners, zusammen.

»Ich hoffe, wir haben die Idee wieder zurückgebracht, ganz natürlich zu sein oder ›real‹ und eine Rangehensweise an den Tag zu legen, die down-to-earth ist«, stimmt Slash zu. »Wir wollen wieder Integrität in die Musik bringen. Um was es heutzutage im Business geht, ist doch klar: Sie versuchen, alles aufzupolieren. Alles ist Technopop, selbst der Heavy Metal Stuff. Wir handeln gegen jeden Standard dieser Industrie.«

Es macht keinen Unterschied, ob sie vor zwanzig Leuten spielen oder vor zwanzigtausend. »Wir tun, was immer wir fühlen, was wir tun müssen.«

Wann immer – das muß nicht extra erwähnt werden – sie es wollen.

Während eines Interviews, das Axl MTV gab, meinte die Interviewerin, Guns N' Roses sei eine der wenigen Bands, die ein elektrisierendes Gespür für Spontaneität zu besitzen scheinen: »Nach einem Song kommt ihr als Gruppe wieder zusammen, um festzulegen, was ihr als nächstes spielen wollt. Das macht die ganze Sache so . . . lebendig.«

Axl wußte sofort, was sie damit meinte. »Das ist etwas, was sehr schwer aufrechtzuerhalten war«, erklärte er. »Jeder hat mich irgendwie dafür gehaßt. Die meisten Leute machen das nicht, nicht weil sie nicht spontan sein wollen, sondern weil es schwer für deine Light Crew ist; es ist schwer für deinen Mann am Mischpult. Sie haben vorprogrammierte Sachen auf ihren Boards, und ihre Einsätze sind festgelegt, und das wirft dann alles um, und die Show leidet darunter, aber ich finde, das ist es wert. Im Song ›Paradise City‹ habe ich alle fünf Parts im Studio gesungen. Live können wir das so nicht bringen, und wir versuchen es auch gar nicht, weil das nicht möglich ist, ohne Tapes zu benutzen, und ich werde nie Tapes benutzen. Außerdem, wenn du Tapes und solches Zeugs benutzt, dann muß alles perfekt im Ablauf sein. Und wir wissen eigentlich nie genau, wie schnell oder wie langsam wir einen Song spielen, das kommt immer ganz drauf an. Und wenn du erst mal Tapes eingeplant hast, dann bist du da festgelegt. Das ist es nicht wert. Weißt du, da laufen Computer, und da sind die Jungs mit ihren Headsets, die daran angeschlossen sind, und die sind drauf vorbereitet, ›Paradise City‹ für dich zu machen, und was ist, wenn wir uns dann entschließen, ›Rocket Queen‹ zu spielen, egal aus welchem Grund, was einen ganz anderen Ablauf für Licht und Sound bedeutet? Für die ist das hart. Aber mit einigen von ihnen haben wir lange genug gearbeitet, und die sind schnell genug . . . Und sie finden es aufregend, weil es eine Herausforderung für sie ist und sie sich nicht langweilen. Ich kann also verstehen, warum Bands ihre Spontaneität opfern, aber ich würde das nie, ich kann das gar nicht. Ich kann mich nicht langweilen, denn wenn ich mich langweile . . .«

Weil Axl Langeweile nicht ertragen kann, und wenn er sich langweilt, dann bedeutet das, daß das Publikum sich langweilt, und um das zu sehen, sind sie nicht ins Konzert von Guns N' Roses gekommen, und Guns N' Roses sind nicht auf die Bühne gekommen, um so gesehen zu werden.

»Wir eröffnen die Show immer mit den gleichen drei Songs in Folge, denn das ist gut, um warm zu werden, damit die Band auf Touren kommen und den Groove in Gang kriegen kann. Aber selbst dabei ändern wir was. Weil, weißt du, wir können es nicht faken.«

In einer Diskussion über James Dean, den Axl einen seiner Helden nennt, gibt er zu: »Ich bin sehr schüchtern und kann manchmal sehr unsicher sein, aber du mußt einen Weg finden, deine Gefühle jeden Abend auf der Bühne rauszulassen. Du mußt es versuchen ... Es ist eine sehr große Herausforderung ... in gewisser Weise wie bei einem Schauspieler auf der Leinwand. Der einzige Unterschied ist, daß ich keine Rolle spiele. Ich spiele mich selbst.«

Es ist die Verpflichtung ihrem wahren Wesen gegenüber, die ihre Fans spüren, auf die sie reagieren und die sie schätzen, und es ist diese Verpflichtung gegenüber diesem Geist, der den Gegnern soviel Angst einjagt. Sie sind nicht nur Entertainment, sind nicht nur ein Act, weil sie es wagen, echt zu sein. Und sie gehen nicht auf Nummer Sicher, denn, wie Axl sagte: »Wir können es nicht faken.«

Es braucht Musik und Tanz, um den Segen des Dionysos zu erhalten, und ein verändertes Bewußtsein kann – und tut es oft – dabei helfen; man muß aufnahmebereit sein, darf sich nicht sperren oder verschließen; Dionysos muß willkommen sein. Wenn die Zeit, die vor einem liegt, bereits ausgefüllt ist, gibt es keinen Platz für ihn. Es ist Dionysos, den Guns N' Roses suchen; es ist dieser Geist des Dionysos, der ihr Leben lebenswert und ihre Musik hörenswert macht und wert, darauf zu antworten; und es ist Dionysos, den das Publikum von Herzen sucht.

Fünf Wochen nach Erscheinen war *Appetite for Destruction* das Nummer-eins-Album im Land. Das Touren und das MTV Airplay des Videos zu »Welcome to the Jungle« wurden damit belohnt. Dann veröffentlichte Geffen die »edited version« von »Sweet Child o' Mine«, jene Version, über die sich Axl ursprünglich so aufgeregt hatte. Als die Platte auf Platz eins der Single Charts stand und Guns N' Roses das Number One Album und die Number One Single im Land hatten, nannte Slash in einem Interview »Sweet Child o' Mine« höflich »reinen Dusel«, betonend, daß die Plattenfirma dahintersteckte. Slash versuchte, die positive Seite an der Kürzung zu sehen, und rechtfertigte diese Kompromißversion folgendermaßen: »Wenn es so viele Leute auf uns aufmerksam macht, die es normalerweise nicht wären – cool.«

Duff erklärte die lustlose Haltung der Band diesem Song gegenüber so: »Die Sache mit ›Sweet Child o' Mine‹ ist, daß der Song in fünf

Minuten geschrieben wurde. Es war nur einer von diesen Songs, nur drei Akkorde. Das Gitarrenlick, das Slash spielt, das war so was wie ein Joke, weil wir dachten: Was ist denn das für ein Song? Das ist doch nix, das wird allerhöchstens ein Filler auf der Platte. Mal abgesehen von den Vocals, die sehr sweet und ernst sind, hat Slash nur einfach so rumgemacht, als er das Lick schrieb.«

Während sie an dem Song arbeiteten, unternahm Axl eine Reise zu seinen musikalischen Wurzeln und hörte sich Lynyrd Skynyrd an, um sicherzugehen, daß er dieses »home heartfelt feeling« draufhatte. Die Lyrics sind seiner damaligen Freundin und jetzt Exehefrau Erin Everly (Tochter von Don Everly) gewidmet. »Ich hatte dieses Gedicht geschrieben«, erinnert sich Axl,

> »hatte aber irgendwie einen toten Punkt erreicht und ließ es erst mal liegen. Dann arbeiteten Slash und Izzy an neuen Songs, und ich kam dazu. Izzy brachte dieses Riff, und plötzlich schoß mir mein Gedicht durch den Kopf. Es kam alles so zusammen. Eine Menge Rockbands sind einfach zu abgefuckt feige, um irgendwelche Gefühle oder Emotionen in ihrem Stuff zu haben, außer wenn es ihnen schlechtgeht. Es ist der erste positive Lovesong, den ich je geschrieben habe, aber ich schätze, ich hatte ja vorher auch nichts, worüber ich derart positiv schreiben konnte.«

Axl vergleicht seine Beziehung zu Erin mit Jim Morrisons Beziehung zu seiner Ehefrau Pamela. Eine von diesen dramatischen Haßliebe-Affären – ich kann nicht mit dir leben, ich kann nicht ohne dich leben. Die Tiefpunkte waren der Wahnsinn, aber die Höhepunkte schienen das Leben selbst zu rechtfertigen. »Sie hatten ständig Auseinandersetzungen«, sagte Axl einem Interviewer, »aber sie waren Seelenverwandte. So empfinde ich auch für Erin.«

Ermutigt durch die Reaktion des Publikums und der Industrie auf »Sweet Child« wählten Band und Plattenfirma »Paradise City« als Follow Up Single, einen Song, über den Axl sagt, daß er »mehr davon handelt, im Dschungel zu sein«.

Während »Welcome to the Jungle« die Verwandlung der Band von Street Kids zu den »Kings of the Jungle« auf dem Nightclub Level zeigte und »Sweet Child o' Mine« sie einem größeren Publikum vorstellte, mit einem Video, das die Band von ihrer rauhen, schlicht besten Seite präsentierte (bei Proben, ihren kollektiven Muskel anspannend und in dieser Umgebung ebenso elektrisierend wirkend wie live im Nightclub im Clip zuvor), so war das Video zu »Paradise City« der perfekte »Dritte im Bund«. Shots von der Band auf der Straße wechselten sich ab mit Szenen backstage und auf der Bühne in Donnington. Es ist so explosiv und hypnotisierend wie kaum ein anderes Live-Video. Und es kam genau zum richtigen Zeitpunkt, gerade als das Publikum von Guns N' Roses wie überreife Saat aus dem Boden schoß. Millionen waren das, die auf einen neuen »Look-See« der Band scharf waren, einer Band, die ihnen erst kürzlich vorgestellt worden war. Bisher hatten sie die Band in einem Club (»Welcome to the Jungle«) und im Übungsraum (»Sweet Child o' Mine«) gesehen. Sie hatten das Album, und sie liebten, was sie sahen und hörten, aber sonst hatten sie nichts weiter gehört und gesehen. »Paradise City«, ein Song, den Axl praktisch als ein kleines Liedchen mit »noch ein paar Lyrics mehr über den Dschungel« abtat, ist ein Song, der perfekt jene Dualität von Guns N' Roses einfängt, die ihr junges Publikum sofort auf sich bezog. Das Kreuzfeuer der Emotionen zwischen jugendlicher Unschuld und arroganter Angeberei, gefiltert durch die Street Smarts und animalischen Überlebensinstinkte, die »Welcome to the Jungle« definierten und die Guns N' Roses so einzigartig machen.

»Please take me home«, bittet Axl in diesem Song. Wir alle wollen heimkehren. Aber es gibt keinen Weg zurück, es gibt keine Umkehr. Wir müssen weitergehen, wir haben keine andere Wahl. Axl hat, was er braucht; er wird überleben; er wird den Ekel im schwarzen Herzen der Stadt niederstarren, er wird in das Vakuum hineinschreien, bis er das Echo hört, nach dem er sucht und das seine Existenz bestätigt. »I've seen it all a million times«, giftet er am Ende des Songs. Er hat alles gesehen, nichts kann ihn mehr schocken. Der Unschuldige hat sich zu einem Überlebenden verwandelt. Er ist beides, und er fürchtet sich vor keiner der beiden Seiten; er kann beides haben und kann uns mit den Teilen unserer universellen Psyche verbinden. Aber kann er die Spannung dieser Gegensätze ertragen, die er so mutig ausdrückt?

Das Video zu »Paradise City« bewirkte noch etwas anderes – es zeigte dem Guns N' Roses-Publikum sich selbst. Es hielt einen gigan-

Leder, wie Axl es trägt, ist auch ein Symbol. Dionysos wurde als Stier dargestellt. Der Schamane wickelt sich in Tierhäute ein.
(Foto: Joe Bangay/London Features International)

tischen Spiegel hoch, in dem sich Millionen von Fans selber sahen, gefangen im Tanz, dem Tanz, den Axl instruiert und anführt – den Guns N' Roses einfordern. Dieser Clip hatte eine elektrisierende Wirkung auf sein Publikum. Sie sahen sich selbst, sie fühlten ihre Stärke und bekräftigten ihre Absicht und ihr Zugehörigkeitsgefühl. Ihre Gefolgschaft wuchs.

In dieses Lauffeuer wurde noch zusätzlich Benzin gegossen, so daß die Power der Explosion ausreichte, um Guns N' Roses in einen Orbit solch stellaren Ausmaßes und solcher Wucht zu schießen, daß nichts mehr sie aufhalten konnte.

Erinnert sich jemand an die kleine EP der Gunners mit Live-Material, veröffentlicht auf einem Independent Label zwei Jahre vor »Paradise City«? Nun, jemand bei Geffen tat es. *GNR Lies* (mit dem Untertitel *Sex, the Drugs, the Violence, the Shocking Truth*) wurde am 30. November 1988 von Geffen Records auf den Markt gebracht. Die A-Seite enthielt ein Reissue ihrer Uzi-Suicide EP *Live?! (a) Like a Suicide* und die Rückseite vier neuere akustische Nummern. *Lies* diente der doppelten Absicht, nicht nur das wachsende Feuer zu schüren, sondern auch der Band Luft und vor allem Zeit zu verschaffen.

»Wir wollten was rausbringen zwischen der letzten Tour und dem nächsten Album«, erklärte Slash damals. »Wir haben auch gehört, daß Kids fünfzig bis hundert Dollar für die Original-*Live?!* zahlen müssen. Wir wollten ein paar neue Songs machen, die eine andere Seite von uns zeigen. Songs, von denen wir das Gefühl hatten, sie machen zu müssen.« Als Verteidigung gegen mögliche Klagen, die Gunners seien soft geworden, erklärte Slash: »Ja, wir sind eine Rock'n'Roll Band, aber es gibt eine Menge unterschiedlicher Einflüsse bei Guns N' Roses. Wir schreiben eine Menge unserer Songs auf akustischen Gitarren, also war *Lies* zu machen ganz normal für uns.«

Das Cover des Albums war einem Zeitschriftencover nachempfunden und bietet die ironische Antwort der Band auf die hartnäckigen und lächerlichen Gerüchte, die ständig über sie in Umlauf waren. »Wir sind das Ziel von so viel Neugier, Hype und Sensationsgeilheit gewesen«, sagte Slash, »und alles davon war Bullshit. Wir haben gehört, wir seien alle bei einem Autounfall gestorben, wir hätten dies oder das getan. Das war unsere Chance, die Sache mal umzudrehen und es ihnen heimzuzahlen.« Oder eine möglicherweise lästige Situation ad absurdum zu führen, indem sie sie auf humorvolle Weise auf die Spitze trieben. Feuer mit Feuer bekämpfen. Es zu ihrem Vorteil umkehren, indem sie Negatives in Positives wenden.

Die erste und einzige Singleauskopplung von *Lies* war »Patience«, ein Song, beeinflußt von Gram Parsons bis zu den Stones über *Beggars Banquet*. Der Song und der dazugehörige Videoclip wurden ein weiterer Hit für die Band und waren ebenfalls als Botschaft an ihr Publikum gedacht, das nun eine längere Wartezeit würde ertragen müssen, ehe die Band wieder mit etwas Neuem aufwartete.

Mit der Veröffentlichung von *Lies* bewiesen sie Vertrauen in ihre Fähigkeit und ihren Willen, sich zu verändern, und sie demonstrierten Stärke in ihrer Entschlossenheit, weiterhin trotz schier unüberwindlicher Hindernisse kreativ zu sein. Die Frage ist die: Werden Guns N' Roses, und besonders Axl Rose, siegen, wo so viele andere gescheitert sind? Werden sie nicht nur überleben, sondern auch wachsen, und durch dieses Wachsen in der Lage sein, sich weiterzuentwickeln? Und ihr Publikum durch die Erweiterung ihrer Kunst ebenso zufriedenzustellen? Oder werden sie jung und auf tragische Weise verglühen? Möglich ist beides, doch das Beweismaterial deutet auf letzteres hin. Alles spricht gegen sie. Und doch – Axl Rose hat, was er braucht. Die Band ist eine mächtige Armee an seiner Seite. Wenn er gewinnt, werden sie dann in der Lage sein mitzuhalten, wenn er weiter voranschreitet und aus der Dunkelheit hinaufsteigt ins Licht?

Der Weg zum Himmel führt durch die Hölle, das ist es, was Blake meinte, als er schrieb: »Der Pfad der Ausschweifung führt zum Palast der Weisheit.« Um Erlösung zu verdienen, muß man mit Sünden geimpft sein. Man muß alles auskosten, die großen ebenso wie die eher trivialen Sünden. Das folgende Sprichwort besagt:

> »Überlegtheit ist eine reiche häßliche alte Maid
> begleitet von Unfähigkeit.
> Wer begehrt, doch nichts unternimmt,
> der brütet nur Pestilenz aus.«

Mit anderen Worten: Sag nicht nein.

Man muß sich den Tod mit all seinem Hunger nach Zerstörung verdienen, darf kein Gift ablehnen, sich keiner Erfahrung verweigern, sei sie auch noch so erniedrigend und schmutzig und verkommen. Man muß bis ans Ende seiner letzten Kräfte gehen und lernen, daß man ein Sklave *ist* – ganz gleich in welchem Reich oder unter welchen Mächten –, um Emanzipation zu ersehnen und Freiheit zu erlangen. Freiheit ist das gelobte Ziel, die höchst akzeptable Motivation, aber wahrscheinlicher ist der Tod. Man muß stark sein, ergeben, smart und entschlossen. Es ist kein Pfad, den man gedankenlos wählen darf, und dennoch muß der Künstler noch weiter gehen.

Wie Rimbaud schrieb: »Barmherzigkeit ist der Schlüssel.« Erlösung liegt im Praktizieren von Barmherzigkeit – der dritte und letzte Akt der Reise des Helden –, wenn er die Schätze, die er gefunden hat, der Gesellschaft zurückbringt und sie zum Nutzen der Menschheit verteilt. Seltsam auch, daß es bei den Anonymen Alkoholikern als zwölfter und letzter Schritt gilt, das, was man gelernt hat, mit einer anderen leidenden Seele zu teilen.

Sünde befriedigt nicht lange – das Vergnügen ist zeitlich begrenzt, Trunkenheit und Rausch hören auf, für dich zu arbeiten, und fangen an, gegen dich zu arbeiten; das Vergnügen ist endlich, das Verlangen unendlich. Wenn du das gelernt hast und lernst, daß nichts Materielles wahre und dauernde Befriedigung verschafft, dann fängst du an, frei zu sein. Doch vor der Befreiung gibt es immer noch einen Ort, an den du gehen mußt: Da ist die Dunkelheit, der Abgrund, der Boden, den du erreichen mußt, ehe du zur Oberfläche aufsteigen kannst, mit dem Glanz des Lebens in deinen Augen.

Rimbaud riß sich nicht los und erlangte Befreiung, ebensowenig wie Morrison. Tatsächlich sind die Chancen, es bis zum »Unbekannten« und zurück zu schaffen, minimal. Wenn Axl Rose es schafft, dann nicht, weil er smarter oder besser wäre als diese Männer – sondern weil er etwas mehr Glück auf seiner Seite hat und vielleicht stärker oder vielleicht auch nur ignorant genug ist, um sich der Risiken und Gefahren nicht bewußt zu sein. Oder, was am wahrscheinlichsten von allem ist: weil er genügend Intuition besitzt, um zu überleben.

Es ist dargestellt worden, daß die Art der ganzen Band, besonders aber die von Axl Rose, eine Pose ist, daß sie erreichen, was sie absichtlich, intuitiv, aggressiv, zupackend suchen – die kollektive

Der Schamane schmückt seinen Körper mit Tätowierungen und fügt sich vor einer wichtigen Zeremonie Narben zu, wie zum Beispiel dem Initiationsritual ins Mannesalter. *(Foto: Larry Busacca/Retna Ltd.)*

unterschwellige Libido der Teens und jungen Erwachsenen rund um die Welt. Vielleicht ist einiges von ihrem Image – Tätowierungen, Leder, Schals, Stiefel und Haare – geplant, um den gewünschten Effekt zu erzielen, doch der Geist dahinter ist echt. Ihr Look ist ganz sicher ein direkter Ausdruck dessen, was sie fühlen und wer sie sind, ebenso wie ihre Musik. Wenn sie etwas von ihrem Look geklaut haben (und es gibt Leute in L. A., die das behaupten), dann haben sie das mit solcher Sicherheit und solchem Flair getan, daß sie sich diesen Look in dem Moment zu eigen gemacht haben, da sie ihn adoptierten. Ihre Jeans, die Stiefel und Lederkluft der frühen Tage zeugten wahrscheinlich eher von Not als von sonst irgend etwas. Ursprünglich experimentierten sie mit dem »Glam Look«, komplett mit Zauselhaar und Makeup; eine Phase, die sie sehr schnell hinter sich ließen, als sie in einen Look hineinwuchsen, der ihre innere Welt besser widerspiegelte. Wie Oscar Wilde zu seiner eigenen Rechtfertigung sagte: »Bettler leihen, Genies plagiieren.« Ganz gleich, wer damit anfing, Guns N' Roses waren es, die es mit so viel Flair trugen, daß andere sie nachahmten. Offensichtlich stand es ihnen gut – von den Cowboystiefeln über die verkehrt herum aufgesetzte Baseballkappe bis hin zu den Gang-Schals.

Es ist absolut passend, daß die Haut des Bullen, Leder, vom Schamanen ebenso wie von den Jungs in der Band getragen wird; sich in Tierhaut zu wickeln, ist ein Symbol für die Reise, zu der man aufbricht. Wie die Trommel in den musikalischen Ritualen der Schamanen und des Voodoo das Herz verkörpert und ihr Lied den Herzschlag, so verkörpert das Leder den spirituellen Galopp, die animalischen Kräfte und die bevorstehende musikalische Reise. Und nicht zu vergessen: Dionysos wurde oft in der Form eines Stieres dargestellt – man rufe sich auch die heidnische Verehrung für das Goldene Kalb in der Bibel ins Gedächtnis. Ein geheiligtes Kleidungsstück der Schamanen und typisch für die Garderobe von Guns N' Roses ist das Tuch, das Axl manchmal um die Stirn gebunden trägt, und das der Schamane zusammen mit Gürteln und Armschmuck hat, Symbolen der Macht, der Selbstkontrolle und der Kraft, gegnerischen Mächten zu widerstehen. Ob die Band darum weiß oder nicht, ist irrelevant. Uralte Gebräuche und Rituale werden wieder in Kraft gesetzt, und die darin enthaltene Power existiert noch immer.

Ich glaube, Axl Rose ist *real*, und er macht, daß jene, die Ohren haben zu hören, sich auch *real* fühlen. Du kannst es *real* nennen oder *vulgär*, du kannst es aber auch *dionysisch* oder *natürlich* nennen (oder *primitiv*, wie es Jim Morrison vorzog, weil er fürchtete, »dionysisch« könne zu prätentiös klingen). Es ist uralt und doch immer frisch und neu. Es ist Power, und es ist mächtig.

Am Ende werden Kirche, Staat, Väter und Mütter damit fortfahren, Guns N' Roses als Teufel zu verdammen, ihre Fans werden sie weiterhin zu Göttern erheben. Die Wahrheit wird für beide außer Reichweite und zur gleichen Zeit irgendwo dazwischen bleiben. Die Teenage Kids in der Western World versuchen zu überleben, so gut es eben geht; während sie von allen Seiten umzingelt und überwältigt werden, versuchen sie unmögliche Gefühle und Bedrängungen zu artikulieren; sie wenden sich einer Band und einer Musik zu, die das für sie tut, was sie selbst nicht für sich tun können.

Jeden Tag macht auf den Straßen ein neues »Axl ist tot!« die Runde und verbreitet sich wie ein Lauffeuer über die Medien in der ganzen Welt. Es ist wieder genau wie bei Morrison: Das Leben kann das Monster nicht in Grenzen halten, zu dem beide wurden. So als ob dieser Typ Axl Rose zu *big* und zu *bad* wäre, um damit klarzukommen, womit er klarkommt. Aber er kommt damit klar – mit etwas Vulgärem und Elegantem, Wichtigem und doch Inkonsequentem, Gutem und Schlechtem, Heiligem und Profanem. Guns N' Roses werden nicht verschwinden oder von ihrem Weg abweichen; aber es könnte ihnen gelingen, sich selber um die Ecke zu bringen. Alle fünf haben zugegeben, daß sie regelmäßig Drogen und Alkohol konsumieren. An einem frühen Punkt ihrer Karriere veröffentlichten sie eine Anzeige für einen anstehenden Gig in L. A.: »Frisch aus dem Entzug« und bei anderer Gelegenheit »Süchtig: Nur die Starken kommen durch.« Anfang 1990 machte folgender Joke die Runde in L. A.: Der wahre Grund, warum die Band mit der Arbeit an ihrer zweiten LP noch nicht mal begonnen habe, sei der, daß sie es nicht auf die Reihe kriegten, lange genug gleichzeitig clean zu sein. Einer ging auf Entzug, während ein anderer gerade wieder vom Zug sprang oder seine Sucht erneut aufnahm. Schließlich schlossen sie in einem verzweifelten Schritt Verträge untereinander, um das Cleansein der anderen auf Dauer sicherzustellen. Als das nicht klappte und Drum-

Den Sommer 1990 über trank Axl keinen Alkohol, zumindest nicht in der Öffentlichkeit, und war jedesmal, wenn ihn eine Kamera erwischte, mit einer Dose Coca Cola in der Hand zu sehen.
(Foto: Steve Granitz/Retna Ltd.)

mer Adler zum soundsovielten Male umkippte, kam ein Ersatzdrummer für die ersten Proben in die Band, damit die Arbeit an der heißersehnten LP endlich beginnen konnte.

Wir alle sind fasziniert vom tragischen Helden, der vom Schicksal zerstört wird, das er für sich selbst heraufbeschworen hat. Der tragische Poet erleidet einen Kollaps bei seinem Streben nach Unsterblichkeit. Er stirbt, besiegt von der Zeit, um Kunst zu schaffen, die für alle Zeit leben wird. Der Held und der Poet opfern ihr Leben, um Unsterblichkeit zu erlangen.

»Um ein neues Heiligtum zu errichten, muß das alte niedergerissen werden«, schrieb Nietzsche. Damit etwas geboren wird, muß etwas anderes sterben – primitive Völker glaubten, daß ein glückliches Leben ohne Opfer für die Götter nicht möglich war. Kreativität – sei es eine Idee, ein Song, eine Story, ein Bild – ist sicher eine Art Geburt. Die Beziehung zwischen Selbstzerstörung und künstlerischem Schaffen, real oder nur in der Vorstellung, existiert. Aber existiert sie, weil sie real ist, oder existiert sie, weil beides so gut zusammenpaßt?

Im Rock'n'Roll treffen Musik, Kunst, Gesang, Tanz, Schreiben, Dichtung, Drogen, Mythen und Religion aufeinander. Der Rockstar kann als Magier angesehen werden, als moderner Zauberer, Alchimist – als Held. Starruhm in der Rockmusik ist das heutige Äquivalent für das Gewinnen der Prinzessin, den sprichwörtlichen Kupferring. Drogensucht und der enorme Kampf dagegen können als heutiges Äquivalent für den Kampf mit dem Drachen betrachtet werden – schenkt man der Phrase »chasing the dragon« Glauben, einer Umschreibung für »Heroin rauchen« –, erfüllen sie doch den menschlichen Wunsch, der eigenen Sterblichkeit entgegenzutreten, klar zwischen Leben und Tod zu unterscheiden und bis zum möglichen Tod für diese Wahl zu kämpfen. Freud zielte darauf ab, als er schrieb: »Das Leben ist verarmt – es verliert das Interesse an sich –, wenn der höchste Preis im Leben selbst, nämlich zu leben, nicht aufs Spiel gesetzt werden kann.« Guns N' Roses sind echt, sie riskieren wirklich Kopf und Kragen. Nur sie können um ihre wahren Beweggründe wissen, und vielleicht tun nicht einmal sie das. Sicher ist jedoch, daß ihr dem Tode trotzendes Verhalten ebenso faszinierend und anziehend wirkt, wie es abstößt. Es läßt uns aufhorchen und

Notiz nehmen. Seine Relevanz für das Leben bekräftigt unsere eigene Existenz. Sie wagen es, damit wir uns lebendig fühlen – »Mein Gott, sie sind bereit, dafür zu sterben«, für den Rock'n'Roll Life Style, für die Rock'n'Roll-Ethik, für ihre *Kunst*. Guns N' Roses peitschen es auf der Bühne heraus, auf Platte, im Leben. Sie sind nur gegenüber der heiligen Macht des Rock'n'Roll loyal.

»Für mich gibt es etwas, das ich mit Guns N' Roses tun will. Es ist ein Teil von mir, den ich ausleben und so weit treiben will, wie ich kann«, sagte Axl im Juli 1986 gegenüber der *Los Angeles Times*. »Das kann eine lange Karriere sein oder eine kurze explosive Karriere – solange ich es nur herausholen kann, und zwar in großem Stil.« Schon früh kündigt er an, was kommt: Schau mir zu, sagt er, langweilen wirst du dich nicht. Axl hat dieses Versprechen eingehalten, er hat es gelebt und mehr, bis auf den Punkt.

Die Tatsache, daß die Drogensucht mit besonderer Wucht in jenen Gesellschaften detoniert, die in »übertrieben hastiger Modernisierung« stecken, sah man »als unbewußten und verzweifelten Versuch vieler Menschen, die psychische Einseitigkeit aufzuheben, die dieser Prozeß hervorruft.«

Guns N' Roses haben diese psychische Pein und Qual artikuliert, diese Balancelosigkeit, diese Angst; sie haben dies in Liedern wie im Leben ausgedrückt, besser und stärker als jede andere Band, die zur Zeit Platten aufnimmt. Oskar Wilde hat einmal gesagt, daß es nur zwei Möglichkeiten gibt, mit einem verzehrenden Hunger fertig zu werden – entweder Fasten oder ein Festmahl.

»Der Weg zu persönlicher Wahrheit«, sagte der Eskimo-Schamane Igjugarjuk zum dänischen Entdecker Knud Rasmussen, »kann nur durch Leiden erreicht werden. Armut, Not und Leiden.« Oder durch Luxus, durch Exzeß. Das Fest. Oder Armut, Hunger.

Und so möchte ich Sie jetzt offiziell im Dschungel willkommen heißen. *Time to eat*.

TEIL 3
DROGEN, TOD UND ROCK'N'ROLL

KAPITEL 5
DER VIERTE TRIEB

»Daß die Menschheit als Ganzes in der Lage sein wird, auf das Künstliche Paradies zu verzichten, scheint sehr unwahrscheinlich. Die meisten Männer und Frauen führen ein Leben, das im schlimmsten Fall derart schmerzlich und im besten Fall derart monoton, ärmlich und begrenzt ist, daß der Drang zu fliehen, die Sehnsucht, sich zu transzendieren, und sei es nur für einige wenige Momente, stets ein ureigenes Verlangen der Seele war und ist. Kunst und Religion, Karneval und Saturnalien, Tanz und Musik – all das diente, in den Worten von H. G. Wells, als Pforte in der Mauer.«
(Aldous Huxley, *Die Pforten der Wahrnehmung*)

Gründet sich Rock'n'Roll auf Exzeß? Wie genau ist die Beziehung zwischen Rausch und Kreativität beschaffen? Ist das, was den einen großartig macht, dasselbe, das einen anderen sich den Narkotika zuwenden läßt? Warum überleben die einen und die anderen nicht? Warum geraten einige nie in Versuchung? Woran liegt es, daß so viele der Künstler, die wir am meisten lieben, dazu bestimmt sind, am kürzesten zu leben? In *Götzendämmerung* ging Nietzsche näher auf dieses Thema ein, auf das er sich schon in früheren Werken bezogen hatte: »Damit irgendeine Kunst, irgendeine Art ästhetischer Aktivität existieren kann, ist eine gewisse physiologische Voraussetzung unverzichtbar: der Rausch. In diesem Zustand reichert man alles aus eigenem Reichtum an; was einer sieht, was einer begehrt, sieht man angeschwollen, drückend, aufgeladen mit Energie.« Nietzsche glaubte auch, daß Zerstörung ebenso sicher Kreativität hervorruft wie der Tod die Geburt. Damit etwas geboren wird, muß etwas sterben. Es ist ein Naturgesetz. Ein sehr, sehr *altes* Gesetz.

Als ich über zweitausend Seiten Interviews mit Axl Rose las, geführt bei fünf verschiedenen Gelegenheiten, war ich wieder und wieder beeindruckt, wie hartnäckig er war und wie bestrebt, etwas zu schaffen, das die Zeit überdauern würde. Etwas, das man nicht einfach kategorisieren und auf ein Regal stellen kann, damit es die Vergangenheit dokumentiert. Ein Werk, das heute zeitgemäß und modern sein würde und morgen klassisch und zeitlos. Axl sprach von der EP *Lies* als der Möglichkeit, den Zugang zu den divergierenden Stilen der Band zu erweitern. Und einem Interviewer nach dem anderen erzählte er von einem neuen Song, den er geschrieben hatte, »November Rain«, der wahrscheinlich auf dem zweiten Album, *Use Your Illusion* betitelt, erscheinen würde. Es ist ein epischer Song, in einer Linie mit »Stairway to Heaven« oder »The End«, der sowohl bei ihren Hardcore Fans wie auch bei Leuten ankommen soll, die normalerweise nicht positiv auf die Musik von Guns N' Roses reagieren. Beschrieben als melodische mid-tempo Ballade mit großartigen Leadvocals von Axl und einer elegischen Leadgitarre von Slash wird »November Rain« von den Bandmitgliedern sogar »unser Layla Song« genannt.

Die Band hat sich auch entschlossen, Paul McCartneys »Live and Let Die« für dasselbe Album aufzunehmen, eine auf den ersten Blick seltsame Wahl. Ein James-Bond-Filmsong, geschrieben von demselben Typen, der auch »Silly Love Song« schrieb? Doch textlich ist es geradezu maßgeschneidert für Guns N' Roses. McCartneys Unschuld, das Leichte, wird von der Dunkelheit und dem Drama, das Guns N' Roses einbringen, ausbalanciert – dieselbe Dunkelheit, die Lennon einst zur selben Gleichung brachte, macht den Song großartig und unterscheidet ihn wesentlich vom Original.

Dasselbe gilt für ihre Coverversion eines weiteren, zunächst unpassenden Songs, nämlich Bob Dylans »Knocking on Heaven's Door«. Aber diese Jungs sind wirklich rücksichtslos. Ihre Version dieses Songs wurde während ihrer Japantour aufgenommen und ist Todd Crew gewidmet, einem alten Freund der Band, der kürzlich an einer Überdosis Heroin starb. Später wurde sie auf den Soundtrack zum Film *Days of Thunder* genommen. Was die Byrds mit ihren Dylan-Folk-Rock-Interpretationen in den Sixties taten, schaffen Guns N' Roses auf dieselbe erfolgreiche Weise auf einem Hardrock Level in den Neunzigern. Die Lyrics des Songs, im Original sanft und resigniert, werden in einen Protest verwandelt, ein Klagelied, einen Schrei voller Schmerz und Verlust. Es ist eine brillante und durch und durch einleuchtende Interpretation.

Außer den oben erwähnten Songs sollten denen, die das Glück hatten, die Band auf einer ihrer frühen Tourneen zu erleben, noch einige andere Tracks von ihrem zweiten Album bekannt sein. »Down on the Farm« spielten sie beim Farm Aid im Frühling 1989. Weiter hat die Band einige Songs aus frühen Tagen überarbeitet und neu arrangiert, wie zum Beispiel »Ain't Goin' Down« und einen, der sicher Frauengruppen und Feministinnen begeistern wird: »Back Off Bitch«. Slash spielt Banjo im Intro eines Songs, und Izzy schnappt sich für einige Bars die Sitar. Slashs Songbeiträge sind komplexer geworden als Izzys, dessen Stil eher zu simpleren, straighten Strukturen tendiert; da ist ein Song mit dem Titel »Coma«, der ungefähr zehn Minuten lang sein soll, mit »ungefähr fünfhundert Akkordwechseln«, wie Slash beschreibt. Ebenfalls zur Auswahl steht eine Funk-Blues-Nummer – »Bad Apples«. Und es besteht die Chance, daß ein Song mit dem Titel »Don't Cry« ebenfalls mit in die Songauswahl genommen wird. Insgesamt sind fünfunddreißig Tracks eingespielt worden, und es ist gut möglich, daß die Hard Metal Songs, die es nicht aufs Album schaffen, vielleicht »ein Jahr oder so nach Veröffentlichung des Albums« auf einer »extendend play version« veröffentlicht werden, à la *Lies*, die Axl eine »Punk EP« nannte.

Die Vielseitigkeit fällt der Band leicht, sie ist nur natürlich, und sie bestehen auf dem Recht, die Musik, die sie schaffen, auch zu präsentieren – Scheiß auf die Konsequenzen.

Als ein Journalist Guns N' Roses mit Mötley Crüe und Poison verglich, zwei weiteren erfolgreichen Hardrock Bands aus L. A., erhob Axl höflich Einwände gegen diesen Vergleich und erklärte, er sei sicher, die beiden Bands hätten auch ihre Ziele, aber Guns N' Roses wollten aus sämtlichen stilistischen Schubladen ausbrechen, in die man sie stecke. Tatsächlich halten Poison und Mötley Crüe weiterhin an ihrem Glam Image fest, während Guns N' Roses schon früh jede Spur von Make-up und Seide ablegten. Doch anstatt das zu betonen, betont Axl das Positive, indem er U2 als Beispiel für eine Band anführt, die einmalig und unverwechselbar ist. »Sie haben ihre eigene Rolle aufgebrochen und auf ein ganz anderes Level gehoben«, sagt er. »Sie haben nichts mit New Wave, Underground, Heavy Metal oder diesem oder jenem zu tun. Und genau das versuchen auch wir zu erreichen. Schaffen kannst du das aber nur, wenn du wirklich die Musik dazu hast.«

Natürlich, nichts wäre einfacher für die Band – und mancher mag auch behaupten, es wäre smart –, als genauso weiterzumachen wie auf *Appetite*. Strikt an der Erfolgsformel festhalten, wiederholen, was sie auf dem ersten Album taten, bloß nichts verändern. Bleib bei deinem Erfolgsrezept. Aber Axl und die ganze Band wissen: Auf ihrem Album *haben sie auf ihr Herz gehört*. »Wir versuchen nur, wir selbst zu sein«, antwortet Axl mit einem Schulterzucken auf die Frage, was sie in Zukunft erreichen wollten.

»Es ist verrückt«, gesteht Axl ein, »aber ich weiß nur, daß es funktioniert – solange ich versuche, meinem Herzen zu folgen, erreiche ich den richtigen Ort, ob ich will oder nicht. Und auch wenn ich denke, ich hätte einen anderen Weg einschlagen sollen: Solange ich meinem Herzen folge, weiß ich, daß ich am richtigen Punkt ankommen werde.«

Derselbe Standard gilt für das Design und die Verpackung ihres Materials. Für die Band faßt der Titel die Umgebung und Situation zusammen, in der das Album aufgenommen worden ist. Als Warner Brothers Records, das den Vertrieb für Geffen, Guns N' Roses' Label, hatten, sich weigerte, weiterhin das ursprüngliche Cover Artwork des Albums zu drucken – ein grausiger Roboter, der ein hübsches, gut gebautes, junges Teenage Girl vergewaltigt –, fühlte sich Axl gezwungen zu betonen, daß das Bild an und für sich nicht unanständig sei, sondern das, was die Leute darin sehen wollen. Für ihn stellt der Roboter die Gesellschaft dar, und das Girl ist eine Metapher für jeden aus der Band oder für die individuelle Humanität insgesamt . . . Mit anderen Worten: Er suchte ein Motiv aus, das exakt dieselbe Aussage präsentierte, die Joseph Campbell für viele zum Helden gemacht hatte – der Fortschritt der westlichen Kultur hat den Menschen der spirituellen und emotionalen Fähigkeit beraubt, damit umzugehen. Die Band war verzweifelt auf der Suche nach einem passenden Titel für ihre Debüt-LP, als Axl auf eine Postkarte stieß, die das surreale Szenario »Roboter gegen Girl« enthielt. Oben auf der Postkarte, im

Hintergrund, stand in kleinen Versalien folgendes geschrieben: APPETITE FOR DESTRUCTION. Und es gab einen weiteren, simpleren Grund, warum die Band diesen Titel mochte: Er paßte ganz einfach. Sie befanden sich in einer »Phase sehr schweren Drogenkonsums in der Band«, erklärte Izzy. »Eine Menge der Musik gibt das wieder – in Hollywood gab es eine Menge Drogen, und wir steckten damals mittendrin.«

Vertriebsfirmen, Vertreter und Verkaufsstellen gaben jedoch nicht nach; sie waren schockiert, und viele weigerten sich, die LP mit dem anstößigen Cover zu ordern. Als Warner ein neues Cover verlangte, lieferte es die Band überraschenderweise auch: ein eisernes Kreuz mit Totenschädel-Abbildungen vom Gesicht jedes Bandmitglieds. Das bisherige Original-Artwork wurde zum Innen-Sleeve; der Titel jedoch blieb.

Was *Appetite for Destruction* so besonders machte, war nicht etwa die Vorliebe der Band für extreme Erfahrungen, sondern viel eher ihre Fähigkeit, diese in ihren Songs zu reflektieren, ohne in Pseudo-Romantik oder billiges Sentiment zu verfallen. Die Power eines Songs wie »Mr. Brownstone«, der, wie Izzy zugibt, in knapp fünf Minuten geschrieben wurde, »als ich an was rumpusselte«, liegt darin, wie er den Thrill der »fast lane« nicht nur mit seinem Bo-Diddley-Rhythmus wachruft, sondern auch mit Axls wilden Kadenzen und seinem impliziten Terror. Von der anfänglichen Dekadenz des Songs »Welcome to the Jungle« bis zum Flehen um Erlösung in »Paradise City«, der erbarmungslosen Paranoia in »Out ta Get Me« oder den vagen, fragilen Hoffnungen von »Sweet Child o' Mine« – der Standpunkt ist unverändert existentiell. Nihilistisch auch, ja; die Songs sind ebenso stark, wie sie von Herzen kommen. Die Klippe des Abgrunds ist beschritten und wird mit berauschenden und erregenden Folgen gepriesen und erforscht. Hier residieren Guns N' Roses, gefährlich nah an der Klippe. Im Song wie im Leben, immer auf der Kippe zwischen Desaster und Durchbruch.

Experten im Bereich der Medizin sind sich schon lange eines Phänomens bewußt, das bisweilen auf dem Sterbebett eintritt. Es handelt sich um »spontane Besserung« bei bestimmten Patienten, von denen man aus jeder medizinischen Sicht erwartet hatte, sie würden an einer unheilbaren Krankheit sterben. Wenn sich aus keinem anderen ersichtlichen Grund als dem spirituellen der Prozeß von selbst umkehrt und den Patienten verschont, der sich bereits dem Antlitz des Todes gegenübersah, seinen fauligen Atem spürte, verleiht ihm das ein neues tiefes und profundes Verständnis für das Leben. In *Der Idiot* hat die Hauptfigur, als er noch eine Minute zu leben hat, bevor er gehenkt werden soll, ein durchschlagendes Erlebnis, bei dem er in einem Moment das Leben zu begreifen beginnt, wie es ist. Dostojewski wußte 1849, wegen angeblicher Subversion im Gefängnis sitzend, sehr genau, worüber er schrieb. Als er sich seinem Erschießungskommando gegenübersah, ertönte im allerletzten Moment das Kommando »Zurück«. Es war eine Scheinexekution gewesen, mit der die Häftlinge erschreckt und eingeschüchtert werden sollten. Dem Tod so unmittelbar gegenüberzustehen, hatte eine grundlegende Wirkung auf Dostojewksi. Nach diesem Vorfall schrieb er aus dem Gefängnis einen Brief an seinen Bruder, in dem er sagte: »Ich wurde wiedergeboren.«

In anderen Fällen hoffen junge Künstler auf eine Art von Wiederauferstehung, die durch einen Flirt mit dem Tode erlangt wird. Durch die Geschichte hindurch hat das Werben um den Tod, nur um seiner endgültigen Umarmung zu entkommen, zum Tode einer Menge von literarischen und musikalischen Genies geführt. In der Zusammenführung der Gegensätze von Leben und Tod und den daraus resultierenden Funken liegt etwas verbrennend Kreatives.

Der Impuls des Menschen, die metaphorischen Schranken aufzuheben, ist gut dokumentiert. Todesverachtendes, lebensgenießendes Verhalten ist nicht nur kreativen Persönlichkeiten vorbehalten, aber unter ihnen finden wir es am deutlichsten und wird es am meisten gepriesen; auch, ebensooft wie nicht, die tragischen Resultate.

Eine sicherer Weg für den Künstler, sich an der Nähe des grimmigen Schnitters zu berauschen, ist, dies mittels Drogen zu tun. Und dennoch scheint der Drogenkonsum, sei er regelmäßig oder nur sporadisch, keine dramatisch positive Auswirkung auf den kreativen Prozeß zu haben. Obwohl einige faszinierende und spekulative Informationen zugänglich sind, gibt es keinen absolut zwingenden konkreten Beweis, daß Drogenkonsum den Akt des Schaffens initiiert oder unterstützt. Andererseits gibt es keinen Beweis, daß Drogenkonsum den kreativen Prozess *nicht* anregt. Obwohl, wie sollten wir wissen, daß Drogen nicht helfen – wie hätten wir von ihnen hören sollen? Es gäbe keinen Erfolg, an dem man die Ergebnisse messen könnte. Aus demselben Grund ist es unmöglich zu messen, bis zu welchem Ausmaß das Genie des Künstlers durch Konsum von Drogen bereichert wurde. Wir können nicht wissen, was er ohne sie getan hätte.

Aber – Drogen können dich umbringen. Du kannst nicht schreiben, singen oder auf einer Bühne stehen, wenn du tot oder dem Tode nahe bist.

Es ist so gut wie unmöglich, die Tatsache zu verleugnen, daß es Dutzende bekannter Maler, Musiker, Autoren, Poeten, Lyriker, Schauspieler und so weiter gibt, die getrunken und Drogen genommen haben. Die Kunst, die sie schufen, war wie ein Wunder. Für den oberflächlichen Betrachter mag das ein Beweis der konstruktiven Beziehung zwischen Drogen und dem Menschen sein. Wenn es bei ihnen funktioniert hat, warum sollte es dann bei mir nicht auch funktionieren?

Im Pantheon des Rock finden sich, damals wie heute, viele Drogen- und Alkoholabhängige, tot oder noch am Leben: Keith Richards, Marc Bolan, Eric Clapton, Ringo Starr, Pete Townshend, John Lennon, Iggy Pop, Janis Joplin, Jimi Hendrix, Jim Morrison, David Crosby, Elvis Presley, Jerry Lee Lewis, Little Richard, Steven Tyler, Joe Perry, Sid Vicious, Duane Allman, Greg Allman, Lowell George, Brian Jones, Dalls Taylor, Ian Curtis, Bon Scott, John Phillips, Brian Wilson, Jim Carroll, Darby Crash, Sly Stone, Ginger Baker, Jerry Garcia, Boy George, Grace Slick, Danny Whitten, Keith Moon, Tim Buckley, Mike Bloomfield, Paul Butterfield, Sid Barrett und, natürlich, Slash, Izzy, Axl, Duff und Steve.

Die Beziehung zwischen Drogen und Musikern begann während der Ära des Jazz zu blühen. Wir alle sind auf tragische Weise vertraut mit den liberalen Anwendungen des falschen Syllogismus: Bird (Charlie Parker) ist ein Genie des Jazz; Bird kann ohne Heroin nicht leben; deshalb ist Heroin essentiell für den Jazz.

Einige weitere Jazzer auf Junk (auch ehemalige) sind neben Charlie Parker Mezz Mezzrow, Art Pepper, Billie Holiday, Miles Davis,

Fats Navarro, Archie Shepp, Hampton Hawes, Stan Getz, Art Blakey, Chet Baker, Buddy Arnold, Ray Charles. Und wieder fällt es schwer, mehr als nur eine Handvoll leidenschaftlicher Musiker aufzuzählen, die keine Drogen genommen haben. Wir akzeptieren das nicht nur, sondern erwarten es in einigen Fällen sogar wie eine Art »Kainsmal«, das den wahrlich Interessanten und Talentierten identifiziert.

Die Jazzer singen auch über Drogen. Songs wie »Can't Kick the Habit« 1941 und »Pipe Dream Blues« aus dem Jahr 1924 preisen *»pleasures and pains«* des Opiumrauchens und sind beides gute Beispiele für Songs, die Drogen rühmen. Im Jazz der Fifties wurden die Bezüge auf Drogen diskreter, da die Anti-Drogen-Hysterie begann.

Daß Künstler Drogen nehmen, geht noch viel weiter zurück. Die Griechen waren wahrscheinlich die ersten, die Opium nahmen, die Mutter des Morphium und des Heroins. Das Wort *»Opium«* kommt tatsächlich vom griechischen Wort *»opion«*, was soviel bedeutet wie »Mohnsaft«. Homer ist der erste, der es erwähnt, und zwar in der *Odyssee*. »Ein neuer Gedanke entsprang durch Helena, die von Zeus Geborene; in die Schale, aus der sie den Wein tranken, gab sie ein Mittel, das allen Gram und alle Wut besänftigte und jegliche Erinnerung an Sorgen auslöschte. War es in den Weinkrug gemischt, so würde niemand, der davon trank, an diesem Tag auch nur eine Träne über die Wangen rollen lassen, nein, nicht einmal wenn sein Vater oder seine Mutter stürbe, oder sein Bruder oder sein eigener Sohn vor seinen Augen mit dem Schwerte erschlagen würde.« Helena hatte die Droge von einer Frau aus Ägypten erhalten, erklärte Homer; die »fruchtbare Erde brachte einen großen Reichtum an Drogen hervor, heilende und unheilbringende Seite an Seite.« Und darüber hinaus gibt es zahllose Verweise auf Wunderdrogen, die in der Literatur Ägyptens, Mesopotamiens, Chiles, Persiens und vieler anderer Länder, altertümlicher und heutiger, auftauchen (A. S. Trebach in *The Heroin Solution.*).

Helena aus Troja war nicht die einzige, die ihr Opium mit Alkohol mischte (eine Mixtur, die später als Laudanum bekannt war). Es gibt Berichte, denen zufolge die Pilger das Laudanum an Bord der »Mayflower« mitbrachten. 1803 isolierte ein Deutscher das Hauptalkaloid des Opiums und nannte es Morphium, nach Morpheus, dem griechischen Gott der Träume. Im Jahre 1874 raffinierte ein deutscher Pharmakologe die Droge eine Stufe weiter und nannte diese Medizin Heroin, nach dem deutschen Wort *»heroisch«*. Ein weit verbreiteter Mythos erzählt, daß Morphium als Mittel gegen die Opiumsucht erfunden und angewendet wurde und Heroin dann als Mittel gegen dieses Mittel erfunden wurde. In Wahrheit starben die Menschen damals unter extrem schmerzhaften Umständen an Lungenentzündung und Tuberkulose; die Medizin dieser Zeit war machtlos. Es galt, eine Droge zu entwickeln, die wenigstens den Husten und die Schmerzen lindern könnte. Wenn sie dafür sorgte, daß sich der Patient auch in anderer Hinsicht besser fühlte – nun, was war daran falsch?

1914 beschloß die amerikanische Regierung, daß eine Menge falsch daran war – einige Leute wurden krank, andere wurden reich. Bühne frei für den Harrison Narcotic Act, dessen hauptsächlicher Sinn die Regelung des Marktes für Narkotika war. Der Verkauf sollte weg von den Drogerien, Versandhäusern und anderen kommerziellen Anbietern und nur mehr in den Händen von verläßlichen medizinischen Kapazitäten liegen, die sämtliche Verwendungen genau belegen konnten. Der zukünftige Schlüssel für jeglichen Gebrauch von Narkotika war ein ärztliches Rezept. Wann konnte ein Arzt, gemäß dem Gesetz, ein Rezept ausstellen? Wenn er beim Finanzamt registriert war und nachdem er die Gebühr für seine Anmeldung und Lizenz beglichen hatte. Nur kurze Zeit später gab es eine massive Kampagne, *jegliche* Verwendung von Heroin zu verbieten. Geführt wurde diese Kampagne vom Chirurgenverband, schon bald unterstützt von Harry Anslinger, dem emsigen Kopf der Bundesbehörde für Narkotika (und dem Beauftragten der US-Betäubungsmittelkommission). Der Harrison Act wurde aufgehoben und eine Resolution verabschiedet, nach der die Verschreibung, Herstellung, Dispensierung, Verabreichung, der Konsum oder Verkauf in den gesamten Vereinigten Staaten von Amerika gesetzlich verboten war. Heroin und auch Kokain, so die damalige Meinung, waren (1) völlig unnötig in der medizinischen Praxis; (2) zerstörten sie jegliches Empfinden für moralisches Verantwortungsgefühl, (3) wurden sie nur vom Kriminellen konsumiert und (4) rekrutierten sie eine Armee unter den Jungen und Verletzlichen.

Der Harrison Act war aus steuerlichen Gründen verabschiedet worden; er sollte zu mehr Überschaubarkeit führen, nichts weiter. Dieses Gesetz war eher ein Steuergesetz als ein Mittel zur Kontrolle. Doch es sollte die Drogen unter Kontrolle bringen und versagte; es sollte die Sucht beenden, und die Zahl der Süchtigen wuchs.

»Wenn man ein Künstler ist«, schrieb John Cheever, »wird die Selbstzerstörung eigentlich von einem erwartet. Der Kitzel, in den Abgrund zu starren, ist so lange aufregend, bis er verachtenswert wird.«

Autor Leslie Fiedler zufolge verlangt jedes Zeitalter von seinen Genies, einen fatalen, »charismatischen« Makel zu haben; Blindheit zu Homers Zeiten, Inzest in Byrons Tagen, in Amerikas Literatur des 20. Jahrhunderts war es der Suff, und im Amerika des späten 20. Jahrhunderts ist es die Drogensucht im Rock'n'Roll.

Anders als Jack London und F. Scott Fitzgerald, die irgendwann feststellten, daß sie nur schreiben konnten, wenn sie tranken, trank Faulkner von Anfang an beim Schreiben, was ihn mit Eugene O'Neill und Hart Crane verband. Er trank gerade soviel, um die Stimmung oder den Blickwinkel zu erreichen, von denen er glaubte, sie seien notwendig, um kreativ zu sein. Mit der Zeit jedoch ging auch Faulkner die Fähigkeit verloren, zu trinken und produktiv zu schreiben; der Alkohol wurde zum notwendigen Treibstoff, um die kreative Maschine in Gang zu halten.

Viele dieser Schriftsteller glaubten, daß der Alkohol erst den Kuß der Muse ermöglichte. Einige cleane Künstler waren beunruhigt über die Rolle von Drogen im kreativen Prozeß und argumentierten, Drogenkonsum produziere während des Schreibens Verwirrung und einen verzerrten Blick auf die Welt. Manche versuchten durch den veränderten Zustand des Bewußtseins eine Freiheit zu gewinnen, von der so mancher Schriftsteller glaubte, sie im nüchternen Zustand nicht zu haben. Der Umstand, daß diese Freiheit eine Illusion sein könnte, ist dabei nebensächlich; viele Künstler haben sich selbst davon überzeugt, daß sie sie auf keine andere Weise erzielen.

So sehr der Drink mit der Literatur verbunden wurde, so sehr (und noch mehr) sind Drogen und der Rockstar eins. Alkohol und das Schreiben. Drogen und die Musik. Zerstörung und Kreativität. Die Formel scheint fast zu simpel, um wahr zu sein; doch genau das

Axl in Leder.
(Foto Larry Busacca RetnaLtd.)

Slash bei Tageslicht.
(Foto: Geffen Records)

Slash mit Freund
Les Paul.
(Foto: Christopher Helton/
RetnaLtd.)

Duff wartet auf einen Haarschnitt oder vielleicht auf einen Root Touch-Up.
(Foto Eddie Malluk/ Retna Ltd.)

Axl in voller Pracht seiner Alltagskleidung.
(Foto: Geffen Records)

Ein ergebener Axl Rose mit einem Hero und Einfluß früher Tage: dem neuen alten und reulosen Steve Tyler, Frontman von Aerosmith. *(Foto: Steve Granitz/ Retna Ltd.)*

Er ist nicht gerade Rimbaud, doch Axl blieb immer ein glühender Fan von Alice Cooper. *(Foto: Dave Lastik/London Features International)*

Lippenstift, Rouge und Budweiser: ein Promo-Shot aus dem Jahr 1988.
(Foto: Ross Marino/Retna Ltd.)

Axl und Mick Jagger: Amerikanischer Rock'n'Roll und die British Wave im Sommer 1989.
(Foto: J. Bellissimo/LGI)

Slash und Les
(Foto: Geffen Records)

verkörpert Dionysos. Kreativität ist nicht rational – sie ist impulsiv. Um die Glut der Kreativität aufzuwühlen, darf eine Ingredienz beigefügt werden, die das Ergebnis bekräftigt. Die Lektion, die wir auf Kosten Dutzender ausgebrannter Literaten gelernt haben, ist, daß diese Zutat geehrt und respektiert werden muß und nicht mißbraucht werden darf – doch dieselbe Lektion lehrt uns, wie unmöglich diese Zurückhaltung in der Praxis ist.

Faulkner glaubte, er brauche Alkohol, um zu schreiben. Das war teilweise eine Folge seiner Liebe zu Baudelaire, Swinburne und Verlaine, von denen jeder einzelne die befreienden Effekte des Alkohols bestätigte. Alle drei waren Alkoholiker. Faulkner, O'Neill, London, Fitzgerald und Hemingway setzten den Standard für amerikanische Schriftsteller: Zu trinken mochte nicht unbedingt heißen, auch zu schreiben; aber zu schreiben war nicht möglich, ohne zu trinken.

Alkohol war nicht die einzige Quelle der Inspiration.

Die Lebensgeschichte vieler Poeten und Künstler belegt die These des Drogenkonsums als spiritueller Ersatz. Der englische Dichter Francis Thompson (1859 – 1907) verfiel dem Opium, kurz nachdem er sein Ziel verfehlte, ins Priesteramt aufgenommen zu werden. Nach einer Kur in einem Landkloster kehrte Thompson nach London zurück, und damit ins Stadtleben und zurück zum Opium. Es sollte sich als Muster für sein bestimmtermaßen kurzes Leben erweisen: Wenn er nicht im Kloster auf Kur war, war er auf Opium. Voller Bewunderung für das Narkotikum schrieb er sein Gedicht »Die Mohnblüte«, als sei es eine Vorahnung seines Schicksals – der Mohn symbolisiert sowohl das Instrument seiner Befreiung wie auch seiner Zerstörung.

Ungefähr zur selben Zeit suchte auch der Dichter William Crabbe Trost im Opium und in der Religion; der einzige Unterschied war, daß er sich den weißen Kragen der Diakonie schnappte, wenn er auch unerfüllt blieb, und daß sein Opiumkonsum zweiundvierzig Jahre lang ohne Auswirkungen auf seine Gesundheit blieb.

John Keats (1795 – 1821) schrieb sein bekanntestes Poem »Ode an die Nachtigall« in einem einzigen Ausbruch von opiumgetränkter Einsicht, so wie Coleridge seinen »Rime of the Ancient Mariner«, und er litt so sehr unter seiner Drogensucht, daß er bereits als junger Mann von zweiundzwanzig Jahren um Erlösung betete. Seine Familie war streng gläubig, und der junge Keats war tief beeindruckt von der ersten opiumartigen Verlockung des Gottesrausches.

Baudelaire glaubte, Opium würde ihm ebenso guttun wie seinem Hero und Lieblingsautor Edgar Allan Poe. Baudelaire war nicht der einzige, der sich Gedanken um die Beziehung zwischen Opium und dem Schreiben machte. Das Thema wurde im Salon des Hotels Lauzun in Paris, besser bekannt als der Club des Haschischins, leidenschaftlich diskutiert. Unter den Mitgliedern waren Balzac, Theophile Gautier und Baudelaire. Während sich De Quincey und Coleridge selber etwas vormachten, was den Grund für ihren Opiumkonsum anging, und hofften, auch andere täuschen zu können, indem sie behaupteten, bestimmte Schmerzen seien schuld daran, so hatte Baudelaire solche Bedenken nicht: Er gestand freimütig ein, daß sein Motiv die bloße Neugier war.

Baudelaire (der Poes makabre Werke übersetzt hat) war derart beeindruckt von De Quinceys »Geständnisse eines Opium-Essers« und identifizierte sich so leidenschaftlich damit, daß er die Adaptation dieses Buches ins Französische und sein eigenes *Die künstlichen Paradiese* als ein Werk betrachtete. Beide Schriftsteller beschäftigten sich mit der Realität des Opiums – mit Himmel *und* Hölle.

Baudelaire gab das Haschisch zugunsten des Opiums auf. Er glaubte, daß Drogen bis zu einem gewissen Grad und auf bestimmte Weise die literarische Imagination beeinflussen; aber sie geben nur dem, der bereits viel davon hat; und sie nehmen die Macht, das zu gebrauchen, was sie geben. »Drogen eröffnen einem Menschen nichts außer dem Selbst«, schrieb Baudelaire.

> »Es ist wahr, daß die Erinnerung an die Eindrücke bleibt, wenn der Rausch verflogen ist, und jene, die hoffen, ihren Nutzen aus Drogen zu ziehen, scheinen alles in allem nicht einmal unvernünftig in ihrem Hoffen zu sein. Doch diese Hoffnung ist ein Teufelskreis; auch wenn wir für einen Augenblick zugeben, daß Haschisch und Opium Genie verleihen können oder es zumindest vergrößern, darf doch nicht vergessen werden, daß es die Natur der Drogen ist, den Willen zu schwächen und so mit einer Hand zu nehmen, was sie mit der anderen geben, soll heißen: sie schenken Imagination ohne die Macht, Gebrauch davon zu machen.«
> (Althea Hayter in *Opium and the Romantic Imagination*)

Baudelaire sollte eines Tages das verlockende, doch erschreckende Dilemma des Opiums zusammenfassen, indem er die Droge folgendermaßen bezeichnete: »eine alte und fürchterliche Freundin, und wie alle Frauen reich – leider! – an Zärtlichkeiten und Verrat.«

Baudelaires Bedeutung und Einfluß dürfen nicht unterschätzt werden, dasselbe gilt auch für Poes gruselgetränkten Einfluß auf Baudelaire. Die beiden schienen eine gegenseitige Bewunderung zu teilen. Baudelaire liebte Poe so sehr, daß er praktisch auf dem Privileg, sein Werk zu übersetzen, bestand. Poe war von Baudelaire ebenso berührt. Es war und ist noch immer schwer zu sagen, wo der Einfluß des einen begann und der des anderen endete. Diese Männer bestimmten den Stil des kreativen Lebens für viele Menschen auf Jahre hinaus.

Baudelaire hielt eine Lobrede auf Edgar Allan Poe, als sei sie für seinen eigenen Grabstein bestimmt und passend für den gesamten Pantheon der tragischen Schicksale, von denen in diesem Kapitel die Rede ist: »All jene unter euch, die leidenschaftlich die Gesetze zu entdecken suchten, die euer Dasein regieren, die sich nach dem Unendlichen sehnten und deren Emotionen eine schreckliche Erleichterung suchen mußten im Wein der Ausschweifung, betet für ihn. Nun ist sein körperliches Dasein gereinigt und fließt inmitten der Lebewesen, deren Existenz er erblickte.«

Poe ist wichtig wegen seines Einflusses auf Baudelaire, und Baudelaire selbst ist gleichermaßen wichtig als Einfluß wie als Beispiel, besonders wegen des immensen Eindrucks, den er auf den jungen Rimbaud machte, dessen Stil, Verhalten und Werk, zusammen mit dem Baudelaires und der Romantiker, schließlich eine ganze Rock'n'Roll-Generation beeinflußte. »Baudelaire ist der erste Seher«, schrieb Rimbaud, »König der Poeten, *ein wahrer Gott*.«

Die Gewißheit liegt nahe, daß Rimbaud sein Konzept, ein *Voyant* zu werden, und sein systematisches »Derangement der Sinne« auf die Texte gründete, die von den Mitgliedern des Club des Haschischins hinterlassen wurden. Ein junger und leicht zu beeinflussender Rimbaud las Baudelaire mit unkritischen Augen, blind und zu beeindruckt durch seine eigene Reflexion, die er im Schreiben seines Vorgängers wiederfand. Er fristete ein armseliges Leben auf dem Lande, wo er doch so viel lieber in Paris sein wollte, im Zentrum des

Geschehens, und er sehnte sich nach Flucht und den Erfahrungen eines Baudelaire. »Ein ungesunder Durst«, schrieb er, »verdunkelt meine Venen.« Seine Kumpane in Geist und Gesinnung boten Rimbaud nicht nur einen leicht zugänglichen Fluchtweg, sondern darüber hinaus auch das Versprechen unausgesprochener Freuden, Einblicke und Visionen – ein unwiderstehlicher Blick auf das Unbekannte.

»Man muß sich selbst zu einem Seher machen«, schrieb er. »Warum? Um ein Poet zu sein.« Wie? »Durch ein langes, gigantisches und absichtliches Derangement der Sinne. Alle Formen der Liebe, des Leidens und des Wahnsinns.«

Rimbaud erhob den Gedanken, daß ein Poet, ein Künstler zu sein, nicht so sehr ein Akt des Willens als vielmehr der Wahrnehmung sei. Der Trick bestehe darin, alles zu tun, was auch immer notwendig sein mag, die Möglichkeiten der eigenen Wahrnehmung zu vergrößern.

In einem Brief schrieb Rimbaud, daß der »Poet wahrlich der Dieb des Feuers ist.« Welch eine diabolische Idee! Prometheus setzte sein Leben aufs Spiel, als er sich zum Olymp aufmachte, um das Feuer zurückzubringen und der Menschheit Gutes zu tun. Der Poet riskiert seinen Hals, indem er ins Unbekannte reist, zugunsten des Bewußtseins von seinesgleichen. Den Tod riskieren, um Unsterblichkeit zu erlangen. Das ultimative Spiel. Alles oder nichts. Rimbaud schrieb:

»Laß ihn sterben, während er durch nie Gehörtes und nicht benennbare Dinge springt ... Wenigstens hat er gesehen, als er das Unbekannte erreichte.«

Die wenigen verifizierbaren und dokumentierten Belege, die wir von den Sprüngen und Sprints haben, die Rimbaud in diese Richtung unternommen haben mag, sind seine Erfahrungen mit Haschisch; sie werden uns berichtet von Delahaye, einem alten Freund Rimbauds, der eines Morgens in Paris eintraf (der junge Poet lebte zu diesem Zeitpunkt bereits in der Stadt) und Rimbaud schlafend vorfand, genauer gesagt: Er schlief die Nachwirkungen einer Nacht aus, die er mit Haschischrauchen zugebracht hatte. Die einzige Vision, die es hervorgerufen hatte, waren, wie der Poet berichtete, »einige weiße Monde, einige schwarze Monde, die einander jagten.« Das ist ganz anders als die Opium-Halluzinationen, deren klassische Beschreibungen auch den Raum mit einschließen – Bilder von endlosen

Ozeanen, exotischen Landschaften, märchenhaften Seen –, und zwar in »brillanten Farben wie Kaskaden von Juwelen, herrlich illuminierten Szenen mit ornamentverzierten Gebäuden und derartigen Dingen« *(Opium and the Romantic Imagination)*.

Haschisch war ein teures Vergnügen zu der damaligen Zeit, und Verlaine und Rimbaud konnten es sich nur hin und wieder leisten. Absinth dagegen bekam man schon für fünfzehn oder zwanzig Centimes das Glas in jener Sorte Café, die Rimbaud besuchte. Es war *der* angesagte Drink der Dekade, und Absinth blieb populär, bis seine Herstellung 1915 für illegal erklärt wurde. »Lang lebe die Akademie des Absinth«, schrieb Rimbaud in einem Brief über sein Lieblingsgetränk, »das höchst delikate, höchst zitternde Gewand – diese Trunkenheit, geschaffen durch die Tugend des Weisen unter den Gletschern des Absinth.« Selbst der junge Rimbaud war sich nur allzu bewußt, auf welche Kosten solch paradiesische Begegnung ging: »um hinterher in der Scheiße zu liegen.« Rimbaud und Verlaine waren nicht die einzigen Künstler ihrer Zeit, die diesem Schnaps frönten. Im Jahre 1862 schuf Manet die Radierung einer einsam brütenden Figur mit einer leeren Flasche zu Füßen. Degas' Gemälde eines schäbigen, Absinth trinkenden Paares in einem Café stammt aus dem Jahre 1876; Picasso malte mehrere Male Absinthtrinker; er malte den Poeten Cornuty beim Absinthtrinken und 1914 ein Set von sechs Absinthgläsern.

Picasso sagte zu Autor-Designer-Künstler-Filmemacher Jean Cocteau, einem Opiumsüchtigen: »Ich finde, Opium ist der am wenigsten dumme Geruch in der Welt.« Cocteau schrieb in einem seiner Tagebücher: »Was hat der Mensch denn schon erfunden außer dem Rad? Es ist einfach eine Schande, daß wir es nicht ebenso frei gebrauchen können« (*Diary of an Unknown*).

Ursprünglich ein Getränk der untersten Schicht, wurde Absinth etwa um 1860 der Favorit der schreibenden und trinkenden Klasse. Es gab da nur ein Problem: Der Schnaps machte die Leute buchstäblich krank. Schuld daran war gar nicht mal der hohe Alkoholgehalt (bis zu achtzig Prozent), sondern der Wermut. Dieser war sicher einer der nachhaltigsten Einflüsse auf das Schreiben, vielleicht sogar der wirkungsvollste aller Zeiten. »Verabreicht in moderater Dosis, unterstützt er den Appetit und die Verdauung, beschleunigt die Blutzirkulation und hat auf das ganze System einen kräftigenden Einfluß« (W. Beard in *The Family Physician*).

Der Autor fährt fort, indem er schreibt, daß Wermut eine lange Tradition in der medizinischen Anwendung hat, etwa als Stimulanz mit stärkenden Eigenschaften. Dann kommt er auf den entscheidenden Punkt dabei zu sprechen:

> »Man scheint den Boden unter den Füßen zu verlieren und besteigt ein grenzenloses Reich ohne Horizont. Man stellt sich wahrscheinlich vor, man gehe in Richtung der Unendlichkeit, wo man doch nur in das Zusammenhanglose abdriftet. Absinth hat einen einzigartigen Effekt auf das Gehirn, anders als jede andere Stimulanz; er schafft weder die schwere Trunkenheit des Bieres, noch den wütenden Rausch des Branntwein, nicht die erregte Berauschtheit durch Wein. Er ist ein schändliches Gift, weil er das Leben erst zerstört, wenn er zuvor seine Jünger mehr oder weniger brutalisiert und lallende Idioten aus ihnen gemacht hat.«

Obwohl dies allgemein bekannt war, erfreute sich der Absinth weiterhin immenser Popularität. Schriftsteller, Künstler und teilweise auch Musiker glaubten, daß der »Schnaps die Aktivität des Hirns erneuert und ansteigen läßt, neue Welten der Ideen, ein erweitertes Bewußtsein und therapieinspirierte edle Werke der Imagination in Literatur und Kunst entstehen läßt.« Und weil es das Bild des Rufes so schön abrundet, den der Absinth genoß, mag es interessant sein zu erwähnen, daß man dem Schnaps sogar aphrodisierende Eigenschaften zusprach (Enid Strakie in *Baudelaire: Eine Biographie*).

Zweifellos waren Rimbaud und Verlaine regelmäßige, wenn nicht gar Gewohnheitstrinker. Nahezu jeder Bericht über ihre gemeinsam verbrachte Zeit schildert sie trinkend, Nacht für Nacht, bis sie besoffen nach Hause wankten.

Doch Rimbaud war von der Idee des Rausches bereits fasziniert, noch ehe er nach Paris zog und Verlaine kennenlernte. Seine unverhohlensten Kommentare über sein Alkoholikerdasein kann man in *Illuminations* finden. An einer Stelle bricht es aus ihm heraus, fast wie in einem Song:

> »Furchtbare Fanfare der Musik, wo nie den Schritt ich verlier! Magische Folter! . . . Dieses Gift wird noch in meinen Adern sein, wenn diese

> Fanfare einst erstirbt ... Es endete mit einem Aufruhr der Parfums ... Kurze Nacht des Rausches, heilige Nacht! Selbst wenn es nur für die Maske war, die du uns vermacht hast ... Ich glaubte an dieses Gift. Ich kann dir all mein Dasein geben, Tag für Tag. Denkt an die Zeit der ASSASSINS!«

Rimbaud ist bereits vertraut mit den Freuden und dem Horror des Rausches. Daß *assassins* von *haschischins* abgeleitet war, war höchstwahrscheinlich beiden, Rimbaud und Baudelaire, bekannt, und noch wahrscheinlicher ist, daß ihnen beiden Hassan I. Sabbah (auch bekannt als der Alte Mann vom Berg) und dessen Maxime vertraut war: »Nichts ist wie es scheint – alles ist möglich.«

Die Geschichte dieses »Alten Mannes vom Berg« hat außer Rimbaud und Baudelaire die Phantasie jedes Menschen angestachelt, der je davon hörte, besonders sind hier Patti Smith, Jim Carroll und William Burroughs zu nennen. Diese Geschichte sprach nicht nur in direkter Weise die Rock'n'Roll-Mentalität an, sie übt auch eine mächtige unterschwellige Anziehungskraft auf unsere unterbewußte Faszination von und unser archetypisches Verlangen nach Drogen, Initiation, Gewalt und charismatischen negativen Helden aus.

Wie Marco Polo berichtete, war Hassan I. Sabbah, bekannt als der Alte Mann vom Berg, ein sehr mächtiger Mann. In seiner Festung hoch oben auf dem Gipfel des Berges hatte er die prächtigsten Gärten der Welt. Da gab es kristallene Bäche aus Milch und Honig und Wein; und die schönsten jungen Frauen, die man sich nur erträumen kann, tanzten und sangen in den duftenden Wiesen ringsum. Sie standen, voller Unschuld und Ergebenheit, jenen wenigen Glücklichen zur Verfügung, denen Einlaß in den Palast gewährt worden war. Der Klang von Harfen erfüllte die Luft – alles war Entzücken und magisches Vergnügen. Dann und wann wies der Alte Mann vom Berg einen seiner Untergebenen an, hinunterzugehen, einen bestimmten jungen Mann in den Nachbardörfern zu finden und diesem sodann ein mysteriöses alkoholisches Getränk zu reichen, das Opium und Haschisch enthielt. Hatte der junge Mann seine Sinne verloren, so wurde er in die Gärten getragen. Wenn er hier erwachte, würde er glauben, nun sei er im Paradies, wo das einzige Gesetz lautete: »Nichts ist, wie es scheint – alles ist möglich«. Man ermunterte ihn, an den Freuden teilzuhaben. Von Zeit zu Zeit würde der Alte Mann befehlen, dem jungen Mann erneut das Getränk zu geben, aber dieses Mal brachte man ihn in den Palast. Wenn er im Hof erwachte, würde man dem jungen Opfer den Befehl geben, jemanden für den Alten Mann zu töten. Dem Killer wurde versichert, daß er, sollte er erfolgreich sein, wieder in den paradiesischen Garten zurückkehren dürfe, wo er dann für alle Zeiten das Entzücken genießen konnte, von dem er schon gekostet hatte. Sollte er jedoch bei dem Versuch selber getötet werden, dann würde er mehr oder weniger dieselbe Belohnung erhalten, gemäß dem Koran. So intensiv war der Wunsch, wieder in diesen Garten (Allahs) zurückzukehren, daß die Exekutionen höchst bereitwillig und effektiv ausgeführt wurden.

Jene, die diesen Sekten angehörten, wurden Hashshashins genannt, ein Begriff, der im Arabischen »Haschisch-Menschen« bedeutet und zu »assassins« wurde.

Über die Ästhetik von Rimbauds Rausch schreibend, sagt uns Enid Rhodes Peschel: »Nach dem Paradies kommt der Fall. Die Schönheit seiner brillanten, aber vergänglichen Visionen basiert auf dem sich ständig fortsetzenden Konflikt zwischen sich bekriegenden Gegensätzen: Stärke und Schwäche, Heiligsprechung und Verdammnis, Hoffnung und Verzweiflung, Stolz und Schande, Selbstlob und Verurteilung. Der Rausch und das berauschende Verlangen nach Schönheit implizierten notwendigerweise Liebe, Macht und Poesie ebensosehr wie die antithetische Grandeur des Wahnsinns und der Niederlage.« Und wie bei Luzifer und so vielen anderen süchtigen Künstlern war es ein selbst herbeigeführter Fall (E. R. Peschel in *Flux and Reflux: Ambivalence in the Poems of Arthur Rimbaud*).

Baudelaire beschließt »La Chambre Double« mit der Warnung: »Derjenige, der Gebrauch von einem Gift macht, um zu denken, wird schon bald nicht mehr in der Lage sein, ohne dieses Gift zu denken. Denk an den furchterregenden Zustand eine Mannes, dessen paralysierte Imagination ohne die Hilfe von Haschisch oder Opium nicht länger arbeiten kann.« Einerseits gibt es die Illusion von Freiheit und Zufriedenheit, andererseits ist es Sklaverei und eine Falle.

Damit hätte er Samuel Taylor Coleridge beschreiben können, der seine Beziehung zum Opium jahrelang verleugnete. Selbst als er sie schließlich doch eingestand, behauptete er weiterhin, die Droge allein aus medizinischen Gründen zu nehmen.

Im Alter von vierunddreißig Jahren suchte Coleridge ärztliche Hilfe, um von seiner Sucht loszukommen. Seine einst lustvollen Opiumträumereien, die ihn zu seinem berühmtesten Opus »The Rime of the Ancient Mariner« inspiriert haben sollen, das wiederum Dutzende anderer Poeten beeinflußte – sie hatten sich ins Gegenteil gekehrt. Einst Trost und Idylle, so bemerkte er hin- und hergerissen, fiel es ihm nun zunehmend schwerer, mit diesen Visionen umzugehen: Wieder und wieder wandelten sie sich zu Bildern, die, statt Freude zu bereiten, Alpträume brachten. Diese Alpträume und Schmerzen hatten weiteres Opium zur Folge; das Opium bedeutete weitere Vernachlässigung der Arbeit und häusliche Auseinandersetzungen; das brachte Angst- und Schuldgefühle; Angst- und Schuldgefühle hatten wiederum Opium zur Folge; mehr Opium jedoch hieß Krankheit, und so »drehte sich das tragische Karussell im Kreis, und mit der Zeit wandelte es sich zu einer Spirale, die in eine alles verschlingende komplette Katastrophe mündete.« In seinem Notizbuch gesteht er ein: »Ich wage nicht aufzuhören, weil ich nicht aufhören kann; ich kann es nicht, weil ich es nicht wage.«

Ein anderes Gedicht von Coleridge, »Kubla Khan«, weist träumerische Eigenschaften auf, Musik und Magie, Phantasie und Traum, ein einmalig erleuchtetes Werk, das aus dem von Opium hervorgerufenen See wahrhaftigen Träumens an die Oberfläche stieg: »In Xanadu did Kubla Khan / A stately pleasuredome decree / Where Alph, the sacred river, ran / Through caverns measureless to man / Down to a sunless sea . . .«

Aber während »Kubla Khan« ein Bild des Friedens und des Phantastischen wachruft, wurde auch ein anderes, weniger bekanntes Gedicht an denselben Verleger geschickt: »The Pains of Sleep«. Es ist eine fast klinische Beschreibung, was mit dem Junkie geschieht, wenn »die Flitterwochen vorbei sind und der Horror den Platz des Vergnügens einnimmt« (Molly Lefebure in *Samuel Taylor Coleridge: Bondage to Opium*).

». . . yester-night I prayed aloud
In anguish and in agony,
Up-starting from the fiendish crowd
Of shapes and thoughts that tortured me:
A lyric light, a trampling throng,

Sense of intolerable wrong . . .
Desire with loathing strongly mixed
On wild and hateful objects fixed.
Fantastic passions! Maddening brawl!
And shame and terror overall!«
(*The Portable Coleridge,* hrsg. A. A. Richards)

Guns N' Roses' Drogen-Flitterwochen waren bereits weit fortgeschritten, als die Band im März 1986 den Vertrag mit Geffen unterschrieb. Und sie setzten sich während der Aufnahmen zu *Appetite* und ihrer ersten Tour fort. Im Mai 1988 wies Axl erste körperliche Anzeichen dafür auf, daß sich seine Flitterwochen mit Drogen und Alkohol dem Ende näherten. Er wurde von Halsproblemen geplagt, genauer gesagt von Polypen, wahrscheinlich verursacht durch die Drinks und Drogen. Die Mixtur aus Kokain und Alkohol betäubt den Rachen und die Stimmbänder, und so kann es passieren, daß sie überstrapaziert werden. Axl wurde zur Erholung geschickt, weil, wie Slash es ausdrückt: »Wir wollten die Aerosmith Tour nicht vermasseln.«

Bei Slash hingegen zeichnete sich ab, daß sich sein kreativer Drogenkonsum allmählich gegen ihn zu wenden begann. Während der vorausgegangenen Tour mit Mötley Crüe sorgte das wilde Verhalten der Band dafür, daß es sich Headliner und Veranstalter fast anders überlegten. Es gab einen Zwischenfall im Doubletree Hotel in Dallas, wo Slash »echt besoffen war und ein Hotelzimmer auseinandernahm. Sie haben die Cops auf uns gehetzt.« Nur durch das schnelle Eingreifen des fähigen, ausgeglichenen und gewitzten Road-Managers konnten ernstliche Konsequenzen verhindert werden. Vorläufig »verkörpert unsere Haltung, worum es im Rock'n'Roll geht«, sagt Slash, »oder zumindest, was *ich* denke, worum es im Rock'n'Roll geht, und das ist das einzige, was zählt. Weißt du, einige Bands, die gehen auf Tour, und dann läuft alles total schief, und trotzdem können sie eine gute Show hinlegen. Wir sind nicht so.«

In Atlanta sprang Axl von der Bühne, um sich einen Security Guard zu schnappen, der einen Freund von Axl malträtierte, ohne daß der ihn provoziert hatte. Die Polizei hielt Axl daraufhin backstage fest, während die Band »Communication Breakdown« und »Honky Tonk Woman« spielte – mit einem Roadie als Leadsänger. Um ein Gerichtsverfahren zu vermeiden, erklärte sich Axl für schuldig, die Polizei attackiert zu haben, und zahlte eine Geldbuße.

In Philadelphia, kurz vor Beginn des Konzerts, geriet Axl mit einem Parkplatzwächter aneinander, der, laut Axl, Stuart (S. C. Bailey) geschubst hatte, Axls jüngeren Halbbruder und persönlichen Assistenten. Wieder einmal setzte Doug Goldstein seinen Charme ein, um die Cops davon zu überzeugen, daß sie Axl rechtzeitig für die Show laufenließen, vor allem, ehe in der Halle ein Aufstand losbrach.

In Sarasota Springs, New York, schrieb eine lokale Zeitung: »Polizei und Sicherheitskräfte bezeichneten es als eine Nacht, die sie so bald nicht vergessen werden.« »Das war haarscharf an einem echten Aufstand vorbei«, sagt Izzy. »Ich kann das nicht ab, wenn alles kurz vor dem Umkippen ist. Wenn da fünfundzwanzigtausend Leute sind, und sie haben da vielleicht drei Security Guards, die nicht wissen, was sie tun sollen. Das ist intensiv. Scheiße, es war genau auf der Kippe.« Als die Fans anfingen, auf die Bühne zu klettern, machte sich die Band aus dem Staub. Dann, drei Abende später in Weedsport, New York, setzten die Jungs noch eins drauf, mit einer Show, die Axl als »total psycho« beschreibt. Und das von einem Typen, dessen Vorstellung von »normal« fünfundsiebzig Grad von der Norm abweicht. In Hamburg, Germany, vermöbelten Izzy und Duff den Schlagzeuger von Faster Pussycat, Mark Michaels, fesselten ihn mit Klebeband und stießen ihn in einen Fahrstuhl.

In Chicago wurden die Bandmitglieder belästigt, als sie versuchten, sich früh in ihr Hotel einzuchecken. Nur knapp konnte eine Prügelei verhindert werden. Abends gerieten Axl und ein Businesstyp böse aneinander; er hatte Axls Freund angemacht und den Sänger selbst einen »Bon Jovi Look-Alike« genannt – eine Beleidigung, die Axl (mancher mag sagen, zu Recht) ausklinken ließ. Dutzende Cops wurden herbeigerufen, um dem Fight ein Ende zu machen, und Axl und Steven landeten im Knast. Einige Zeit später fand Goldstein Slash in der Bar, völlig besoffen, packte ihn sich über die Schulter und schleppte ihn zu seinem Hotelzimmer. Zum Dank pißte ihm Slash auf die Schulter.

Eine der bekannteren Stories über Guns N' Roses' wildes Treiben ist jene: Rick Nielsen lud die Gunners ein, ihn in seinem Haus zu besuchen. Danach forderte er prompt den hart trinkenden Slash zu einem Wettsaufen heraus. Und wie sollte es anders sein – Slash soff wie ein Weltmeister, Nielsen ging zu Boden. Die Story endete damit, daß Rick die ganze Band angriff und Izzy ihm in die Eier trat.

Ein reueloser Izzy sagt achselzuckend: »Ich hab' ihn nicht mal voll erwischt.« Für das Protokoll gab Nielsen nur zu, daß er die Gunners in seine Bude eingeladen hatte, aber er stritt ab, sich mit Izzy angelegt zu haben, und behauptete statt dessen, es sei Slash gewesen, mit dem er sich geprügelt habe, außerdem sei nicht er (Nielsen) dabei verletzt worden, sondern Slash. Aber wahrscheinlich war er einfach zu breit, um sich erinnern zu können.

Die Nachspiele der Eskapaden wurden jetzt ernst und konnten nicht mehr so einfach verhindert werden. Während die Gerüchteküche fleißig brodelte und Prophezeiungen eines unabwendbaren frühen Endes der immer noch jungen Band produzierte, was bei der erstaunlichen Ansammlung drogen- und alkoholbedingter Unglücksfälle naheliegend war, wurden Guns N' Roses völlig unvorbereitet davon in Kenntnis gesetzt, daß man sie aus der bevorstehenden David Lee Roth Tour geschmissen hatte; Grund war eine vermasselte Show in Phoenix, Arizona, ein Mißverständnis zwischen Axl und dem Rest der Band – ein wütender Axl hatte geblufft, er werde abends nicht zum Gig antanzen, die Band nahm ihn beim Wort und ließ sich auch nicht blicken. Also stellte Axl, der natürlich doch auftauchte, ziemlich verdutzt fest, daß er wohl alleine singen mußte. Roths Organisation nahm an, daß auf Guns N' Roses kein Verlaß sei oder sie vielleicht schon gar nicht mehr zusammen waren, und so fingen sie an, sich nach einer Ersatzband umzusehen.

Noch immer ohne substantielles Airplay, weder im Radio noch auf MTV, war eine gecancelte Tour die schlimmste Sorte News. Dann fiel eine vorgeschlagene Tour mit AC/DC ebenfalls ins Wasser, als AC/DC, trotz gegenseitiger Sympathie, nicht die nötigen Finanzen bieten konnte. Es schien, als werde die Band ebenso umworben, wie sie zum Desaster neigte.

»Die Presse stürzte sich auf die Tour Stories«, sagte Slash, »aber Tatsache ist, daß jedesmal, wenn uns eine Tour flöten ging, uns eine noch bessere angeboten wurde. Wir konnten mit Bands wie Mötley Crüe, Aerosmith und Alice Cooper touren, da ging für uns wirklich ein Traum in Erfüllung.«

Auch wenn die Band schließlich mit Alice Cooper einig wurde, waren die Probleme keineswegs ausgestanden. Im Gegenteil – Axl schaffte es nicht zum ersten Gig. Einer aus Coopers Management erinnert sich, daß er wirklich beeindruckt war, in welchen Mengen die Bandmitglieder Drogen und Alkohol konsumierten. Am meisten jedoch habe ihn beeindruckt, daß keiner von ihnen – ganz gleich, wie breit sie waren – nach dem ersten Gig in Santa Barbara auch nur eine Show während der gesamten Tour verpaßte oder verpatzte. Außer diesem und ein oder zwei vergleichsweise harmlosen Zwischenfällen lief die Tour überraschend glatt. So glatt sogar, daß Alice und Guns N' Roses zusammen den Cooper-Klassiker »Under My Wheels« für den Soundtrack zu Penelope Spheeris' *Decline of Western Civilization: The Metal Years* einspielten. »Sie haben sich wie echte Profis benommen«, sagt der Management-Mann heute. »Nicht ein Hotelzimmer ging dabei drauf.«

Heute erinnert sich Slash: »Nachdem die Mötley Crüe Tour vorbei war, zogen wir mit Alice Cooper los, weil wir nicht nach Hause wollten. Dann brach sich Steve die Hand.« Ursache dieser Verletzung war Steves Versuch, eine Straßenlaterne auf unsanfte Art zu löschen. Während seine Hand heilte, sprang der Drummer von Cinderella, Fred Coury, für die Tour ein. Es war nur der erste von mehreren Anlässen, bei denen Steve wegen Drogen seinen Verpflichtungen nicht nachkam – trotz seiner Beteuerungen, daß ihm nichts wichtiger sei als die Band, vermutlich inklusive Drogen, besonders Kokain und Alkohol. Aber Sucht ist besonders gerissen, und Steve machte weiter, sogar mehr als zuvor, trotz der Folgen. Und genau deswegen flog er schließlich endgültig aus der Band.

Auf der nachfolgenden Tour mit Iron Maiden brachten es Guns N' Roses fertig, ihren Ruf der Unberechenbarkeit noch zu festigen, als Duff die Tour verließ. Berichten zufolge konnte er dem Drang nicht widerstehen, seine Freundin Mandy Brixx zu heiraten, eine Hosteß in einem japanischen Restaurant und Sängerin in der L. A. Band The Lame Flames.

Ein gutes Beispiel, wie das Image einer Bad Boys Band, einst bewußt kultiviert, mit der Zeit ein störendes Eigenleben annimmt. Denn allgemein wurde angenommen, Duff sei besoffen und unzuverlässig, während es in Wahrheit so war, daß Mandy die Hochzeit schon einige Wochen zuvor geplant hatte und Duff sich des Datums sehr wohl bewußt war. Als die Tourroute der Band nicht mit diesem Datum abgestimmt werden konnte, stimmte sich die Band mit Duff ab und engagierte Haggis, den ehemaligen Bassisten von Zodiac Mindwarp und The Cult, als Ersatz für diesen einen Gig.

Selbst ihre Traumtour mit den jetzt »clean'n'sober« Aerosmith, persönlichen Heroes der Gunners, blieb nicht ohne Probleme. Aerosmith waren nicht bereit, irgendwelche unnötigen Änderungen vorzunehmen. Nachdem Millionen Dollar aufgebracht worden waren, um die Mitglieder der Band zwei-, drei-, manchmal viermal durch den Entzug zu bringen, nahm das Management von Aerosmith eine Zusatzklausel in den Vertrag auf: Guns N' Roses mußten ihre Sauferei auf den Umkleideraum beschränken.

Am Ende der Tour sollten die beiden Bands eine triumphale Jam Session hinlegen, Aerosmiths »Ma Ma Kin«, das bald darauf in einer anderen Version auf Guns N' Roses' bevorstehender EP erschien. Zu Beginn der Aerosmith Tour erklärten sich Guns N' Roses bereit, die Arena kurz nach ihrem Set zu verlassen, um Aerosmith nicht in Versuchung zu führen. Mitglieder der beiden Bands kannten sich schon seit Jahren, damals allerdings auf etwas ähnlicherem Level: »Unsere Jungs haben ihren Jungs Drogen vertickt«, erinnert sich Slash.

Am Ende ihrer Herbsttour 1988 sagte Rose gegenüber Rob Tannenbaum vom *Rolling Stone*: »Unser Drogenkonsum gehört nicht der Vergangenheit an. Wir jagen uns gegenseitig eine Scheißangst ein.«

Dann waren die Jungs in der Band frei von allen Verpflichtungen, konnten zurückkehren in ihr neues Zuhause und dank ihres frischgebackenen Ruhms und Reichtums zum ersten Mal im Leben ihre Unabhängigkeit genießen – und genau hier fing der Trouble an. Es reicht wohl, wenn ich sage, daß das Ende der Tour nicht auch das Ende ihres destruktiven Verhaltens bedeutete. Wie es Keith Richards einmal zur Rechtfertigung seiner damals bestehenden Liaison mit dem Heroin beschrieb: Wenn man sechs Monate am Stück live gespielt hat und dieses aufputschende, erregende Hoch dann abrupt beendet wird, ist die Langeweile unerträglich. »Touren macht süchtiger als jede Droge, die ich mir vorstellen kann. Es ist beschissen schwer, wenn das alles vorbei ist. Du knallst echt hart wieder auf dem Boden auf. Es ist, als ob die Welt aufhört, sich zu drehen.« Nach der Tour sah sich Aerosmiths Manager Tim Collins zu dem Kommentar verleitet, daß »Guns N' Roses sich erst noch für mindestens weitere zwei Millionen Dollar Drogen reinpfeifen müssen, ehe sie bereit sind, clean zu werden.« Collins sprach aus Erfahrung, und so sah er nur allzu deutlich, wo diese junge Band gerade steckte – nämlich erst am Ende der Flitterwochen. Die Band hatte noch einen langen Weg vor sich, ehe sie auf dem Boden aufschlagen würden. Und diese knüppelharte Landung ist notwendig, bevor ein Leben in körperlicher und mentaler Gesundheit überhaupt beginnen kann. Ehe man clean werden kann, gibt es noch ein weiteres Hindernis, das man nehmen muß: den Abgrund, die Falltür am Grund, die ganz nach unten führt, in die Grube, in Dantes Inferno. Was die Band retten würde, bis auf einen von ihnen, war ihre Musik, die ihnen mehr bedeutete als Drogen – wenn auch nur knapp.

Der schon immer überempfindliche und leicht gelangweilte Slash empfand den Übergang von Tour zu geregeltem normalen Alltag als äußerst schmerzlich:

> »On the road zu sein, das Tag für Tag zu machen und gar kein anderes Leben zu kennen . . . Das ist ein Tempo, das macht einen wirklich an. Und plötzlich, BAM! ist es damit vorbei. Du hast keine Jungs von der Crew mehr, das Zimmermädchen kommt nicht mehr rein, du liegst auf deinem Bett und wartest, daß es Zeit für den Gig ist, daß *irgendwas* passiert . . . und es passiert nichts.
> Aber es gab gar kein anderes Leben, in das wir zurückkehren konnten. Wir hatten nie ein anderes Leben. Und jetzt sind wir alle getrennt – wir haben jeder unser nettes Häuschen oder Apartment, Sachen, die wir nie hatten. Ich erinnere mich an einen Tag, an dem ich einfach nur gelangweilt auf dem Bett lag, völlig desinteressiert an allem. Du hörst einen der Jungs auf deinen Anrufbeantworter sprechen, und du hebst nicht mal ab.«

Ohne Ablenkung in einem ungewohnten neuen Zuhause zu hocken, schlimmer noch – ein selbsterklärter Workaholic ohne Arbeit zu sein, das war nicht gerade ideal.

»So pathetisch es sich auch anhören mag«, gab Slash zu, »in meinem Privatleben und meiner ganzen Existenz gibt es nichts anderes als die Band und Musiker zu sein und zu spielen. Ich bin sehr eindimensional. Alles, was ich tue, ist Musik, oder ich mache etwas . . . ganz anderes.« Kurz: Drogen nehmen.

Slash rückte Stevens schlimmer werdende Verfassung eloquent in Perspektive, als er dem *Rolling Stone* sagte: »Alles, wofür er lebte, waren Sex, Drogen und Rock'n'Roll. In dieser Reihenfolge. Dann waren es Drogen, Sex und Rock'n'Roll. Dann Drogen und Rock'n'Roll. Und schließlich nur noch Drogen.«

Von F. Scott Fitzgerald stammt das berühmte Zitat: »Im Leben eines amerikanischen Schriftstellers gibt es keinen zweiten Akt.« Und als Alkoholiker und Schriftsteller wußte er sehr gut, wovon er sprach. Weder Alkoholismus noch Drogensucht befähigen zu bleibender Kreativität. Am Ende saugen sie das kreative Reservoir leer und machen jeden zweiten Akt unmöglich.

Eugene O'Neill ist die absolute Ausnahme unter den amerikanischen Autoren: Er schaffte es, seine Sucht zu stoppen, ertrug die folgende »dunkle Nacht der Seele« und spann seine Erfahrungen in eine künstlerische Mea Culpa: *The Iceman Cometh* und *Long Day's Journey into Night*. Ein paar Rocker haben das auch versucht, wie etwa John Hiattt, aber niemand von Guns N' Roses' Statur oder Stellung ist bis jetzt mit tiefergehenden Einblicken ausgestiegen.

Drogenkonsum (der nicht heilt, sondern betäubt) dient manchmal als Alternative zum Selbstmord. Der gefolterte Künstler, die verwundete Seele, der empfindsame Poet, der das Leben als zu intensiv empfindet, um es ertragen zu können. Der Pantheon ist riesig. Der romantische Held als Schmetterling, schon bald auf dem Rad des Lebens, mit gebrochenen Flügeln. Chatterton ist wunderschön in seinem Selbstmord, Shelley erotisch in seinem frühen Tod. Romantik und Rockmusik teilen die Protokolle für das Heldentum des Exzesses. Jim Morrison, Janis Joplin, Brian Jones, Jimi Hendrix und jetzt Axl Rose haben wir als mythische Helden ausgewählt. Ihre Emotionen und ihr Verhalten durchbrachen sogenannte vorgeschriebene Grenzen, und indem sie das taten, haben sie uns unser eigenes Potential aufgezeigt. Mit ihrer tiefen Sensibilität identifizieren wir uns bis zum Punkt der Sympathie. Ihretwegen fühlen *wir* uns lebendig. Ihre Hyperverletzlichkeit ist gleichermaßen Segen wie auch Fluch und

Axl erwacht auf der Bühne und bricht durch alle Schranken.
(Foto: Larry Busacca/Retna Ltd.)

versetzt sie in die Lage, Einblicke und Gefühle auszudrücken, für die die Welt um sie herum entweder zu beschäftigt oder zu unsensibel ist. Und doch – diese (Un)Fähigkeit macht sie auch allzusehr und quälend schmerzempfindlich. Durch eine Art Osmose nehmen diese Menschen den Müll auf, der anderen gar nicht bewußt ist, und verstärken so ihre eigene Pein. Wird ihnen die Last zu schwer, flüchten sie in Drogen. Vielleicht ist Drogenkonsum unter den Kreativen nicht wegen seiner inspirierenden Qualitäten bemerkenswert, sondern schlicht und einfach wegen seiner schmerztötenden Eigenschaften, die einen Menschen in die Lage versetzen, klarer zu sehen, wie es um ihn herum und in ihm wirklich aussieht. Ist jemand von Schmerz erfüllt, dann ist die Erlösung von diesem Schmerz am Ende so groß wie das Vergnügen für denjenigen, der nicht wegen seiner Schmerzen damit anfängt.

»Wissen Sie«, sagte Truman Capote einmal, »ich war so anders als alle anderen, so viel intelligenter, sensibel und einfühlsam. Ich hatte fünfzig Wahrnehmungen in der Minute, im Vergleich zu anderen Leute fünf. Ich habe immer das Gefühl gehabt, daß mich oder das, was ich denke und über die Dinge empfinde, niemand jemals verstehen wird. Ich schätze, das ist der Grund, warum ich begonnen habe zu schreiben.«

Kafka unterstützt diese Ansicht ebenso: »In der Tat ist der Poet stets viel kleiner und schwächer als der gesellschaftliche Durchschnitt. Und deshalb empfindet er die Bürde der irdischen Existenz so viel intensiver und stärker als jeder andere Mensch. Für ihn persönlich ist sein Lied nur ein Schrei. Kunst ist für den Künstler nichts anderes als Leiden, durch das er sich befreit für weiteres Leiden« (Gustav Janouch in *Gespräche mit Kafka*).

Schon an einem frühen Punkt seiner Laufbahn glaubte Carl Jung, daß hinter dem freien Willen des Typus Poet-Künstler eine höhere Macht steht, die in der Lage ist, psychische Komplikationen von dramatischen Ausmaßen zu produzieren. In der Tat war er der Überzeugung, der kreative Drang sei so »beherrschend, daß er an der Menschlichkeit schmarotzt und alles dem Dienst am Werk unterjocht, selbst auf Kosten der Gesundheit und des üblichen menschlichen Glückes.« Das ungeborene Werk in der Psyche des Künstlers ist, so folgerte Jung, eine Macht der Natur, die ihr ersehntes Ziel entweder durch tyrannische Macht oder subtile Gerissenheit erreicht, »reichlich rücksichtslos gegenüber dem persönlichen Schicksal des Menschen, der ihr Vehikel ist.«

Demnach können, ist das bewußte Verlangen des Poeten nicht im Einklang mit dieser Macht, die psychischen Folgen ein Desaster sein, ein selbständiger Prozeß, der am Ende nur dazu führt, die Wünsche des kreativen Dämons zu vergrößern. Gastgeber solch potentiell ungastlicher und miteinander in Konflikt stehender Mächte zu sein, kann sich als höchst unerfreuliche Erfahrung erweisen.

Es gibt bestimmte, in der Psychiatrie verwendete Kategorisierungen der Charakterzüge, die all diese drogen- und alkoholsüchtigen Künstler teilen: von den meisten wird heute angenommen, daß sie manisch depressiv waren oder zumindest mehr zur Depression neigten als normale Menschen. Die meisten, wenn nicht alle, könnten als »orale« Persönlichkeiten beschrieben werden. Viele litten an Schlaflosigkeit, noch mehr klagten über Hypersensitivität – dieselbe Gabe, die sie in die Lage versetzte, kreativ zu sein, machte sie auf schmerzvolle Weise verletzlich gegenüber der Welt. Fast alle haben ihr Verhalten früher oder später als nicht exzessiv, sondern eher als erforderliche Selbstmedikation bezeichnet. Etwas, das nicht Ordnung war, war korrigiert worden. Nicht andersherum.

Die alten Griechen waren der Überzeugung, daß Kreativität und geistige Krankheit zusammengehören. Bereits 1913 veröffentlichte das *Pennsylvania Medical Journal* den Artikel eines Arztes, der reichlich Erfahrung mit Süchtigen hatte und der mehrere bestimmte Kategorien beschrieb. Der erste Typus könnte leicht jeden einzelnen von Guns N' Roses charakterisieren. »Seine nervliche Beschaffenheit reicht nicht aus, um ihn in die Lage zu versetzen, angenehm und effektiv zu leben. Deshalb wird er verzweifelt nach allem greifen, was ihn bei seinen bislang erfolglosen Versuchen unterstützt. Kommt er mit Drogen in Berührung, mit ihrer scheinbaren Fähigkeit, die Energie zu steigern oder Frieden zu bringen, Ordnung in sein turbulentes, chaotisches, von Sorgen gequältes Leben, dann ist es unvermeidlich, daß er im Konsum derselben einen Halt suchen wird.«

Daneben gibt es noch einen weiteren Typus (keiner von beiden, das soll hier ausdrücklich betont werden, neigt notwendigerweise zu kriminellen Handlungen oder verantwortungsloser Moral). Dieser Typus beschreibt Menschen wie Axl Rose, die mehr als andere zum Konsum von Narkotika zu neigen scheinen. Diese Kategorie, bekannt als zyklothym, besitzt eine eigenartige emotionale Instabilität, die sich in wechselweisen Phasen von Depression und Hochstimmung äußert. Dem oberflächlichen Betrachter mögen diese Menschen schwierig und unberechenbar erscheinen, aber wenn wir genauer hinschauen, entdecken wir Personen von immensem und außergewöhnlichem Talent – Grenzfälle, die manisch-depressive Charakteristika aufweisen.

Der israelische Psychologe und Autor Erich Neumann, einer von Jungs begabtesten Schülern, befaßt sich eingehend mit den charakteristischen Merkmalen der kreativen Persönlichkeit. An dieser Stelle ist es wichtig, näher auf diesen Typus einzugehen, weil Axl Rose, als Songwriter und visionärer Kopf von Guns N' Roses, diesen Typus personifiziert. Er ist ein klassisch diagnostizierter Manisch-Depressiver, der innerhalb von Minuten zwischen den tiefsten Tiefen der Depression und den höchsten Gipfeln der Euphorie wechseln kann.

Eine erhöhte emotionale Reaktion ist eine der deutlichsten und klar evidenten Charakteristika des kreativen Typus. Es ist diese Sensibilität, die dem Neurotiker zur Last wird, die unterdrückt wird und einen bastardisierten Ausdruck findet; im Temperament des Künstlers aber wird sie als Erfahrung aufgenommen und sodann in der Kunst ausgedrückt, durch die wiederum andere, weniger sensitive Menschen mit ihrer eigenen sensitiven Natur in Kontakt kommen und das erleben können, was Erich Neumann schließlich »die Große Erfahrung« nennt – der Ort, an dem sich Kunst, Künstler und Publikum treffen.

»Die Große Erfahrung von Kunst kann uns über die Begrenzungen unseres Egos erheben in die Freiheit des Selbst«, behauptet Neumann und zitiert im folgenden Kafkas Aussage über die Welt aus *Der Prozeß*: »Es überkommt dich, wenn du kommst, und gibt dich frei, wenn du gehst.« Durch die Kunst, produziert in einem erhöhten Zustand der Sensitivität, verbindet sich der Betrachter mit seiner eigenen, ihm eigentümlichen menschlichen Verletzlichkeit und ist – voilá! – mit einem Mal verbunden mit dem Rest der Menschheit und dem universellen Dasein.

Doch Seite an Seite mit dieser göttlichen Größe existiert eine Dimension der Unheimlichkeit und des schieren Schreckens, welche die Erde unter ihren Füßen im tödlichen Schritt des tanzenden Shiva tritt:

> »Das Reich des Dämonischen, der bösartigen Magie und des Zaubers, des morbid Grotesken, des Perversen und Bizarren, lebt sein spektrales Leben auf Tuchfühlung mit den Fenstern und Toren unseres Bewußtseins; es ist die ursprüngliche Schlange am Grunde der unsere Welt umspannenden See, die zum Himmel emporkriecht wie der dunkle Mond und Unruhe und Verzweiflung mit sich bringt, Qualen und Hoffnungslosigkeit, mentale Anomalie und Wahnsinn. In der Hölle des Hieronymus Bosch verwandeln sich die Instrumente, die im Paradies mit preisenden Melodien erklingen, durch eine furchterregende Umkehrung in Instrumente der Qual.«
> (Erich Neumann in *The Place of Creation*)

Der Künstler macht von dieser Dunkelheit ebenso Gebrauch wie von dem Licht, und der mutige Künstler schwimmt in denselben Wassern, in denen die Persönlichkeit des Psychotikers ertrinkt. Axl Rose scheint sich dieser Weisheit bewußt zu sein. Wenn man Berichten und meinen eigenen Beobachtungen glauben kann, ist er seit nunmehr einem Jahr relativ drogenfrei geblieben, während die Band mit den Aufnahmen für ihre dritte Veröffentlichung beginnt. Als er noch Drogen nahm und soff, sprach er auf Tour mit einem Journalisten, der ihn fragte: »Bist du manisch-depressiv?«

»Ja«, antwortete Axl.

> »Ich habe in Chicago einen Test machen lassen, und die Ärzte verschrieben mir Lithium. Aber Lithium hat mir überhaupt nichts gebracht, außer daß die Leute jetzt denken: Axl probiert was aus, um sich selber zu helfen, also muß es gut sein. Mit andern Worten: Wenn ich jetzt mein Hotelzimmer auseinandernehme, wird es eher akzeptiert als früher, solange ich mein Lithium nehme. Würde ich es nicht nehmen und denselben Schaden aus demselben Grund, der mich so stinksauer gemacht hat, verursachen, würde es heißen: ›Er hat sein Lithium nicht genommen, deshalb ist es passiert.‹ Dann bin ich für sie einfach nur zu und abgefuckt. Es zahlt sich für alle aus zu denken, daß Axl brav ist und sein Lithium nimmt. Ich merke keinen Unterschied, ob ich es nehme oder nicht. Aber ich kann sagen: ›Schaut her, ich nehme mein Lithium‹, und das macht alles leichter.«

Man ist versucht, hier für den Moment anzunehmen, daß Axl gar nicht ist, als was er diagnostiziert wurde, vor allem nicht der manisch-depressive, kreative Typus.

Doch es ist nicht ungewöhnlich für jemanden, der Lithium nimmt, zu glauben, daß es nichts bewirkt, und zu berichten, er verspüre keinerlei Resultat der Medikation. Und ganz besonders gilt das für jemanden, der es nicht regelmäßig nimmt. Um wirklich effektiv zu sein, muß Lithium stets zu einem ganz bestimmten Anteil im Blut vorhanden sein. Wird es mit anderen Drogen kombiniert, beispielsweise mit Kokain oder Alkohol, dann machen sich wahrscheinlich die Resultate nicht so bemerkbar, wie sie das ohne die zusätzlichen Drogen täten. Manische Depression kann bewirken, daß Menschen von »impulsiv, rücksichtslos und streitsüchtig« zu »kritisch deprimiert« schwanken können, ja sogar selbstmordgefährdet sind.

Axl räumt jeden Zweifel an der Diagnose »manisch-depressiv« aus, als er hinzufügt: »Ich gehe jetzt ernster an Dinge heran . . . Und ich kann auch glücklicher sein als jeder, den ich kenne. Ich kann so glücklich sein, daß ich weinen muß. Und dann kann ich das genaue Gegenteil sein, wenn ich wütend werde. Ich mag es, wenn ich mich aufrege, wenn ich wütend werde, weil es mich wissen läßt, daß ich etwas fühlen kann. Nicht immer, aber manchmal denke ich zuviel. Ich kann mich ziemlich gut unter Kontrolle haben. Wenn ich mich langweile, dann bin ich deprimiert.«

Ein Journalist schrieb im *Rolling Stone*: »Axl ist derart empfindlich und unberechenbar, daß sogar die übrigen Mitglieder der Band unter seinen Stimmungsschwankungen leiden – und so mancher ist es leid. Er reist mit einem separaten Tour-Bus, nicht nur, weil er die ganze Nacht wach ist und tagsüber schläft, sondern auch, um die Reibungspunkte mit den anderen aus der Band zu verringern.«

»Axl ist echt ein temperamentvoller Bursche«, sagt Slash und fügt mit dem für ihn charakteristischen Understatement hinzu: »Er ist bekannt dafür, daß es schwierig ist, mit ihm klarzukommen.«

Wenn Axl in diesen Tagen nicht »drauf« ist, was der Fall zu sein scheint, dann muß es erschreckend schwer für ihn sein, der Gnade unbeeinflußbarer Stimmungsschwankungen ausgeliefert zu sein, ohne Medikamente zu nehmen.

Es hängt allein davon ab, wie jemand mit dem Schmerz umgeht.

Axl grinsend, mit einem Freund.
(Foto: Kevin Mazur/London Features International)

Jim Morrison sagte: »Schmerz ist dazu da, um uns aufzuwecken, aber die Leute versuchen, ihren Schmerz zu verbergen. Doch das ist falsch. Schmerz teilt dir etwas mit, überträgt etwas, so wie ein Radio, du mußt es senden lassen. Du fühlst deine Stärke in der Erfahrung des Schmerzes. Es kommt darauf an, wie du ihn erträgst. Die Leute sollten einstehen für ihr Recht, ihren Schmerz zu fühlen.«

Und genau das scheint es zu sein, was Axl jetzt macht und gut macht. »Mir ist egal, durch welche Hölle ich muß«, sagte er einmal, »wenn dabei ein Song für mich herauskommt, dann ist es das wert.« Erst kürzlich hat Axl das auf ein höheres Level der Erkenntnis gehoben, als er sagte: »Es gibt eine Zeit und einen Ort, um deine Schmerzen zu fühlen und zu haben, und dann gibt es eine Zeit, um sie gehen zu lassen. Aufschieben oder Unterdrücken bringt dich nur runter. Die Frage lautet dann, wie weit runter du gehen willst.«

Ich bin mehr als nur gespannt, was er aus diesen Erfahrungen heraus schreiben wird: wird es eine Art Johannespassion des Rock'n'Roll sein, eine erschreckende Wiedergabe seiner eigenen »Die-dunkle-Nacht-der-Seele«-Erfahrung? Wird er Erfolg haben, wo Vincent van Gogh, Arthur Rimbaud, Jim Morrison, Dylan Thomas, Jimi Hendrix und all die anderen scheiterten? Wird er seinen Schmerz als das sehen, was er ist, und ihn in jener schmerzlich aufrichtigen Weise heraussingen, wie es John Lennon auf seinem meisterhaften Urschrei-Album *Plastic Ono Band* tat? Oder wird er sein Wissen und seine Erkenntnis schlicht und einfach dazu benutzen, um ein kommerziell erfolgreiches Album zu garantieren?

Axl hat einmal den Film *Frances* erwähnt und die häufige Praxis in der Psychiatrie, Leidenschaft mit Unausgeglichenheit zu verwechseln. »Hast du mal diesen Film *Frances* gesehen? Ich denke *oft* darüber nach. Ich frage mich, ob mir eines Tages auch einer ein Messer unter das Auge halten und eine Lobotomie verpassen wird.« Es ist in gewisser Hinsicht entlarvend, daß Axl die Legende der Frances Farmer wachruft. Daß er sich sehr wahrscheinlich damit identifiziert, ist offensichtlich und überdies nicht sonderlich überraschend. *Frances* basiert auf dem Leben der Kinolegende Frances Farmer, dargelegt in ihrer erschütternden Autobiographie *Will There Really be a Morning?*, einer durch ihre unverblümte Weise peinigenden Dokumentation ihres Abstiegs von einer lebenslustigen, intelligenten und sinnlichen Person, sensibler und hartnäckiger, als gut für sie war, zu einem aufsässigen, gequälten Opfer sowohl der unpersönlichen Star-Maschinerie Hollywoods wie auch der unerbittlichen Folgen einer Gesetzgebung, die Alkoholismus und seine Konsequenzen nicht als Krankheit betrachtet, sondern als Verbrechen, das per Gesetz bestraft werden muß.

In einer erschreckend unaufhaltsamen Vorwärtsbewegung schliddert Frances von Verhaftung zu Arbeitslosigkeit, weiter zu Ächtung im Gefängnis und schließlich ins Sanatorium, alles unter der Aufsicht einer selbstsüchtigen, nach Ruhm gierenden Mutter, die ihre Tochter, wenn sie sie schon nicht dazu bringen kann, wieder in die Szene zurückzukehren, lieber in der Gummizelle einer Irrenanstalt sieht, was dann letztendlich und tragischerweise mit einer Lobotomie endete.

Die Geschichte schildert den Fall aus Frances' Sicht, sie steht vollkommen auf seiten der Hauptperson, deren Motive sowohl verständlich wie auch richtig sind und durch die Moral ihres Herzens definiert und diktiert werden. Indem sie versucht, ihrem höchst empfindsamen (doch unbeständigen) Wesen gegenüber aufrichtig zu sein, stellt sie sich gegen ein System, und indem sie das tut, setzt sie eine Reihe von Ereignissen in Gang, die Frances um so mehr unterdrücken, je stärker sie sich dagegen auflehnt.

Die Story verkörpert die Hollywood-Tragödie schlechthin, aber sie ist auch ein erschreckender, verlängerter Blick auf eine »dritte Alternative«. Denn genau das kann dir widerfahren, wenn du nicht jung stirbst und dein Denken und Verhalten nicht dramatisch änderst. Es ist nicht überraschend, daß Axl von dieser Story sowohl angezogen wie auch schmerzlich berührt wird. Axls Sympathie mit der Geschichte läßt erahnen, wie er sich selbst in Relation zur Außenwelt sieht.

Er gibt ein Erlebnis mit einem Therapeuten während seiner Teenagerzeit wieder: »In Indiana mußte ich zu einer Psychiaterin gehen. Ich mußte ein paarmal zu dieser Lady, weil sie einen als straffälligen Jugendlichen automatisch in das Programm stecken. In der Schule hatte ich immer lausige Zensuren, aber dann machte diese Lady die Entdeckung, daß ich zu den besten drei Prozent der Klasse gehörte.«

Er scheint zu denken: Wie soll ich wissen, ob ich okay bin oder nicht, ob ich cleverer bin, als gut für mich ist, oder einfach nur kaputt? Dann fährt Axl fort, sich dabei völlig mit jemandem identifizierend, der hinter seinen möglichen Leistungen zurückblieb: »Nachdem ich ein paar Monate zu ihr gegangen war, bezeichnete sie mich als eine ›Typ-B-Person‹, was bedeutet, daß ich am besten funktioniere, wenn ich täglich acht bis vierzehn Stunden Schlaf habe, und daß meine besten kreativen Stunden zwischen ein und drei Uhr morgens sind, was ich aber schon wußte.« Die Psychiaterin stellte nicht nur einen hohen IQ bei ihm fest, sondern kam überdies zu dem Ergebnis, daß sein schwieriges Verhalten ganz sicher ein Anzeichen manischer Depression sei.

Doch so sehr er unvorhersehbare Ausbrüche an Wut und Gewalt haben kann, so sanftmütig kann er auch sein, so entwaffnend offen, fast wie ein Engel. Derselbe Axl Rose, der auf Metallica und Faith No More steht, verbringt Stunden damit, Musik von Joni Mitchell, Elton John und Philip Glass zu hören. Seine Kumpel in der Band akzeptieren sein gespaltenes Wesen bereitwillig. »Er macht 'ne Menge verrückten Scheiß, den keiner kapiert«, hat Slash dazu gesagt, »aber ich liebe den Burschen. Ich meine, er ist auch ein echtes Sweetheart.«

»Yeah«, stimmt Izzy dem bei, »er kann ein totaler Tyrann sein und im nächsten Moment der netteste Kerl der Welt.«

Sogar Vicky Hamilton, trotz des nicht gerade freundschaftlichen Splits, sagt von Axl: »Es gibt Momente, da ist er der liebste Junge der Welt, aber wenn der durchdreht, dann ist er wie ein wildgewordener Kreisel. Er ist nicht immer böse und gemein«, sagt sie lachend, »und er ist auch nicht immer nett. Bei ihm ist das wie bei zwei ganz verschiedenen, unterschiedlichen Persönlichkeiten ... Das macht einem ja solche Angst.«

KAPITEL 6
DROGEN UND MUSIK

In den zwanziger Jahren, Amerikas Ära des Jazz, wurden Drogen untrennbar mit der Musik verbunden: Gras, Kokain, vor allem aber Heroin waren wie maßgeschneidert, ein Gefühl der emotionalen Distanz zu schaffen, jenem zentralen Glaubenssatz der Hipster-Ethik. Heroin ist der wirkungsvollste Schmerzkiller, der je entwikkelt wurde, zehnmal stärker als Morphium und hundertmal effektiver als Demerol. Es löst weder Euphorie noch ein High im üblichen Sinne aus, sondern Zufriedenheit, man ist cool und distanziert; viele User vergleichen diesen Effekt mit dem Gefühl, in einen riesigen Wattebausch eingehüllt zu sein.

Wenn Heroin für schwarze Musiker Flucht aus der Gesellschaft der Weißen symbolisierte, dann verkörperte es für weiße Musiker den Weg hin in eine schwarze Gemeinschaft. Weiße Musiker wollten dazugehören, sie wollten *»black as black«* sein, schwarz wie die Nacht oder, in Norman Mailers Terminologie: »white negroes«. Ihr Ziel war es, »mit dem Tod als ständig lauernder Gefahr zu leben, sich aus der Gesellschaft zu lösen, ohne Wurzeln zu existieren, die ungewisse Reise in die rebellischen Imperative des Selbst anzutreten.« Was, wie Harry Shapiro in seinem Buch *Waiting for the Man* darlegt, eine ebenso zutreffende Beschreibung der Erfahrung mit Heroin ist, wie es auch teilweise erklärt, warum viele weiße Musiker zu Heroin greifen – als stärkstem Beweis, hip zu sein.

Musiker mußten sich, besonders in den Tagen des Jazz, mit einer Unmenge von Problemen rumplagen, persönlichen wie beruflichen. Ständig auf Achse zu sein, brachte unerträgliche Spannungen für die Beziehungen. Man hatte mit Managern, Veranstaltern, Agenten und

Platten-Companies von zweifelhafter Integrität zu kämpfen, mit einem ablehnenden oder unaufmerksamen Publikum; mit dem Zusammenprall der Egos innerhalb der Band; der ständigen Unsicherheit, was zukünftige Aufträge anging; dem Auf und Ab der eigenen Popularität; schlechten Kritiken; dem Leben im grellen Scheinwerferlicht. Für Musiker, die mit all dem nur schwer oder gar nicht klarkamen, bot Heroin eine akzeptable Lösung. Anstatt weiterhin mit vielen Problemen gleichzeitig fertig werden zu müssen, gab es nun nur noch ein einziges Problem – das Heroin, *the habit*. Wie ein Jazzmusiker sagte: Heroin schien in schlechten Zeiten einfach zu helfen.

Von nun an wurde die Idee, durch Heroin mehrere Probleme in eines zu verwandeln, eine um sich greifende Schimäre. Auch stand es der Arbeit nicht im Wege, außer wenn ein Musiker auf der Suche nach einem Fix war. Kein Musiker konnte spielen, wenn er stockbesoffen war, aber viele spielten auf Heroin. Auf jeden Möchtegern-Charlie Parker, der glaubte, sein *Habit* würde ihn in die Lage versetzen, wie der Meister des Sax zu spielen, kamen Hunderte, die dabei draufgingen. Sie begriffen nicht, daß Bird gut spielte, wenn er auf Heroin war, weil er längst abhängig davon war; nur dann fühlte er sich gut genug, um normal zu spielen – das heißt: besser als jeder andere. Er spielte nicht besser, weil er Heroin nahm; er spielte nur normal, weil er sich nicht schlecht fühlte.

Niemand auf Heroin kriegt je Grippe, Husten oder Erkältungen – die Nasalmembranen sind ausgetrocknet. Deshalb verabreicht man Kodein als Hustenmittel. Doch viele Musiker mußten feststellen, daß sie statt Grippe nun ein Heroinproblem hatten. Hinzu kam, daß Heroin die perfekte Lösung war für jene mit zwanghaftem Verhalten – es brachte sofortige Befriedigung. Heroin löste die Sorgen des Alltags oder die Angst, dem Urteil der Öffentlichkeit nicht standhalten zu können. Manche Musiker griffen zur sofortigen Befriedigung durch die Nadel, als sie feststellten, daß sie nicht über Nacht zu Superstars werden würden. Die Furcht vor dem Versagen war nun erträglicher; das entgegengesetzte Dilemma, die Furcht vor dem Erfolg unter den Wohlhabenden und Reichen, war ebenfalls zu ertragen. Der Superstar weiß nicht, wie er es geschafft hat, dahin zu kommen, wo er jetzt ist, vor allem, weil er weiß, woher er gekommen ist; deshalb kann er niemals sicher sein, daß er bleiben wird, wo er jetzt ist; und normalerweise glaubt er nicht, daß er seinen Erfolg in irgendeiner Weise verdient hat.

Was das Heroin für den Jazz war, waren Acid und Gras in der musikalischen und kulturellen Explosion der Sixties. Die Sechziger waren mehr als nur eine einzige große Party; sie waren auch eine tumultartige Zeit der Selbsterforschung und -erfahrung, eine Ära, für immer gekennzeichnet durch ihren Sinn für Feste und Experimente, der sich nicht nur in der Musik, sondern auch in den Drogen der damaligen Zeit spiegelte. Die Siebziger liefen im Grunde auf zweierlei hinaus: Arbeiten gehen und Schlafen, Geld und erfolgreiche Flucht. Es war nur logisch, daß eine der verbreitetsten Drogen damals Quaalude war, ursprünglich ein Schlafmittel. Die Musik der Siebziger paßte zum kulturellen Geschmack und war ein ebensolcher Downer. Drogen zu nehmen war keine Freizeitbeschäftigung und kein Experiment mehr – es war obligatorisch. Es gab sonst nichts zu *tun*. Die Siebziger waren stinklangweilig. Entweder hat man sie verschlafen, oder man hat gearbeitet. Die Leute wollten ihr Bewußtsein nicht erweitern, sie wollten es einschränken.

In den Achtzigern vollzog sich ein interessanter Bruch in der musikalischen Gemeinschaft, der das Drogenphänomen zersplitterte – plötzlich war es wieder *bad news*, Drogen zu nehmen. Entweder hörten die Leute ganz damit auf oder, was genauso häufig geschah, sie versteckten ihren *Habit* und verzogen sich in den Underground. Bis Guns N' Roses daherkamen. Van Halen und Mötley Crüe mögen das hedonistische Image hochgespielt haben, aber niemand nahm sie wirklich ernst. Guns N' Roses zelebrierten das Edikt »live fast, die young«, und sie lebten es ganz offen und direkt.

Als Axl im Oktober 1989 auf der Bühne des Coliseums vor 80 000 Leuten seine Band anmachte, vertrat er einen Standpunkt, der nicht nur genau auf das Problem der Band, sondern der gesamten Musikszene zielte, die sie hervorgebracht hatte. Jeder in der Musikindustrie zuckte zurück, und jene, die es nicht taten, waren dennoch geschockt. Mick Jagger hatte Keith Richards wegen seines Heroinproblems schließlich nie auf der Bühne angegriffen.

Axls Bemerkung jedoch zeigte nur die Spitze eines Eisberges auf.

Das Magazin *Spin* war so interessiert, daß es extra einen Journalisten nach L. A. schickte, um über die Smack Scene zu berichten, aus der Guns N' Roses hervorgegangen waren und die in ihnen, das wurde schnell klar, nun ihre bekanntesten Exponenten hatte. Selbst wenn nicht alle Mitglieder User waren – es gab Hunderte anderer, die so sein wollten wie sie und die wirklich glaubten, der beste und leichteste Weg, dieses Ziel zu erreichen, sei, Heroin zu nehmen. Keith Richards mag inzwischen clean sein, aber Izzy und Slash waren es gewiß nicht. Oder wenigstens wollte niemand das glauben.

Diese anderen Jungs wollen unbedingt Stars sein. Statt dessen werden sie Junkies. Heroin ist keine Droge, von der man nur mal ein bißchen nehmen kann, wie Slash und Izzy schon bald bezeugen konnten. Es läuft auf einen Entweder-oder-Deal hinaus, und die meisten *»weekend joy-poppers«* landen entweder voll auf der Nadel oder hören sofort wieder damit auf. Die Zahl derjenigen, die dennoch meinen, dieses Spiel gewinnen zu können, ist wahrlich erstaunlich, wie der Journalist von *Spin* entdeckte. Jeder in der L. A. Scene weiß, daß 99 Prozent der Leute, die es auf diese Weise versucht haben, eher im Obdachlosenasyl endeten als im Guns N' Roses-Glitter. Und dennoch kaufen und fixen sie weiter, stumm verzweifelt der Tatsache trotzend, daß sie keine Chance haben.

Niemand scheint zu wissen oder eingestehen zu wollen, wer zuerst da war – die ungeheure Junkie Scene unter der musikalischen Elite des Hardrock, die Guns N' Roses hervorbrachte (was nicht heißen soll, daß alle Mitglieder auf Smack waren), oder Guns N' Roses mit der Rindviecher-Parade ihrer Nachahmer im Schlepptau. Die Antwort liegt wahrscheinlich in der Mitte. Heroin erfreute sich seit der Explosion des Punk in den frühen Achtzigern wachsender Popularität in der L. A. Scene. Zum Image des dekadenten Anti-Hero gehörte Smack schon lange vorher und noch ehe die Punks es entdeckten. Trotz ihrer Absicht, alles Ältere und mehr Etablierte abzulehnen und zu zerstören, fanden die Punks heraus, daß es ihnen gefiel. Einer der ersten Punks, Darby Crash von den Germs, starb an einer Überdosis Heroin. Doch das nahm dem Heroin nichts von seiner Popularität, im Gegenteil: Die Beliebtheit des Stoffes stieg sogar noch. Und wuchs weiter, als die Mitglieder von Guns N' Roses sich in L. A. als Band zusammentaten.

Ein besoffener Slash erweist den Anwesenden bei den American Music Awards sein eigenes »special thanks«. »Es war ein sehr feiner Wein«, sagte jemand, der die Vorliebe der Band für einen bestimmten Chardonnay kannte. *(Foto: Ron Wolfson/London Features International)*

»Heroin war in den frühen Achtzigern schwer angesagt unter den Punks in L. A. Und dann ließ das für eine Weile wieder nach, *right*?« fragte Axl einen Journalisten. »Und plötzlich, mit dem Heavy Metal, ist es wieder voll da gewesen? Nun . . . Izzy hat dafür gesorgt!« Axl lacht, aber nur halb im Scherz.

Nachdem Guns N' Roses in der Szene aufgetaucht waren, machte das Wissen, daß vier von ihnen »drauf« waren, das Junkie-Dasein noch attraktiver, natürlich in negativer Art und Weise. Von Anfang an wurde unter den Fans, die nicht damit beschäftigt waren, der Sucht ihrer Helden nachzueifern, spekuliert, welches Mitglied der Band als erstes sterben würde. Hunderte konkurrierender Musiker tauchten tief ins Smack und hofften, dadurch dieselbe Art alchemistischer Transformation vom hungernden Nobody zum Superstar zu erreichen. Einige wenige schafften es sogar, doch die meisten fanden sich in einer Zelle wieder, zu der sie keinen Schlüssel hatten. *Bad Boys* wollten sie sein, *echt* nach dem Gesetz der Straße; sie wollten die Jungs sein, die brave Girls nicht mit nach Hause nehmen wollen, um sie ihren Eltern vorzustellen. Doch trotz des ganzen Geredes von Freiheit wurde eine alarmierende Zahl an Musikliebhabern von eben jener Sache versklavt, die sie einst vergöttert hatten.

Es passiert leicht, daß man während der plötzlichen Lawine des Erfolges Panik kriegt oder daß man das Verlangen nach Ruhm hat und sich doch gleichzeitig davor fürchtet, Angst hat, als untalentierter Hochstapler enttarnt zu werden. Dieses Dilemma gehört seit Anbeginn untrennbar zum Musikbusiness. Angst vor dem Versagen ist die naheliegendste Quelle für Unsicherheit und Furcht, und Drogen dienen dabei sehr häufig als sich selbst erfüllende Untergangsprophezeiung. Wenn eine Hürde genommen ist, wartet bereits die nächste. Fast noch schlimmer als die Angst vor dem Erfolg ist die Angst vor dem Verlust der Popularität. Wie schwer es auch gewesen sein mag, es bis an die Spitze zu schaffen – es scheint noch unmöglicher, sich dort oben zu halten.

Drogen löschen diesen Konflikt aus. Zwar wird der Schmerz durch die Konzentration auf die Sucht gestoppt, doch die Drogen stoppen auch die kreativen Ströme. Und so nimmt der Künstler Drogen, die ihm helfen sollen, kreativ zu sein; die Drogen wirken, dann nimmt er Drogen, um mit der Welle des Erfolges klarzukommen (oder des

Versagens), und er nimmt Drogen, um mit einem solch instabilen Leben fertig zu werden; und schließlich nimmt er Drogen, weil es einfacher ist, mit seinem Drogenproblem umzugehen, als mit all den anderen Problemen. Guns N' Roses haben wiederholt von den Schwierigkeiten berichtet, die sie hatten, mit all dem Ruhm und seinen begleitenden Konflikten klarzukommen.

Im Sommer 1990, kurz vor einem unglückseligen Rendezvous der Band in Chicago, wo sie Songs für ihr längst überfälliges zweites Album einüben sollten, gab Axl ein Interview. Als er auf das noch einzuspielende Album angesprochen wurde, antwortete er zuerst, alles laufe prima, dann bezeichnete er die ganze Sache als hart, dann wieder meinte er, alles sei okay, schließlich sagte er: »Es sei denn, wir bringen uns vorher gegenseitig um.«

Minuten später fügte er hinzu: »Wir haben lange gebraucht, um *Appetite for Destruction* wegzustecken.« Später gibt er zu verstehen, daß es ihm wohl doch noch nicht ganz gelungen ist: »Ich hoffe, das neue Album ist noch erfolgreicher, weil ich *Appetite* einfach begraben will. Ich mag die Platte, aber ich kann sie nicht mehr hören. Ich will nicht mein ganzes Leben lang an dieser einen Platte hängen – ich muß sie begraben.«

Dann verriet er, was wirklich los war. »Ich denke, damals waren wir gar nicht vorbereitet auf diesen gigantischen Erfolg. Beim nächsten Album wird es darum gehen, mit all dem klarzukommen und am Leben zu bleiben . . .« Es schien, als wollte Axl sagen, daß der Erfolg oder eine Menge der Dinge, mit denen er jetzt zu tun hat, viel härter waren, als er sich je erträumt hatte. Axl fuhr fort:

> »Es kann dich bei lebendigem Leib auffressen. Weißt du, ich meine, wir haben ja nie gewußt, wie man mit Geld umgehen muß und all das. Unsere Familien hatten kein Geld. Wir waren vollkommen unerfahren, und jetzt müssen wir oben an der Spitze klarkommen. Du mußt lernen, das Business zu beherrschen, und da gibt es ständig irgendwelche Leute, die verdammt schnell sind, wenn du es am wenigsten erwartest, und einen neuen Plan aushecken, wie sie an dein Geld rankommen können. Also haben wir uns die ganze Zeit mit dem Business rumgeschlagen, statt an neuen Songs zu arbeiten, weil wir versuchen mußten zu überleben und nicht zu verlieren, was wir haben, was wir erreicht haben.«

Im Frühjahr 1990 in Paris, Monate nach dem geplanten Start für die Arbeit am neuen Album, wurde Izzy von einem englischen Journalisten in die Enge getrieben und gefragt: »Wie geht's denn den anderen Mitgliedern von Guns N' Roses im Moment?«

Izzy, der gegenüber der Presse Schüchternste aus der Band, stammelte: »Na ja . . . äh . . . Axl ist von uns allen im Moment wahrscheinlich am besten . . . äh . . . körperlich beisammen. Slash? Ich hab' gehört, es geht ihm besser, weißte. Hab' ihn schon seit drei, vier Wochen nicht mehr gesehen, hab' aber gehört, daß es ihm jetzt bessergeht . . . Er scheint jetzt zu kapieren, daß jetzt, wo wir das neue Album machen müssen . . . äh . . . das ist so eine Phase, wo er durchhalten muß, right. Was er vorher nicht geschafft hat, so wie er sein Leben lebt.«

Der Journalist wird genauer: »Ist euer Drummer, Stevie, nicht letztes Jahr wie ein Jojo rein und raus aus diversen Entzugskliniken?«

Auf eine so direkte Frage schien Izzy nicht gefaßt zu sein. »Ähh . . . wer? . . . Stevie? Äh . . . wenn einer in der Band mal zu sehr vollgedröhnt ist, dann sorgt manchmal unser Manager dafür, daß . . . Nein. Nein, ich meine, yeah, gut möglich, daß Stevie das ein paarmal durchgezogen hat, yeah.«

Der Interviewer ließ nicht locker und hakte aggressiv nach. »Bist du im Moment drogenabhängig?«

Izzy schwafelt, überrascht, dann ernst, verwirrt: »Äh . . . abhängig . . . Das Wort ist ziemlich heavy. Kommt ganz drauf an . . . (lange Pause) Meinst du körperlich oder mental?« Spielt das eine Rolle? Weiß Izzy nicht, daß er die Frage beantwortet hat, indem er einer konkreten Antwort ausgewichen ist? Der Interviewer scheint jedoch mit der gerissenen Junkiementalität vertraut, dreht die Daumenschraube noch weiter an und stellt Izzy die Frage, die er nun ganz bestimmt nicht hören will.

»Bist du körperlich abhängig von harten Drogen?«

Izzy weiß eindeutig nicht, was er darauf antworten soll. Nein kann er nicht sagen, weil das eine Lüge wäre, etwas, das Izzy, was man ihm zugute halten muß, höchst unangenehm ist, und ein Abstreiten würde auch genau dem Image widersprechen, das die Gunners mit solcher Mühe und solchem Einsatz etabliert haben.

»Hör zu, ich kann nicht mal ... Ich werde nicht ... Ich bin okay. Alle bei uns in der Band sind okay. Ich meine, dauernd labern alle über diese Scheiße. Ich meine, ich habe nie was über Drogen gesagt. Jeder muß seine eigenen Grenzen kennen. Mehr will ich dazu nicht sagen.« Der letzte Satz ist exakt das, was Keith Richards zu sagen pflegte, wenn ihn Leute mit seinem Drogenproblem konfrontierten.

Dann versucht Izzy, sich selbst und die Band in dieser besonderen Phase ihrer Karriere zu beschreiben: »Das ist so ein verdrehtes und verrücktes Ding für uns alle.«

Als die von der Presse so bezeichnete »würdelose« Weise erwähnt wird, in der sie mit ihrem Erfolg umgehen, antwortet Izzy: »Fuck them! Was wissen die denn schon? ... Fuck, Mann, es ist ja gar nicht der Erfolg, mit dem man so schwer klarkommt, sondern ... äh ... das andere.« Das andere? Welches andere? Höchstwahrscheinlich meint er damit das Drogenproblem. Aber die Schuld daran hatte er doch angeblich zuerst dem Erfolg und den damit verbundenen Problemen in die Schuhe geschoben. Jetzt streitet er ab, daß der Erfolg ein Problem ist, und will uns dann obendrein noch weismachen, auch »das andere« sei keines.

»Aber wir haben die Sache jetzt im Griff«, fügt er hinzu, ohne irgendwelche Schuld einzugestehen. »Wir werden diese Platte machen und dann einfach ... *keep movin', y'know.*« Im Jargon der Drogen- und Alkoholprogramme ist diese Verhaltensweise als Verleugnen bekannt. Im Street-Jargon bedeutet es schlicht *Bullshit.* Nicht notwendigerweise absichtlich – aber in jedem Fall falsch.

In einem Interview zu einem späteren Zeitpunkt wird Slash mit der Frage konfrontiert, was in Chicago los war, als die Band mit der Arbeit an ihrem neuen Album anfangen sollte. Die Sache lief nicht besonders gut; Tatsache war: Es lief absolut mies. Slash und Duff soffen vom ersten Tag an, und Steve und Izzy wandten sich den entsprechenden Drogen ihrer Wahl zu. Axl war zu dieser Zeit der einzige, der nicht zu Drogen griff, um mit der Enttäuschung klarzukommen, daß sie mit keinerlei neuem Material aufwarten konnten. Die Band fiel auseinander und kehrte schließlich nach L. A. zurück, um abzuchecken, wie groß der angerichtete Schaden war.

Zumindest für einen aus der Band ging der Trouble noch weiter, und zwar während des Fluges via Indiana nach L. A. Ein betrunkener

Für Axl hieß es: Entweder Knast oder Klapsmühle. Oder die Bühne.
(Foto: Chris Lee Helton/Retna Ltd.)

Izzy wurde verhaftet, weil er in die Küchenzelle des Flugzeugs uriniert hatte, was Schlagzeilen rund um die Welt machte. Obwohl Izzy ein Erster-Klasse-Ticket hatte, wurde er erst mal auf die Warteliste gesetzt, ehe man ihn dann doch an Bord ließ. Für das Personal der Airline sah er eher aus wie ein schlampiger, unerwünschter Penner, nicht wie ein Rock Superstar. Als die Maschine in der Luft war, kippte sich Izzy zu und wollte dann, weil er dringend *mußte*, auf die Toilette in der Ersten Klasse. Das Flugpersonal verwies ihn ans andere Ende der Maschine, wo aber bereits eine lange Schlange wartete. In seiner Not sah sich Izzy um und pinkelte schließlich in das nächstbeste, was das Flugzeug bot – in die Bordküche. Von Slash sind keine Vorwürfe an die Adresse seines Kumpels zu erwarten, er würde seinen Gitarren-Kollegen nicht anklagen. Weil er das nämlich nicht kann. Er ist nicht in der Position dazu. Slash hat, zugegebenermaßen, auch schon an einige sehr unpassende Plätze gepißt.

»Ich will Izzy nicht runtermachen deswegen, weil das unfair wäre. Ich hatte auch schon meine Probleme. Ich habe zuviel gesoffen früher, locker 'ne halbe Gallone Wodka am Tag. Ich war an dem Punkt, wo ich echt schlimm gesoffen habe. Am nächsten Morgen war ich so übel drauf und hab das Zittern gehabt, daß ich erst mal einen großen Wodka mit Preiselbeersaft brauchte, um überhaupt irgendwas auf die Reihe zu kriegen.«

Dann ruft Slash die Zeit wach, kurz bevor *Appetite* losging: »Wir haben gedacht, wir hätten da 'ne Platte gemacht, die so gut laufen würde wie Motörhead, mehr nicht. Unserer Meinung nach war die Scheibe total unkommerziell. Keiner wollte was davon wissen. Echt.« Slash erzählt, wie verrückt es ist, den einen Tag noch aus der Sporttasche zu leben und sich dann von heute auf morgen daran zu gewöhnen, daß man nicht mehr on the road ist. »Und dann schoß die Platte durch die Decke, ich meine, das war eine große Veränderung für uns alle, und jeder hatte seine eigene Art, damit umzugehen. Ich habe angefangen, eine Menge Drogen zu nehmen und zu saufen, um die ganze Sache zu überdecken . . .«

Damit scheint Slash andeuten zu wollen, daß on the road mit Alice Cooper, der Guns N' Roses Tour nach Erscheinen des Albums, nicht so viel Drogen und Drinks im Spiel gewesen seien – doch das war nicht der Fall. Einige Mitglieder aus Alices Tour Crew berichteten,

Guns N' Roses seien drauf und dran gewesen, sich durch ihren Drogen- und Alkoholkonsum kaputtzumachen. Alice, der selbst mal Alkoholiker war und zu Beginn der Tour noch gar nicht so lange runter von der Nadel, soll gesagt haben, daß es ihn nicht überraschen würde, wenn einer der Jungs die Tour in einem Sarg beenden sollte.

Slash fuhr fort: »Ich habe die ganze Zeit damit zugebracht, auf meiner Gitarre zu spielen und stoned zu sein. Bei Steven war das nicht viel anders, aber im Gegensatz zu mir steht er auf Partys, er treibt sich gern rum und will seinen Spaß. Izzy ist da mehr wie ich, wir sind uns sehr ähnlich. Axl findet diese phantastischen Situationen, die niemand sonst finden würde. Nur Duff, der ist auf dem Boden geblieben, verheiratet und häuslich.« (Aber nicht lange. Am 1. April 1990 reichte Duff die Scheidung ein. Am 1. Mai 1990 heiratete Axl. Am 15. Mai 1990 reichte Axl die Scheidung ein. Am 1. Juni 1990 widerrief Axl den Scheidungsantrag. Im Janur 1991 wurde die heftige Ehe offiziell annulliert.)

Nun ein Schwenk zu Duff und Slash, die anläßlich der live ausgestrahlten Verleihung der American Music Awards 1989 breit und fluchend auf der Bühne stehen. Das Lustige daran ist, daß es bei der Preisverleihung gar keine Bar gab. Als man sie mit dieser Information konfrontierte, lallte einer von beiden: »Es war nur ein bißchen Wein«. Worauf der andere ergänzte: »Aber es war ein sehr feiner Wein!«

Anfangs versuchte Slash, mit der Hilfe seines Managers vom Heroin runterzukommen. Es ist kein Geheimnis, daß er in einer offenen Entzugsklinik auf Hawaii war, und zwar mehr als nur einmal. Bei seinem letzten und am längsten währenden Entzug verabreichte er sich selbst Buprinex, einen nicht abhängig machenden Schmerzkiller. Ungefähr ein Jahrzehnt zuvor gab es einen kleineren Wirbel in der Presse, und die Berichte priesen das Medikament als den endgültigen Durchbruch im Heroinentzug. Dann hörte und las man eine Weile lang nichts. Das Problem dabei? Einige Junkies entdeckten, daß sie Buprinex genauso gern mochten wie Heroin.

Während der Verleihung der American Music Awards sagte Slash »fuck« vor laufender Kamera – Dick Clark, der Moderator der Show, war außer sich. Ebenso ABC. Besonders beleidigt aber reagierte ein

Radiosender, der eine ganze Woche lang die Songs von Guns N' Roses aus dem Programm strich, was Kurt Loder von den MTV News zu dem Kommentar verleitete: »Was mal wieder beweist, daß sie durchkommen, wenn sie Worte wie Schwuchtel oder Nigger in der Öffentlichkeit gebrauchen, aber ein geläufiges Wort mit vier Buchstaben reicht schon aus, daß sie aus dem Radio verbannt werden.« In einem der ersten Cover-Story-Interviews gab man Axl die Chance, mit seinem Ruf als heavy User aufzuräumen. Anders als Izzy, der alles abstreitet oder Slash, der es mittlerweile vorzieht, seine Probleme zu begraben, schoß Axl voll aus der Hüfte.

»Ich habe eine andere körperliche Konstitution und Haltung gegenüber Drogen als jeder, den ich in Hollywood kenne. Ich bin zwar nicht abstinent, was Drogen betrifft, aber ich würde es auch nicht zulassen, daß ich mir eine abgefuckte Abhängigkeit einhandle. Ich würde das nicht zulassen.« Wahrscheinlich meint er damit die Erkenntnis der Anonymen Alkoholiker und anderer Zwölf-Stufen-Entzugsprogramme, wonach Stufe eins lautet, daß man machtlos gegen Drogen und Alkohol ist und deshalb *nie* auch nur *irgendwas* nehmen kann, also keinerlei Drogen, keinerlei Drinks, keinerlei Chemicals, ganz gleich welcher Art und Menge – kurz: »nichts, was dich vom Hals aufwärts anmacht«, um präzise zu sein. »Ich könnte mir drei Tage lang Koks reinziehen, und mein Verstand sagt mir: Fuck no. Ich weiß dann, daß mein Körper es braucht; ich weiß es, weil ich es körperlich fühle, und an diesem Tag werde ich dann kein Koks mehr anrühren.

Ich tue es deshalb nicht, weil ich weiß, daß ich, wenn ich es doch tue, nicht in der Lage sein werde, meine Ziele zu erreichen, die ich mir mit dieser Band gesteckt habe.« Was nicht nur aufrichtig ist, sondern obendrein gut beobachtet und selbstdiszipliniert bis ins Extrem. »Ich kann mich nicht so sehr ans Koksen hängen, wie ich an dieser Band hänge. Dasselbe ist es bei Heroin. Ich hab's mir mal drei Wochen in einer Tour reingezogen und hatte so ziemlich die beste Zeit meines Lebens.« Wieder Axls Aufrichtigkeit – schwer zu sagen, ob das nun mutig ist oder ignorant, aber es ist sicherlich wirkungsvoll. »Ich war mit diesem Girl zusammen; wir waren in diesem wunderschönen Apartment, wir haben dagesessen, haben uns Led Zeppelin angehört, Drogen genommen und gefickt. Es war großartig, weil ich zu dieser Zeit nichts weiter zu tun hatte als auf meinem Arsch zu hocken und ein paar Anrufe pro Tag zu erledigen. Am Samstag habe ich dann aufgehört, weil ich am Montag wichtige geschäftliche Dinge zu erledigen hatte. Ich hab' mich wie Scheiße gefühlt, hab geschwitzt, gezittert, aber Montag war ich wieder hundertprozentig fit.«

Ende 1990 ist Axls Blick klar, er spricht leise, ist höflich und immer professionell, sei es zusammen mit Hanoi Rocks Frontman Michael Monroe auf der Bühne des »Whiskey« vor vierhundert Leuten oder mit den Rolling Stones in Atlantic City vor einem Live-Publikum von 17 000 und weiteren zwanzig Millionen an den Bildschirmen. Das einzige, was ich Axl damals habe trinken sehen, war Coca Cola.

Als er im Herbst 1989 zusammen mit Wes Arken, seinem Songwriter Buddy, in New York war, nahm man an, er würde dort Songs schreiben. Aber er schrieb keine Songs, er trieb sich rum, feierte harte und ausschweifende Partys; eine Nacht jammte er mit einigen Jungs von The Cult, in der nächsten Nacht zog er durch die Clubs – aus dieser Zeit scheint so ziemlich jeder seine eigene »Axl-ist-total-zu«-Story zu haben. Axl hatte mal von Truman Capotes Theorie gehört, wonach es denkbar sei, daß ein Mensch in New York sechs getrennte Existenzen haben könne, ohne daß die sich gegenseitig berühren. Nun hatte er beschlossen, mal zu schauen, ob der alte Löwe der Literatur von der Ostküste damit recht hatte. Drei, vier Wochen lang schaffte er es, bis er schließlich zur gleichen Zeit mit sechs Personen an sechs unterschiedlichen Orten hätte sein müssen; das war der Punkt, an dem er entschied, daß er die Nase voll hatte, und sich schleunigst aus New York verzog.

Im Mayflower Hotel, wo Axl während dieser Zeit wohnte, wurde folgender Dialog mitgehört:

Junges taiwanesisch aussehendes Teenage Girl: »Was ist los? Warum hast du mich nur einmal gefickt?«

Als sich die Tür des Fahrstuhls schloß, hörte jemand einen von den Teilnehmern an Axls privater Party sagen: »Weil er heute schon fünf andere gefickt hat.«

Als man Axl fragte, wie es die Band schaffe, mit dem Erfolg umzugehen, antwortete er: »Plötzlich hast du es mit Executives der Majors zu tun und Leuten aus dem Business und von MTV und was weiß ich mit wem. Du fängst an, einer von denen zu werden, gegen die du eigentlich warst. Du mußt mit ihnen zusammenarbeiten. Sie

Slash, eine Rock'n'Roll-Kreuzung aus dem Mad Hatter und Cousin It.
(Foto: Joe Bangay/London Features International)

sind deinetwegen da und machen Druck, also mußt du was produzieren. Nur fuck off zu sagen, um einfach fuck off zu sagen, damit schneidest du dir selber die Kehle durch.«

Was die Beziehung zwischen dem Erfolg und dem Drogen- und Alkoholkonsum der Band betrifft, erklärt er:

> »Wenn du mit dieser Art Verantwortung umgehen mußt, dann ist es hart, die ganze Zeit 'ne wilde Zeit zu haben. Guns N' Roses mußten damit klarkommen seit dem Tag der Vertragsunterzeichnung. Slash würde wahrscheinlich nicht so viel trinken, wenn es nicht seine Möglichkeit wäre, mit all diesen Leuten zurechtzukommen. Er schafft es, still und leise seine Flasche zu trinken und dabei mit den Leuten zu reden. Ich dagegen, wenn ich besoffen bin, ich sage den Leuten: ›Scheiße, verzieht euch endlich, raus aus meinem Haus!‹ Sobald ich breit bin, wird mir klar: Verdammt, die letzte Woche mit dem ganzen Businesskram, das ist doch echt nur langweilig gewesen. Und dann will ich am liebsten irgendwen killen. Ein anderer Grund ist, daß Guns N' Roses eine Weile total straight sein und alles nach Wunsch abliefern können, und mit einem Schlag heißt es: ›Fuck it, ich halte diese Scheiße nicht mehr aus‹, und das war's dann. Wir sind immer auf der Kippe. Und daß wir so auf der Kippe sind, das jagt den Leuten Angst ein – sie freaken aus und solche Sachen.«

Und laut Axl sind auf diese Weise auch die ganzen »Axl-ist-tot«-Gerüchte in die Welt gesetzt worden. »Sie denken, vielleicht ist es wahr, was sie gehört haben, oder sie reden sich so lange ein, daß wir tot sind, bis sie es glauben.«

Auf seinen eigenen Drogenkonsum angesprochen, reagiert er schließlich auf eine Weise, die zeigt, daß er sich der an ihn gerichteten Ermahnungen, er möge doch etwas mehr Verantwortungsgefühl zeigen, zumindest bewußt ist, und so, als solle es ein Amendment für seine Äußerungen kurz zuvor sein, schließt er mit den Worten: »Mein Ratschlag lautet: Paß auf, daß du nicht abhängig wirst, benutze nie die Nadel eines anderen, und laß Drogen nicht zur Voraussetzung dafür werden, daß du deinen Spaß hast. Was immer du auch tust, mach es mit Maß, und sei vorsichtig.«

Was gar nicht so weit davon entfernt ist, diejenigen zu beschwichtigen, die von ihm verlangen, er solle sich seiner Vorbildfunktion mehr bewußt werden. Doch seine Gegner kapieren eines nicht: Axl ist deshalb zu so etwas wie einem Sprecher für sein Publikum geworden, weil er aufrichtig ist – weil er sich nicht kaufen läßt, weil er keine Kompromisse eingehen würde, weil er die Dinge beim Namen nennt, so wie er sie sieht.

Ich würde in ihrem Interesse argumentieren, daß Leute nicht etwa deshalb Drogen nehmen, weil sie unsensible Kretins sind – oft ist es das genaue Gegenteil.

Sie nehmen Heroin, weil sie übersensibel sind, und ich würde mal vermuten, daß hinter all dem Haar, das Slash versteckt, eine empfindsame Seele zu finden ist, die zu oft zu viel fühlt und einen Schutzschild braucht, eine Art Gaze, durch die er auf die Außenwelt schauen kann. Heroin dient einer interessanten doppelten Absicht des Künstlers, besonders gilt das für den Rockstar der heutigen Zeit, denn Heroin zu nehmen ist zum einen ein Weg, jede Schmerzempfindung in einem System abzutöten, das zu zerbrechlich und sensitiv ist, um diesen Schmerz zu ertragen. Und zum zweiten sieht es für den Außenstehenden, den reinen Betrachter, wie Draufgängertum und cooler Wagemut aus, und das ist ganz sicher attraktiver als die Realität der Verletzbarkeit. Ein Image von Verletzlichkeit mag ja okay sein für einen Folkmusiker oder middle-of-the-road Singer/Songwriter, aber in der heutigen Hardrock Scene, wo Angeberei und *»attitude«* zählen und der Held in der Verbannung verehrt wird, bringt es das einfach nicht.

Neueres Beweismaterial zeigt auf, daß einer Person, die nicht von mentalen Deformationen geplagt ist, Heroin so gut wie keinerlei Hochgefühl bietet. Von fünfzig, die diese Droge ausprobieren, werden nur ein oder zwei sie mögen – und dann lieben. Den meisten wird es bloß schlecht. Jetzt wissen wir auch, warum das so ist – Endorphine sind körpereigene Opiate, tausendmal stärker als Morphium. Menschen mit einer normalen Endorphin-Produktion brauchen keine zusätzliche Hilfe durch Opiate; es gibt eine neue Theorie, die besagt, daß Menschen, die positiv auf Heroin reagieren, auch eine unnormal niedrige Produktion an Endorphinen haben. Diese Erkenntnis erklärt auch das Entzugsgeheimnis. Wenn jemand den körpereigenen Endorphin-Pegel mit zusätzlichen Opiaten erhöht, dann wird die Notwendigkeit des Körpers, Endorphin zu produzieren, immer weiter reduziert, bis die Produktion ganz eingestellt wird. Wird die Menge der zugeführten Opiate gekürzt, so treten Entzugserscheinungen auf, bis der Körper die Produktion wieder aufnimmt – ein Prozeß, der meistens drei bis vier Tage andauert. Opiate sind nicht »inhärent attraktiv«, wie eine Studie in England schlußfolgerte, und bereits zu einem früheren Zeitpunkt, im Jahre 1925, wurde eine andere Studie veröffentlicht, die zeigt, daß »die Intensität des Wohlgefühls, hervorgerufen durch Opiate, in direkter Proportion zum Grad der Pyschopathie einer Person steht, die abhängig wird« (Robert Anton Wilson in *Sex and Drugs*).

Auf das normale Individuum scheint Heroin keinen größeren Effekt zu haben als ein Tranquilizer, aber es schafft ein definitiv wohliges Hochgefühl für den ernstlich Gestörten. Die einzige Theorie, die gemäß dieser Folgerung gelten kann, ist die, daß Heroin ein Schmerzkiller ist und keinerlei besonderes Hochgefühl bringt; was der User als »gutes Gefühl« erlebt, entspricht dem, was normale Menschen die meiste Zeit über ohnehin empfinden; für den User tritt dieses Gefühl deshalb wie ein Blitz auf, weil sein ursprünglicher Zustand der eines akuten Unwohlseins und Elends ist. Wobei letzteres wahrscheinlich am meisten zutrifft. Heroin wirkt als psychologischer Schmerzkiller für jene, die potentiell Süchtige sind. Es macht ihr Leben erträglicher.

Es existieren sogar, zusammengefaßt in einem Buch mit dem schlichten Titel *Drugs*, Belege dafür, daß Heroinabhängige Menschen sind, die vor ihrer Abhängigkeit auf dem besten Wege in die Schizophrenie waren. In gewisser zellchemischer Weise hat ihre Heroinsucht diese Psychose gelindert. »Gut möglich«, kommentiert der Autor ironisch, »daß der einsetzende Psychotiker, der die Droge gewählt hat, damit in einer besseren Position ist als jemand, der versucht, allein damit klarzukommen.« Abhängige medikamentieren sich demnach nur selbst, diagnostizieren und behandeln ein Problem, das niemand sonst bis jetzt artikuliert hat (Peter Laurie in *Drugs*).

Ein Argument für die Macht des Heroins, emotional gestörten Menschen Linderung zu verschaffen, stammt vom Psychiater R. D. Laing, der in seinem Buch *Das geteilte Selbst* argumentiert, daß viele gestörte Menschen, die sich dem Heroin zugewendet haben und sogar abhängig wurden, damit eine wirklich sensible Wahl trafen. Für sie

Von links nach rechts: Steve, Izzy, Duff, Axl, Slash und ein Faß Bud.
(Foto: Geffen Records)

mag es die Wahl gewesen sein zwischen dem Leiden an einer akuten Psychose auf der einen Seite und Heroin zu nehmen auf der anderen. »Einigen Menschen«, schreibt Laing, »scheint Heroin die Möglichkeit zu bieten, von der herumwirbelnden Peripherie des Gyroskopen hinweg näher an das ruhige Zentrum ihres Selbst zu treten. In der ätherischen Welt des Geistes und der Emotionen scheint die Wahl zwischen Heroin und Psychose eine leichte.«

1972 unterstützte der beratende Psychiater Dr. A. Mitchell aus Cambridge, England, diese Theorie. »Ich bin überzeugt, daß der Drogenkonsum bestimmte prädisponierte junge Menschen vor einem Zusammenbruch in eine ernstliche mentale Krankheit bewahren kann. Es ist, als ob die Tatsache, abhängig zu sein, eine Identität bietet, ohne die die junge Person in eine Psychose abgleiten könnte ... Hier besteht die Wahl darin, entweder für einige Jahre Drogen zu nehmen, mit all den bekannten Gefahren, oder in eine psychiatrische Anstalt gehen zu müssen, mit dem Risiko, zu einem Langzeitpatienten der Psychiatrie zu werden.«

Wie einem jeder Junkie erzählen kann, ist Heroin keine Droge, die dich verrückt werden läßt. Wie die guten Ärzte aufzeigen, kann es sogar im Gegenteil dafür sorgen, daß man gesund bleibt. Wenn du es nicht kriegst, wenn du es brauchst, dann magst du dich vielleicht wie ein Verrückter aufführen, und es geht dir schlecht. Aber wenn es darum geht, wirklich durchzudrehen, wenn es um den »Wahnsinn, der den Mond anheult« geht, in der Art wie »Ich komme nicht mehr zurück in die Realität«, dann kann nichts, aber auch *gar nichts* mit Kokain mithalten. Niemand scheint dem ernsthaft zu widersprechen. Reiche Junkies haben es hier leichter als arme Junkies. Steigt bei einem armen Junkie die Toleranzschwelle gegenüber Heroin so weit an, daß er über den Punkt hinaus ist, wo er es sich überhaupt noch leisten kann, wird er versuchen, auf kalten Entzug zu gehen und seine Abhängigkeit wieder auf einen Level zurückzuführen, *das* er sich leisten kann. Ein wohlhabender Junkie dagegen, der mit solchen ökonomischen Faktoren nicht konfrontiert ist, jemand wie Slash beispielsweise, wird einfach ein bißchen Koks zusammen mit Heroin auf den Löffel geben, damit er einen »little lift« kriegt. Nur, das Problem am Kokain ist, daß es hier so was wie »little« nicht gibt. Aber lassen wir Slash selber zu Wort kommen.

Im Herbst 1990, gut ein halbes Jahr nach dem Tod seiner Großmutter und dem Ende der Konzerte mit den Rolling Stones in L. A., gab Slash schließlich zu: »Vor und nach den Gigs habe ich mich immer mit meinem Dealer getroffen. Ich hatte mir ein Versteck in meinem Hotelzimmer gebaut. Axl flippte wirklich aus wegen der ganzen Geschichte, aber was mich betrifft: Mir ging's blendend. Wenigstens liefen die Gigs über die Bühne.«

Was er Besonderes gemacht hat? Speedballs, Heroin und Kokain. Junkies meinen, wenn Gott was Besseres erfunden hat, dann hat er es für sich behalten.

Und was war mit diesem leidenschaftlichen kleinen Anti-Drogen-Rap, den Axl an diesem Abend auf der Bühne brachte?

»Ich wär' um ein Haar von der Scheißbühne gegangen«, erinnerte sich Slash mit mehr als nur einer Spur von Bitterkeit. »In diesem Zustand war das wie: ›Fuck you, you dick!‹ Aber ich denke, er war auch ein wenig eingeschüchtert durch den Gig. Axl zieht immer so was durch, wenn er was vermeiden will.« Aber hatte Slash nicht versprochen, clean zu werden?

Er machte sich auf zu einer Kurklinik in Arizona, wo man kurz zuvor Ringo Starr und seine Frau erfolgreich vom Alkohol losgekriegt hatte; die Klinik konnte eine hohe Erfolgsquote aufweisen, was ihre berühmten Patienten betraf. Vorausgesetzt natürlich, diese Kunden kamen dorthin, um sich wirklich kurieren zu lassen.

»Na logisch«, erzählte Slash, »habe ich zehn Gramm Koks mitgenommen. Ich habe dem Fahrer gesagt, er soll bei einem Restaurant anhalten und mir Silberbesteck besorgen, und er kam mit Messer und einer Gabel an. Ich sagte: ›Nein, das *komplette* Besteck . . .‹ Was heißt: mit *Löffel*.«

Die Menge an Kokain, die Slash nahm, begann, Halluzinationen hervorzurufen, und eines Tages, in seinem Hotelzimmer, phantasierte er ein Klopfen an der Tür und Männer mit Knarren, die ins Zimmer stürmen – ein vertrautes Szenario für jeden Kokser, der das Zeug raucht oder spritzt.

»Ich bin total ausgeflippt«, sagte Slash nur. Er zertrümmerte die Glasscheibe der Dusche, erschreckte ein Zimmermädchen zu Tode, rannte blutüberströmt und nackt hinaus und schrie, in seinem Kopf sei die heilige Hölle ausgebrochen. Zum Glück für den Rockstar intervenierten einige seiner Freunde, und Slash kam noch mal um den Knast herum. Oder um die staatliche Psychiatrische Anstalt. Oder das Leichenschauhaus.

»Eigentlich müßte ich jetzt tot sein«, sagte er ziemlich vernünftig. »So schlimm war das.

Ich schätze, ich hab' immer geglaubt, mich kann nichts umhauen«, gab er zu. »Und wenn ich mal sterbe, habe ich gedacht, dann ist mir das auch egal. Ich habe mir ziemlich oft 'ne Überdosis verpaßt, bin wieder aufgewacht und hab' gesagt: ›Was ist passiert?‹ Aber schließlich haben die Leute, die mir nahestehen, mir klargemacht . . .«

. . . Daß es schlimmer wurde und nicht besser. Konfrontiert mit dem wahren Bild, fing Slash eine Kur an, so daß er rechtzeitig zum neu festgesetzten Start Date für das neue Album clean sein würde. Buchstäblich zum ersten Mal seit Monaten wieder ganz bei sich und drogenfrei, war folglich nicht nur seine Empfindsamkeit viel höher als sonst und alles um ihn herum und er selbst so viel intensiver als normalerweise – auch seine Kreativität erhielt neuen Schub. So war Slash in der Lage, das, was ein sehr ungemütlicher Prozeß der Rehabilitation hätte werden können, zu einem künstlerischen Triumph anzukurbeln. Und ein erleichterter Axl Rose wuchs mit dieser Situation über sich selbst hinaus.

Nun könnte man argumentieren, daß jemand, der von Anfang an aufrichtig gegen sich selbst ist oder mit der Allgegenwärtigkeit des eigenen »Ich« in Berührung kommen kann, daß der es überhaupt nicht nötig hat, Drogen zu nehmen. Diese Person bräuchte sie nicht, um die Pforten der Kreativität und der Wahrnehmung zu öffnen, und sie würde auch keine Drogen nötig haben, um mit unterdrückten Wünschen und Neurosen umgehen zu können, kurz gesagt: Sie würde sie nicht brauchen, um ein wirklich kreatives Leben zu führen – was die meisten nicht tun, auch wenn dies ihre erklärte Absicht ist. Der wahre Effekt, den Drogen im Leben einer kreativen Person früher oder später haben, ist meistens ein Auslöschen der Flamme – nicht mehr und nicht weniger.

Etwas zu erschaffen, ist viel eher Resultat eines erlittenen Schmerzes als irgendeines Vergnügens oder der Lust – sowohl was die Ursache als auch das Tun selber betrifft. Den Schmerz zu betäuben, heißt, den Akt des Schaffens zu behindern, und nicht, ihn zu unterstützen, ganz gleich, wie drängend der Wunsch auch immer sein mag, diesen Schmerz loszuwerden. Letzten Endes ist es wohl so – wenn jemand in Flammen steht, dann mag sein Schrei atemberaubend sein und Grund, um hinzuschauen, doch dem Brennenden selbst ist das egal. Er will nur eines: daß dieses Feuer erstickt wird, so schnell es nur irgend geht, um jeden Preis.

Dann wird er diesen Schrei nicht schreien müssen, sondern in der Lage sein, seinen Schmerz herauszustöhnen und -zuseufzen, wie man es noch nie zuvor gehört oder gelesen hat – oder er wird tot sein.

Und das bewirken Drogen:

> Sie entfachen oder sind das Feuer
> Sie blasen das Feuer aus oder
> Sie bringen dich um

Thomas Mann verbindet den Drang der Romantiker zu verschmelzen, diese »Sympathie für den Tod«, mit der Philosophie Asiens, dem Trieb des Freudschen Es und dem Sound der Musik – besonders Wagners »Klangmeer«. All das balanciert er gegen die Werte des Ego aus, gegen den rationellen Intellekt, gegen gesellschaftliche Pflichten, die Integrität des Charakters und das, was er in seiner Preisung Freuds eine »nützliche Kognition« nennt.

Einer der Haupteinflüsse auf Wagners Kunst war die Philosophie Schopenhauers. Wagner seinerseits hatte immensen Einfluß auf Nietzsche; der wiederum auf Jim Morrison und Morrison auf die Haltung der heutigen Rockmusik generell und auf Guns N' Roses ganz besonders.

Nietzsche und Jung haben beide betont, daß es die instinktive kreative *dionysische* Macht sowohl des Musikers wie auch des Schriftstellers sei, vereint mit der *apollonischen* Fähigkeit, sich auszudrücken, die zu Einfluß und Erfolg verhilft. Es ist eben diese Spannung zwischen dem Es und dem Ego, dem Bewußten und Unbewußten, dem Licht und der Dunkelheit, zwischen Dionysos und Apollo, zwischen Leben und Tod, Kreativität und Verantwortungsgefühl, die der Künstler irgendwie mit Würde zu ertragen lernen muß, ohne dabei die böswilligen Mächte einzuschläfern, die er in seinem Schaffensdrang geweckt hat.

Nietzsche identifizierte in *Die Geburt der Tragödie* Dionysos als Basistrieb des Lebens, sämtliche Dogmen, jegliche Moral und aufgezwungene Sitten zu durchbrechen; Apollo nannte er die Tendenz, Gefühle und Wahrnehmungen in individuell definierter künstlerischer Form auszudrücken; und als sokratisch sah er den Impuls an, die Welt durch abstraktes Denken zu beherrschen. Sich selbst bezeichnete er als dionysisch. Er rief das Deutschland seiner Epoche auf, sich selbst zu erneuern, indem es die dionysischen Traditionen bestärken solle.

Besonders trat er für die Schaffung neuer Mythen und Helden ein und pries, wie zuvor bereits erwähnt, die bombastische Musik Richard Wagners als Verkörperung des wiederkehrenden Dionysos. Er hatte recht, was Dionysos und Apollo und was Wagners Besessenheit vom Geist beider betraf. Doch es war falsch, Sokrates den schwarzen Peter zuzuschieben. Plato hatte diesem die Worte in den Mund gelegt. Er, nicht Sokrates, zog die scharfe Trennung zwischen Körper und Geist; es war Plato, der alles nicht Verstandesgemäße als Hindernis auf dem Weg zur Selbsterfüllung betrachtete.

Die Feindseligkeit der westlichen Kultur Dionysos gegenüber rührt also nicht von Sokrates her, sondern von Plato. Nietzsche nannte sich auch weiterhin dionysisch, unterzeichnete sogar seine Briefe aus der Irrenanstalt mit »Dionysos«. In seinem Spätwerk reflektiert vieles den Geist des Pentheus, des legendären Feindes des Dionysos. Später verleugnete Nietzsche seine vorangegangene Faszination für Dionysos und seine de-facto-Ablehnung des Gottes und verherrlichte patriarchalische Werte, bevor er endgültig wahnsinnig wurde und die Syphilis seinen Verstand zerfraß.

Dennoch war sein Werk *Die Geburt der Tragödie* ein Meilenstein und zugleich der letzte bedeutende Versuch des Westens, eine Philosophie des Lebens zu entwerfen, die auf den dionysischen Grundsteinen basiert – bis zur Geburtsstunde des Rock'n'Roll.

Nietzsche hat weder Elvis oder die Stones, noch Guns N' Roses erlebt oder gehört, aber *wenn*, dann hätte er ihre Sprache verstanden; ganz intuitiv hätte er die Bedeutung ihres Tanzes begriffen und wäre nicht überrascht gewesen, hätte er gesehen, welch entflammenden Effekt diese Bewegungen auf ihr Publikum haben.

TEIL 4
TECHNIKER DES HEILIGEN

KAPITEL 7
ZURÜCK INS PARADIES

> Ein berauschter Gott, ein verrückter Gott! Ein Gott, dessen Natur es ist, von Sinnen zu sein! Wer etwas Lebendiges erschaffen will, muß tief hinunter in die urzeitlichen Tiefen tauchen, wo die Mächte des Lebens weilen. Und wenn er wieder emporsteigt an die Oberfläche, glänzt Wahnsinn in seinen Augen, denn in diesen Tiefen lebt der Tod auf Tuchfühlung mit dem Leben. Nicht klinischer Wahnsinn, sondern jener Zustand, in welchem die vitalen Kräfte eines Menschen erhöht sind bis zum Äußersten (. . .)
> (Walter F. Otto in *Dionysos: Mythos und Kultus*)

Die Verehrung von Körper, Sex und Rhythmus und das Vergnügen, sich an beidem zu berauschen, am Rhythmus und/oder zusätzlichen Substanzen, ferner der Appeal androgyner Schamanen und Priester – all das gab es, lange bevor der weiße Rock'n'Roll diese Elemente Mitte bis Ende des 20. Jahrhunderts institutionalisierte und damit den Weg für die Rockmusik ebnete, die Körper und Geist wieder vereinen sollte und damit in direkter Opposition zu den über Jahrhunderte hinweg geltenden Dogmen des weißen Europa und der christlichen Kultur stand.

In Alain Danielous erstaunlich originellem Buch *Dionysos und Shiva* sind die Ähnlichkeiten zwischen dem indischen Gott Shiva und Dionysos auf beeindruckende Weise dargelegt – nicht nur, was das Konzept des jeweiligen Gottes selbst betrifft, sondern auch im Wesen der Rituale und ihrer Anhängerschaft sowie im historischen Kontext seines ersten Erscheinens und der nachfolgenden Unterdrückung.

Wie Dionysos, so wurde auch Shiva mit der Gestalt des Stieres assoziiert, in einer religiösen Tradition verehrt, die um die Musik als

Mittel zur Transzendenz wußte, und als der Geber des Rausches (besonders seines Getränks Soma) und als der Gott des Tanzes angebetet. Beide Gestalten teilen sogar gemeinsame Bei- und Schimpfnamen wie etwa Bromios (griechisch für »Der Tobende«), Bhairava (Sanskrit für »Der Schreckliche«); Eriboas und Rudra (bedeutet beides »Der Heulende«) und Kouros (»Der junge Mann«) und Kumara (»Der Heranwachsende«).

Wie auch bei Dionysos wurden sämtliche Formen der Sexualität als Zeichen göttlicher Macht angesehen und zu seinen Ehren genossen, allerdings nicht zur Fortpflanzung, sondern um ihrer selbst willen. Und ebenso wie Dionysos wird auch Shiva immer wieder als nicht-männlich, wenngleich nichtsdestotrotz mächtig dargestellt.

»Der Hermaphrodit, der Homosexuelle und der Transvestit haben einen symbolischen Wert und gelten als privilegierte Wesen, Bilder der Vollkommenheit des Gottes, das heißt, sie sind sowohl männlich als auch weiblich. Deshalb spielen solche Persönlichkeiten einen besonderen Part in den magischen und tantrischen Riten ebenso wie im Schamanismus« (Alain Danielou in *Dionysos und Shiva*).

Als Prinzip des Lebens ist Shiva der Gott der Jugend, der Erotik und der Erneuerung. Seine Feiern und Feste finden zu Beginn des Frühlings statt, und dieselbe Verbindung von Tod und Erneuerung, wie wir sie bei Dionysos als dem Gott der Natur und Vegetation finden, finden wir auch bei Shiva – beider Festtage sind die Wintersonnenwende und die Tagundnachtgleiche im Frühling. Man glaubte, die Götter der Vegetation würden einen Teil des Jahres unter der Erde verbringen, im Reich der Toten; das gilt gleichermaßen für Dionysos, Osiris und Shiva, die Götter des Lebens und des Todes.

Ein Mythos des Shiva-Kultes geht zurück bis 1500 vor Christus. Darin wird behauptet, Shiva als Gott des Sex und des Rausches habe seine Anhänger mit Cannabis gesegnet. Eine andere Version desselben Mythos besagt, daß Shiva sich in der indischen Hanfpflanze inkarniere. Bis zum heutigen Tage verwenden die Anhänger Shivas bei ihren religiösen Anbetungen Marihuana und Haschisch, und andere Sekten glauben, daß diese Substanzen der spirituellen Vorbereitung auf das Lesen heiliger Schriften oder Betreten geheiligter Plätze dienlich sei (Akron Durual in *History of Secret Societies*).

Während der Feiern im Frühling, bei denen die Teilnehmer erotische Lieder singen und tanzen, geht Shiva eine berauschte, wilde Gruppe voraus, die hölzerne Phallus-Embleme trägt. Das Tragen der phallischen Symbole und die Erregung des Gottes, die Besitz von den Bacchanten ergriff, kündigten den triumphalen Eintritt des Geistes des neuen Jahres an. Erotizismus, Transvestismus und Bisexualität haben allesamt symbolische Rollen inne.

Außer an Osiris glaubten die Ägypter an Horus, ihren Gott der Zerstörung und der Kreativität, der Geburt und des Todes, des Todes und der Wiedergeburt. Quetzalcoatl, eine schlangenartige Gestalt, war der doppelgesichtige Erschaffer/Zerstörer der Azteken.

Man braucht keine große Vorstellungskraft, um die Gitarren von heute mit den phallischen Emblemen von einst in Verbindung zu bringen und die damals inhärente Aufhebung der Werte mit der Anarchie der Songs von heute (wie etwa in »Welcome to the Jungle«). Kurz gesagt: Viele Symbole eines heutigen Rockkonzerts erinnern auf eigentümliche und eindringliche Weise an die Symbole, die vor 2500 Jahren bei den dionysischen Feierlichkeiten (oder den Feiern zu Ehren Shivas) gebraucht wurden.

Die Menschen hatten schon immer das Verlangen zu tanzen, Musik zu machen und nach erweiterten Formen des Bewußtseins zu streben – in einem Wort: nach Ekstase (abgeleitet vom lateinischen Wort *»ecstasis«*, das im ureigentlichen Sinn bedeutet »außerhalb seiner selbst stehen«). Einige Kulturen haben diesem Verhalten einen festen Platz eingeräumt, wie etwa die Griechen in ihren Feierlichkeiten zu Ehren des Dionysos im Frühling und im Herbst. Für Jim Morrison war die Rockmusik eine religiöse Kraft, komplett mit Sakramenten und rituellen Feiern. »In seinem Ursprung«, sagte Jim einmal,

> »war das Theater der Griechen eine Band von Betenden, die zu den wichtigsten Jahreszeiten der Bauern auf dem Dreschboden tanzten und sangen. Dann, eines Tages, sprang eine besessene Person aus der Gruppe hervor und fing an, einen Gott zu imitieren. Zuerst waren es reiner Gesang und Bewegung. Als sich die Städte entwickelten, machten sich immer mehr Menschen daran, Geld zu verdienen, aber die mußten irgendwie in Kontakt mit der Natur bleiben. Und so hatten sie bald Schauspieler, die das für sie taten. Ich denke, die Rockmusik dient derselben Funktion und könnte zu einer Art Theater werden.«

Von 1200 vor Christus bis zum Fall des römischen Reiches um 500 nach Christus sprach Dionysos zu seinen Anhängern, trotz des offiziellen Banns, der durch den römischen Senat im Jahre 200 nach Christus verhängt worden war. Bis ins 18. Jahrhundert überlebten Reste der alten Religion in abgelegenen Winkeln Europas, wo man die Lieder des Dionysos wie ein Echo weitergab, bis sie schließlich vom Ansturm der monotheistischen Industrialisierung gänzlich ausgelöscht wurden. Auch nachdem das Christentum zur dominierenden Religion in Europa geworden war, lebten die von der Kirche verbotenen Rituale und Praktiken weiter, wenn auch im Untergrund, gewöhnlich auf dem Lande – außerhalb des direkten Einflußbereiches der Kirche. Nach der großen Verfolgung und Verbrennung von Ketzern und Hexen im Mittelalter und der Renaissance verschwand auch dieser Untergrund (Arthur Evans in *Dionysus: The God of Ecstasy*).

Eine der ersten und einschneidendsten Abweichungen der Christen von der dionysischen Tradition war die Abkehr von sexuellen Praktiken, Drogenkonsum und religiösen Riten. Sex, Drogen und Tanzen standen nun im Ruf, Teufelswerk zu sein, und waren bei Gottesdiensten oder Feiern nicht mehr erlaubt. Diese historische Weichenstellung sollte sich als entscheidend und folgenreich herausstellen. Ab einem bestimmten Punkt der kulturellen Entwicklung hin zu Kirche, Hierarchie und Klassenherrschaft vollzog sich ein Quantensprung der Werte, nach dem die patriarchialischen Normen als allgemein anerkannte Werte akzeptiert und kodifiziert wurden (Jeffery Russell in *The Devil: Perceptions of Evil from Antiquity to Christianity*).

Die Praktiken des Schamanismus ähneln sehr dem dionysischen Ritual: Sie umfassen Drogen, Lieder und Tanz. Doch ein entscheidendes Element kommt noch hinzu: die Trommel. Diese Elemente werden vom heiligen Mann eines Stammes oder dem Schamanen eingesetzt, um den Zustand der Trance zu erreichen. Die Trommel ist das Vehikel, das den Schamanen auf seinem Weg in die andere Welt trägt. Das Trommelfell, die Haut des Tieres, ist nicht nur für die Beschwörung animalischer Mächte mittels seiner rhythmischen Fähigkeiten bezeichnend, sondern zugleich Symbol für das Transportmittel, das der Schamane benutzt, um in die höheren und tieferen Welten zu

Axl: »Er ist nicht die ganze Zeit böse, aber auch nicht die ganze Zeit nett.« Aber er ist niemals langweilig.
(Foto: Anastasia Pantsios/London Features International)

reiten. Zudem weist die Trommel eine symbolische Verbindung zum Zentrum der Erde auf, wird doch die Welt als Baum dargestellt – es ist das Holz von diesem Baum, aus dem die Trommel hergestellt wird und das sie somit verkörpert.

Kürzlich durchgeführte Untersuchungen bei den Salish-Indianern haben ergeben, daß rhythmisches schamanisches Trommeln eine Resonanz in der Theta-Wellen-EEG-Frequenz erzeugt, jenem Level der Gehirnströme, das mit Träumen, hypnotischen Bildern und Trance in Verbindung gebracht wird.

So wie die Trommel die Erde und die Reise verkörpert, so drückt der Schamane in seinen Liedern und Gesängen sein Selbst aus und vereinigt den ganzen Stamm. Lieder gelten als die Sounds der Götter und Geister. Die australischen Aborigines glauben, daß die Lieder, die sie heute singen, jene sind, die von ihren Vorfahren in der Traumzeit gesungen wurden; die wichtigsten Songs werden dort gesungen, wo dem Glauben nach die Götter wohnen. Die Senoi-Indianer, die glauben, daß das Leben im Traum so real ist wie das im wachen Zustand, werden als Kinder ermuntert, etwas aus ihren Träumen mitzubringen – ein Bild, ein Gedicht, doch am besten ein Lied oder einen Tanz.

Vor langer Zeit sagte Cicero: »Nüchtern tanzt niemand, es sei denn, er ist von Sinnen.« Und seitdem hat sich nicht viel geändert. Wie der Autor von *Sacred and Profane Beauty: The Holy in Art* beipflichtet: »Das ist eine fürchterliche Formulierung für eine nicht zu leugnende Wahrheit. Rausch und Tanz gehören zusammen.«

Drogen, Musik und Sex sind seit Jahrtausenden vereint. Unter den Kulturen der Indianer existierte ein Schamanismus, bei dem der Kontakt mit der Welt der spirituellen Ahnen durch Drogen hergestellt wurde, doch es soll nicht unerwähnt bleiben, daß bei einigen Stämmen Drogen lediglich als Ersatz für die *pure* schamanische Trance galten. Besonders in Sibirien ist der Gebrauch von Rauschmitteln (Alkohol, Hanf, Pilze, Opium) erst kürzlich aufgekommen und deutet eher auf einen Verfall hin. Es gibt Kritiker, die den Rausch als bloße Imitation eines Zustandes bezeichnen, zu dem der Schamane längst keinen Zugang mehr hat. Doch wie das Buch sagt: »Dekadenz oder Vulgarität einer mystischen Technik – im alten wie im modernen Indien, ja im gesamten Fernen Osten finden wir stets diese seltsame Mixtur aus ›schwierigen Wegen‹ und ›leichten Wegen‹, die mystische Ekstase oder eine andere einschneidende Erfahrung hervorzurufen.«

Ohne Zweifel war die älteste und populärste Technik der Ekstase, die Berauschung, den alten indischen Kulturen bekannt. Hanf war im Iran des Altertums weithin als Rauschmittel verbreitet, wenn die Menschen ihre Hymnen zu ihren Gottheiten sangen. Tatsächlich datiert der Einsatz von Rausch, Tanz und Musik zur Erlangung des Zustandes der Ekstase zurück bis zum Beginn der Zeitrechnung und existiert auch heute noch in isolierten Gegenden der ganzen Welt – von der Antarktis bis nach Südostasien und selbst im Herzen Amerikas. Das weiße Amerika jedoch zog es vor, nichts zu hören und zu sehen, vor den Tänzen und Gesängen der amerikanischen Indianer Augen und Ohren zu verschließen, und es wollte erst recht nicht davon berührt werden. Doch der Zeitpunkt rückte näher, da der weiße Amerikaner mit einer Musik von solcher Kraft und Vorrangstellung konfrontiert sein sollte, daß er sie nicht länger ignorieren *konnte*, enthielt sie doch das Potential, seine Kultur komplett auf den Kopf zu stellen.

Diese Musik kam aus Afrika – Joseph Conrads *Herz der Dunkelheit*, dem originalen Urwald, dem wahren Dschungel, dem Kongo. Als die Eingeborenen von dort als Sklaven nach Amerika verschleppt und verschifft wurden, brachten sie ihre Rhythmen, Tänze und Trommeln mit und ihre Rituale, die ihnen die dringend nötige spirituelle Nahrung boten und ihnen halfen, die dunkle, dunkle Nacht zu ertragen, die ihre Leute erwartete. Auch im neuen Land führten sie ihre Trommelrituale durch, ekstatische Explosionen, die ihre Besitzer und die Nachbarn heimsuchten wie böse Geister. Die Weißen sahen in diesem seltsamen Verhalten nichts anderes als eine Form der Blasphemie. Und um ihren weißen Gott zu beschwichtigen, indem sie sich »rechtens verhielten«, taten diese von Schuldgefühlen verkrüppelten Puritaner, was sie immer taten, wenn sie etwas sahen, das sie nicht verstanden – sie versuchten, es zu stoppen. Zuerst, indem sie es als »reine Belustigung« abtaten, dann mit dem Versuch, es für ungesetzlich zu erklären und diese Form des privaten Vergnügens zu verbieten.

Anfangs wurden diese Feste nachts abgehalten, gewöhnlich außerhalb der Plantagen, weit weg von den Mastern. Doch der Sound dieser Trommeln in den stillen, heißen Nächten des Südens war zuviel für die Gentlemen und Ladies in der Umgegend. Und sie nutzten ihren Einfluß, bis der Stadtrat eine Versammlung einberief und die Schwarzen davon in Kenntnis setzte, daß sie von nun an nicht länger gezwungen sein würden, ihren Spaß wer-weiß-wo und wer-weiß-wann mitten in der Nacht zu haben – warum kamen sie nicht einfach in die Stadt und nutzten den neuen Platz für ihre Feiern? Damit bezweckten diese weißen Südstaaten-Gents natürlich, die Bedrohung zu bannen, indem sie den Schleier der Nacht lüfteten und alles ans Tageslicht brachten. Allerdings luden sie die Schwarzen nicht gerade herzlich dazu ein – 1817 verabschiedete der Stadtrat von New Orleans ein Gesetz, das Sklaven untersagte, sich zu versammeln, ganz gleich aus welchem Grund, und das schloß auch das Tanzen mit ein; einzige Ausnahme: wenn sie es auf eigens dafür vorgegebenen Plätzen am Sonntagnachmittag taten. Im New Orleans des späten 17. Jahrhunderts gab es lediglich einen Ort, wo es den Sklaven erlaubt war, für ihren sogenannten »Freizeitspaß« zusammenzukommen, und das war der Congo Square.

Was die Weißen zu stoppen versuchten, obwohl das niemand offen aussprach, war der Voodoo. Und wie Michael Ventura in seinem Essay *Hear That Long Black Snake Moan* ausführt: »Voodoo ist die wahre Mutter des Rock'n'Roll.« Ventura schreibt:

> »Rock'n'Roll ist ein Begriff, der aus den Nutten-Bars im Süden stammt und in den Vierzigern lange schon gebräuchlich war, als man dort eine Musik hören konnte, für die es noch keinen Namen gab; sie war kein Jazz, aber auch nicht einfach Blues oder Cajun, wies aber all diese Elemente auf, und man konnte sie nicht überhören. In jenen Nutten-Bars meinte man mit Rock'n'Roll nicht etwa den Namen einer Musikrichtung, dieser Begriff bedeutete ›ficken‹. Seit den Zwanzigern hat das einzelne Wort ›Rock‹ in jenen Kreisen so ziemlich dasselbe bedeutet, und als dann Mitte der Fünfziger die Songs erstmals von Weißen gespielt und im Radio gesendet wurden . . . hatte sich an der Bedeutung des Wortes nichts geändert.«

Der Begriff *Rock'n'Roll* stammt auch aus einer weiteren spirituellen Stütze der Schwarzen im 19. Jahrhundert. In den Kirchen der

Schwarzen, ebenso wie in den aus dem Voodoo hervorgegangenen Zeremonien der Sklaven, nannte man die fiebrigen Lobgesänge mit schrillen Stimmen, das Singen und Brüllen, das Füßestampfen, Bekennen, In-Ohnmacht-Fallen, das In-Zungen-Sprechen auch »rockin' the church«. Wie Ventura es so treffend ausdrückt:

> »Auf *diesem* ›rock‹ erbauten sie ihre Kirche – viel eher als auf einem Stein Petri. Die Schreie dieses ›rock‹ gehen durch Mark und Bein – hohe Schreie, keine Freuden- oder Wutschreie, die dennoch wie beides zugleich klingen . . . Schreie, die dennoch schön sind, weil sie ungekünstelt, nackt und in vollkommener Hingabe aufsteigen; die Schreie Little Richards, Janis Joplins, Aretha Franklins, James Browns, Bruce Springsteens – sie alle haben ihre Wurzeln in jenen Kirchen.«

Und wie so viele von ihnen sang auch Axl einst in der Kirche.

Tatsächlich reichen diese Schreie sogar noch weiter, noch hinter die Entstehung dieser Kirchen zurück, bis zum Voodoo, bis nach Afrika, zu den Menschen des Kongo. Was die Plantagenbesitzer zu isolieren und zu unterdrücken versuchten, war die Idee eines Gottesdienstes als physischer Feier – was ebenso im vorchristlichen Europa verbreitet war. Die Spaltung in Körper, Seele und Geist, die den westlichen Menschen in so große Konflikte stürzte, gab es in Afrika nicht. Für die Menschen dort war die Kommunikation mit den Göttern gleichbedeutend mit Trommeln und Tanz – zu tanzen, hieß beten; ekstatisch zu trommeln, hieß meditieren.

In dieser afrikanischen Form des Gottesdienstes kann der Körper zu einer Art Verbindungsdraht zu einer Gottheit werden, einer Gottheit nicht notwendigerweise gleichen Geschlechts wie der Anbetende, und das Trommeln ist der Katalysator für den gesamten Prozeß. Die Trance des Rhythmus ruft dann jene Hysterie hervor, die bewirkt, was wir Westler vereinfachend »Besessenheit« nennen. Im Idealfall werden Körper und Geist eins (wie es auch, zumindest theoretisch, bei einem Rockkonzert geschehen kann), spiegeln und fördern die Einheit des Menschen und des Göttlichen.

Wie nicht anders zu erwarten, war der europäisch-christlich getrimmte Geist nicht glücklich über diese Verbindung von Seele und Körper, von Göttlichem und dem, was als profan angesehen wurde. Sämtliche Formen von Besessenheit wurden in dieser Betrachtungsweise zu etwas Dämonischem, und die Mehrheit der Menschen reagierte mit Mißtrauen und Wut. Die afrikanischen Gottheiten mögen durch den besessenen Anbetenden sprechen, doch nach Ansicht der weißen männlichen herrschenden Klasse in den Südstaaten des 19. Jahrhunderts konnte für eine solche Besessenheit nur der Teufel verantwortlich sein.

Alfred Metraux schrieb in seinem Buch *Voodoo in Haiti*:

> »Der Grad der Verbindung der Afrikaner zu ihren Göttern kann an der Energie ermessen werden, die sie aufbringen, diese zu verehren – und das unter dem Risiko schrecklicher Bestrafung, die denen zuteil wurde, die an den heidnischen Zeremonien teilnahmen, in denen die Kolonialisten nichts anderes als Zauberei sahen ... Die Überanstrengung war so gewaltig, daß das Leben eines Negers, der an eine Plantage in Santo Domingo verkauft wurde, nie auf mehr als zehn Jahre geschätzt wurde. Wir können die Hingabe dieser Sklaven nur bewundern, die ihre Ruhepausen und ihren Schlaf opferten, um an den religiösen Zeremonien ihres Stammes teilzunehmen – und dies unter den Augen der Weißen und höchst prekären Bedingungen. Man stelle sich vor, welcher Energie und welchen Mutes es bedurfte, die für jeden einzelnen Gott geschaffenen Lieder und Riten von Generation zu Generation weiterzugeben!«

Doch die afrikanischen Traditionen waren ebenso stark wie die Rhythmen. Sie überlebten den langen Horror der Sklaverei, und in ihrem direkten Nachfahren, dem Rock'n'Roll, sollten sie sich auf ungewöhnliche Weise rächen.

Für all die Einflüsse, die Voodoo schufen, würde einmal die richtige Zeit kommen. Jazz, R&B und Rock'n'Roll – erschreckend direkt entwickelten sich diese Musikstile aus den Voodoo-Ritualen des Congo Square in New Orleans, und sie trugen eine Art metaphysisches Gegengift in sich, die perfekte Medizin für die nervösen, verklemmten Westler des 20. Jahrhunderts. Nun war der Tag nicht mehr fern, an dem die westliche Welt des 20. Jahrhunderts tanzen sollte, wie es noch keine weiße Gesellschaft mit europäischem Background getan hatte; und durch diesen Tanz und die Musik, die ihn bewirkte, würden uralte Geheimnisse weitergereicht werden – Geheimnisse, die in den befreienden Bewegungen des Körpers lagen und an Menschen weitergegeben wurden, die nahezu völlig ahnungslos waren, welche Wurzeln dem zugrunde lagen. Es begann in Afrika und folgte dem schwarzen Mann hinüber in die Südstaaten Amerikas. Der Congo Square in New Orleans war der einzige Platz in Nordamerika, wo es den Schwarzen des 19. Jahrhunderts – Freien wie Sklaven gleichermaßen – erlaubt war, ihre uralten Rituale, ihre Tänze und Riten der Besessenheit zu praktizieren. Die Rituale des Congo Square, von den Weißen erlaubt, um die bislang auf den Plantagen stattfindenden Voodoo-Rituale zu entzaubern und zu entkräften, führten in direkter Weise dazu, daß der Jazz seine Wurzeln in der Stadt schlug, und sie hielten die Rhythmen am Leben, die im 20. Jahrhundert als pures Entertainment wiederbelebt werden sollten.

Der kulturelle Mix der Hafenstadt, in der freie und versklavte Schwarze, Spanier, Franzosen, Haitianer und Kreolen lebten, schuf einen phänomenalen Saatgrund für einen christlich angehauchten Voodoo, und die meisten der Congo-Square-Teilnehmer betrachteten sich als gute Christen. Dieses Zelebrieren des Physischen und Spirituellen gedieh während des Großteils des Jahrhunderts prächtig.

Die Festlichkeiten auf dem Congo Square wurden zum Schwerpunkt der Überlieferungen, und regelmäßig wurde darüber geschrieben. Der folgende Bericht aus dem Jahre 1853 stammt von Henry Edward Durell, und er fängt das Flair des allwöchentlichen Ereignisses ein:

> »Die afrikanische Bevölkerung ist herausgeputzt mit Kostümen jeder Variante, freudig, wild und in voller Ausübung einer echten Saturnalie . . .
> Hat der Besucher den Platz betreten, wird er die Menge in Gruppen versammelt finden, in dichten, engen Kreisen, in deren Mitte nur wenige Fuß Platz ist, und dort, genau in der Mitte jedes dieser Kreise, sitzt der Musiker rittlings auf einem Faß, auf das er mit zwei Stöcken einschlägt, unablässig und in seltsamem Takt, wie von Sinnen, stundenlang, während der Schweiß buchstäblich in Strömen fließt und den Boden benetzt; und da mühen sich auch die Tänzer, Männer gleichermaßen wie Frauen, unter der Inspiration der Besessenheit, die ihren Gliedern jedes Gefühl der Müdigkeit nimmt und ihnen eine Geschwindigkeit und Ausdauer der Bewegung verleiht, die man außer bei Maschinen nur schwerlich finden kann. Der Kopf ruht auf der Brust oder wird zurückgeworfen, die Augen sind geschlossen oder starren ins

> Nichts, während Arme und Schreie und schrilles, scharfes Kreischen in die Luft steigen oder den Rhythmus halten und Hände zu einer schier endlosen Musik auf die Schenkel schlagen.«

Die Tänze begannen 1817, als der Stadtrat von New Orleans, durch diese Rituale der Besessenheit beunruhigt und verängstigt, den Sklaven jede Versammlung in der Öffentlichkeit verbot, es sei denn sonntags auf dem Congo Square. Doch mit ihrem Versuch, die von den Voodoo-Versammlungen der Schwarzen ausgehende Bedrohung zum Verstummen zu bringen, ließen die Stadtväter ihre schlimmsten Befürchtungen wahr werden: Mit der Einführung der Congo-Square-Treffs sorgten sie nicht nur unbeabsichtigt dafür, daß gewisse Traditionen am Leben erhalten wurden, die vielleicht schon auf dem besten Wege waren auszusterben – sie machten diese Rituale mit all ihrer physischen Power und ihrem mystisch-verführerischen Charme obendrein einem weißen Publikum zugänglich. Willst du, daß etwas verlockend ist – verbiete es. Aber es war mehr als nur eine Attraktion. Wie Ventura schreibt:

> »Hier war die Metaphysik Afrikas losgelöst von den Formen Afrikas. In den Zeremonien des Voodoo gibt es kein Publikum. Einige mögen tanzen, andere zuschauen, aber sie alle nehmen daran teil. Auf dem Congo Square wurden höchstwahrscheinlich zum erstenmal Schwarze in der Musik subsumiert. Ein Geheimnis in der Musik, anstelle des Objekts der Musik. Eine Möglichkeit, verkörpert von der Musik, anstelle der Musik als reine metaphysische Technik.«

Als man dann 1840 den Schwarzen eigene Kirchen zugestand, kamen die Rituale des Voodoo in die Kirche und führten direkt zu den *»Hellfire Preachers«*, deren Vortragsweise ein Jahrhundert später so großen Einfluß auf die Pioniere des Rock'n'Roll haben sollte. Der Fundamentalismus des Südens, bei den Weißen ebenso wie den Schwarzen, hat seine Vorläufer eindeutig in der freudigen Musik und der uneingeschränkten, völligen Hingabe der afrikanischen Gottesdienste.

Die Fundamentalisten entschieden sich, die inhärenten Widersprüche in ihrem Stil zu ignorieren – sie predigten die Verleugnung des Körperlichen mittels körperlicher Hysterie und Leidenschaft. Gottlob gab es diesen Widerspruch in sich, denn daß die meisten

Pioniere des Rock-Schamanismus – Little Richard, Elvis Presley, Jerry Lee Lewis, Chuck Berry, Janis Joplin und Jim Morrison – aus dem Süden kommen, ist kein Zufall. Die brutal unterdrückte Leidenschaft der Afrikaner für den Rhythmus und die Einheit von Körper und Geist war in die Kirche ihrer Unterdrücker aufgenommen worden, wurde dort sichtbar an die Generationen junger Rebellen weitergereicht, die sich bei beidem bedienten – beim afrikanischen Furor der zweiten Generation ihrer Kirchen und dem Voodoo-Furor der zweiten Generation in den Nutten-Bars, die sie verbotenerweise besuchten. Und diese Rebellen stellten ihre Vereinigung von Körper und Geist offen zur Schau – auf der Bühne, im Radio und in den TV-Shows in ganz Amerika – und verbreiteten ihren rhythmischen Gospel bis weit über den Süden hinaus – einen Gospel, bei dem man, wie in der afrikanischen Musik, mit dem Becken tanzt und die Lenden bewegt, nicht nur die Füße und den Kopf wie in der europäischen Musik. Aus diesem Erbe ist Axl Rose hervorgegangen, und diesen Standard strebt er an. Das Wesen der Voodoo-Zeremonie wie auch des Gottesdienstes der fundamentalistischen Pfingstgemeinden ist Besessenheit von (einem) Gott – so wie es in den Konzerten von Guns N' Roses der Fall ist. Sie werden die Spontaneität nicht opfern, und genau diese Hingabe zu ihrer Muse hob sie über die vorprogrammierten Rolling Stones des Jahres 1990 hinaus; nicht weil sie besser waren, sondern vielmehr, weil sie es *wagten*, die Götter einzuladen, Besitz von ihnen zu ergreifen.

Auf dem Congo Square hörte, sah und fühlte der weiße Mann zum erstenmal die Rhythmen der Trommeln in seiner Heimatstadt. Aber es war nicht nur der weiße Mann, der die Trommeln hörte. Auch weiße Frauen, die hierherkamen, fühlten die Trommeln und ließen sich davon anrühren.

Nun bedarf es keiner besonders großen Vorstellungskraft, sich die Verärgerung des puritanischen weißen Mannes bildlich vor Augen zu führen, als er sah, daß seine weißen jungfräulichen Töchter kaum in der Lage waren, den endlosen Rhythmen zu widerstehen, und zu der Musik dieser großen, starken, verschwitzten schwarzen Männer die Hüften kreisen und hüpfen ließen – diese Buschneger-Musik machte ihre wohlerzogenen Frauen *an*. Die Reaktion war Panik – dieselbe Panik, die die Könige ergriff, deren Töchter mit Dionysos durchbrannten – eine Panik, so tief, daß sie sich in Haß verwandelte. Dieser Haß wiederum führte zu Repression, und du weißt inzwischen, was man sich einhandelt, wenn man Dionysos unterdrückt.

Die christliche Kirche als Ganzes machte da keinen Unterschied. »Das Verlangen des Fleisches ist gegen die Seele«, schrieb der Apostel Paulus. »Und das Verlangen der Seele ist gegen das Fleisch.« Was den Standpunkt ziemlich gut zusammenfaßt.

Die Christen, nie sonderlich glücklich, daß sie überhaupt einen Körper hatten, obgleich sie sich schließlich damit abfanden, in einem solchen leben zu müssen, waren fest entschlossen, keinen Spaß zu haben, und deshalb wollten sie anderen auch keinen gönnen. Und so taten sie, was Leute von Autorität und Einfluß in einer Situation wie dieser stets getan haben – sie versuchten es zu stoppen.

Doch die Musik war zu stark, zu mächtig und zu unwiderstehlich, als daß man sie hätte ignorieren oder unterdrücken können. Als die jungen Amerikaner, schwarze wie weiße, diese Musik erst einmal gehört hatten und die von ihr inspirierten Tänze tanzten, war es unmöglich, die Musik aufzuhalten oder zu verbieten. Sie war von zu weit her gekommen, war viel zu lange unterwegs gewesen, und jetzt war sie fast zu Hause. Sie schien einen eigenen Willen zu haben. Jedesmal, wenn jemand oder eine Gruppe versuchte, das Ganze zu stoppen, blitzte es an anderer Stelle wieder auf – wie Dionysos.

Ab 1942 wurde von Arthur »Big Boy« Cruddup die elektrische Gitarre in den Hinterwäldler-Blues und in die vom Voodoo beeinflußten Rhythmen des sinnlichen Jazz eingeführt. Und es dauerte gar nicht lange, da traten Musiker wie Sonny Boy Williamson, John Lee Hooker, Willie Dixon, Big Joe Turner, Muddy Waters und Professor Longhair überall im Süden auf, und zwar mit dem essentiellen Lineup des Rock'n'Roll, wie es für den Rest des Jahrhunderts unverändert bleiben sollte: Gitarre, Baß, Drums, Sax, Mundharmonika und Piano.

Gegen Ende des Jahrzehnts zogen gottesfürchtige weiße Teenager wie Elvis Presley, Jerry Lee Lewis und Carl Perkins aus dem Süden los, um diese Männer zu hören, um aufzusaugen, was sie im Radio nicht hören konnten und was ironischerweise in der Kirche stattfand – eine Musik, die sich bewegte, die den Körper bewegte; eine Musik, die sowohl aus der Libido kam wie auch davon handelte.

Man erzählte diesen Rockpionieren, daß es eine Sünde sei, sich von dieser Musik anstecken zu lassen oder sie gar zu spielen. Vielleicht haben sie es sogar geglaubt – doch sie haben sich nicht davon abhalten lassen, durch diese Rhythmen elektrisiert zu werden. Selbst die Drohung, ewig in der Hölle zu schmoren, hielt diese Jungs nicht davon ab, diesen magischen, aufregend neuen Sound zu suchen.

Heute kann man sich nur schwer vorstellen, wieviel Mut jene weißen Jugendlichen aufbringen mußten. Sie mußten buchstäblich über den Hades und bis zum Äußersten gehen, um eine körperliche Kultur zu erforschen, die ihrer eigenen euro-christlichen Tradition völlig fehlte. Aber damit wir uns nicht zu viele Illusionen machen – diese jungen weißen Rebellen aus Memphis haben die Verbote nicht nur deshalb mißachtet, weil sie so von der Beale Street fasziniert waren. Es war auch eine Versuchung. Sie dachten wirklich, sie würden mit dem Teufel flirten und sich möglicherweise ewige Verdammnis einhandeln mit ihrer Liebe zu jenen Rhythmen, die Geist und Seele vereinten.

Ventura zitiert den Kommentar des texanischen Sängers/Songwriters Butch Hancock zu Elvis Presleys legendärem Auftritt in der Ed Sullivan Show: »Yeah, das ist der Tanz, den jeder versucht hatte zu vergessen. Dieser Tanz war so stark, daß es eine ganze Generation gebraucht hat, um ihn zu vergessen. Und zehn Sekunden in der Ed Sullivan Show, um sich wieder an ihn zu erinnern.«

Die durch den Rhythmus ausgelöste Besessenheit und die von Trommeln verursachte Übernahme der Seele durch eine Gottheit wurden nun zu Kernelementen der Rock'n'Roll Performance. Die Metaphysik des Voodoo wurde weitergereicht an die neue Welt der Musik. Elvis Presley, Jerry Lee Lewis, Little Richard, James Brown, Tina Turner, Janis Joplin, Jim Morrison, Prince und Axl Rose brachten die Dämonen auf die Bühne und in ihre Körper, wobei die Drums und die Musik als Katalysator für diese Performance und Transformation dienten, so wie einst auf dem Congo Square. Doch jetzt war es ein kommerzielles Unternehmen; jene, die die Schecks einlösten, waren weit entfernt vom Zustand der Besessenheit; deshalb wurde das Verhalten von der westlichen Gesellschaft toleriert wie nie zuvor (wenn auch zögerlich). Selbst amerikanische Eltern konnten das Motiv des Profits verstehen.

Was Ventura sagt, ist wahr und richtig: »Der Moment, als diese schwarze Musik diesen weißen Menschen gefiel und sie faszinierte, war einer der bedeutendsten Momente in der Kulturgeschichte Amerikas. Es war diese Musik – die sowohl einen Lebensstil wie auch gleichzeitig die Integrität der Emotion widerspiegelt –, die Amerika und die ganze Welt erschüttern sollte.«

Es ist kein Zufall, daß diese Sänger aus dem Herzen Amerikas stammen, allesamt hellhäutig, langhaarig, eher androgyn und alle auf spirituelle Weise eng mit Dionysos verbunden sind – Little Richard, Jim Morrison, Jerry Lee Lewis, Elvis Presley und Axl Rose. Sie alle tanzen den Tanz. Sie alle – wie Morrison sang – »dance on fire as it intends«. Sie sind nicht nur ein Act. Sie folgen keiner Formel. Sie spüren etwas Altes und Mächtiges in sich und antworten darauf. Sie sind die Verbindungskabel für ihr Publikum, das diese Power spüren kann, wenn sie durch diese Sänger fließt. Dionysos ist zufrieden, und die Ekstase wird weitergereicht, oder er ist unzufrieden und geht von Ekstase in Wahnsinn über. Geschehen kann beides. Das ist das ekstatische Risiko, das man eingehen muß und das immer wieder aufs neue eingegangen wird – weil es unser Trieb ist. Und wie es die Menschen seit Jahrhunderten anzog und unter den verschiedensten Bezeichnungen erfüllte, so wird es die Menschen auch in Zukunft anziehen. Der Tanz wird getanzt werden, doch wir werden stets einen Axl Rose brauchen, der uns zeigt, *wie* man ihn tanzt. Axl erfüllt eine göttliche Funktion – du darfst ihn oder *es* nicht unterschätzen, sonst geht die Power an dir vorbei. Und wenn Axl Rose verdammt oder unterdrückt wird, dann ist nicht er es, der unterdrückt wird. Der Voodoo ist es. Es ist die Seele. Es ist Dionysos. Es ist der Tanz.

Nietzsches *Die Geburt der Tragödie aus dem Geist der Musik* war eigentlich eine Art Doktorarbeit über das inhärent Metaphysische in mächtiger physischer Musik. Zu seiner Zeit traf es in Deutschland auf Wagner zu, heute gilt es für Guns N' Roses.

Es gab einmal eine Zeit, da waren Religion und Kunst so eng miteinander verflochten, daß es schwerfiel, die beiden voneinander zu trennen. Das Lied war Gebet, der Tanz war ekstatisch und das Schauspiel göttlich.

Bei den Griechen galt die Ablehnung des Tanzes als Blasphemie. Dann gab es da Geheimkulte, die ohne Tanz gar nicht stattfinden konnten; und von dem Mann, der die geheimen Riten enthüllte, sagte man: »Er tanzt es heraus.«

Der indische Gott Krishna tanzte für die Hirtenmädchen, und Indra, Gott des Krieges und der Freude, tanzte zu den poetischen Rhythmen der hinduistischen Veda-Lehre. Im alten Ägypten gibt es den *Danse Macabre*, bei dem selbst die Toten tanzen – den Totentanz. Und erinnern wir uns an die Tiere, die es mögen, stoned zu sein. Auch sie tanzen gern. Unzählige Tänze in aller Welt sind Nachahmungen animalischen Tanzens: der Tanz der Kraniche und Bären in Griechenland und China, der Tanz der Moorhennen, des Widders und der Affen in Griechenland, die Büffeltänze der nordamerikanischen Indianer, die Tänze des Fuchses und des Pfauen. Und der Mensch hat diese animalischen Tänze schon seit Tausenden von Jahren nachgeahmt. Durch das Tanzen der Bewegungen der Tiere »wird der Mensch zum Herrn über den animalischen Rhythmus. Er unterwirft sich der Ordnung der Tiere und fügt die Macht der Tiere seiner eigenen hinzu« (Gerardus van der Leeuw in *Sacred and Profane Beauty*).

Die bekannte Anthropologin Jane Harrison schrieb: »Auf der ganzen Welt tanzte der primitive Mensch im magisch-religiösen Zustand, wo wir beten würden oder Gottesdienste abhalten.« Der Rhythmus ist allmächtig, er beherrscht den ganzen Menschen, die ganze Welt. Er verleiht dem Unaussprechlichen einen Ausdruck, löst alle Zwänge auf und bezwingt sie äußerlich und innerlich.

Durch die gesamte Geschichte hindurch hat der Mensch geglaubt, die Negation des Selbst habe ihn einem höheren Leben nähergebracht. »Wer sich selbst verliert, schafft Raum für Gott«, schlußfolgerte der deutsche Autor Gerardus van der Leeuw in bezug auf die spirituelle Bedeutung des Tanzes. Weil das Universum tanzt.

Das ist Body and Soul des Voodoo. Das ist es, was die Quantenphysik gerade entdeckt, was die wirbelnden Derwische glaubten, was die Hindu-Gurus wußten, was Afrika wußte, was der Schamane wußte, was Ägypten, Indien und das Griechenland des Altertums – was sie alle seit Tausenden von Jahren wußten: Das Heilige und Irdische, das Physische und Spirituelle müssen sich vereinigen; und den Geist vom Körper zu trennen, heißt Böses tun. Wir im Westen tragen Krawatten, trennen den Kopf vom Körper; einem Körper, derart gekleidet, daß vom Hals abwärts nichts mehr von ihm zu sehen ist.

Ein früher Club Gig. *(Foto: Monica Dee/Retna Ltd.)*

Körper, so eng gekleidet und eingewickelt, daß bereits der Gedanke ans Tanzen einer Häresie gleichkommt.

Der Tanz ist ein innerer Zwang, der die Kontrolle über den Menschen übernimmt (der bewußt seinen Willen aufgibt). Er ist ein mitreißender Wahnsinn. Der Mensch *wird* getanzt. Der ekstatische Tanz ist nichts anderes als eine Form des Besitzergreifens, der Besessenheit. Die ursprüngliche Einheit bestand im Griechischen aus Poesie, Gesang und Tanz. Wurde der Tanz fallengelassen, schwanden auch Hingabe und Ekstase.

Dionysos personifiziert den ekstatischen Tanz. Ihm zu Ehren tanzten die Mänaden wie verrückt auf den Hügeln, während Leuchtfeuer flackerten, Fleisch roh aus den Schenkeln und Rücken der Tiere gerissen wurde, der Wein in Strömen floß.

Der Rausch ist ansteckend. Von einem Menschen wird er auf den nächsten übertragen, bis schließlich der ganze Tempel, die ganze Welt mitgerissen wird.

»Der Rhythmus verleiht dem Leben Kraft. Man kann beim Tanzen vom Trivialen zum höchst Exaltierten aufsteigen. Es ist der Geist Gottes, der Puls des animalischen Lebens, der Herzschlag des spirituellen Lebens einst und heute, die Bewegung der Erde und der Kurs der Götter. Die kosmische Bedeutung des Tanzes existiert von Anbeginn« (van der Leeuw).

Er führt uns aus uns heraus und in eine andere Dimension. Dimensionen, zu denen wir auf keine andere Weise Zugang haben. Lukas schrieb in der Bibel: »Wer nicht tanzt, der kann nicht wissen.«

Der Tanz überwältigt alles, was er auf seinem Pfad findet. Alles dreht sich, kreist und springt im Rhythmus des Universums. »Der hebräische Poet sieht, wie die Fluten in die Hände klatschen, die Berge jauchzen und springen wie Zicklein, die Hügel hüpfen wie die Lämmer. Jede Bewegung dieser Welt ist rhythmisch geordnet. Dasselbe Prinzip regiert im Tanze wie im Kosmos« (van der Leeuw).

Der Rhythmus des Tanzes reicht uns allen die Hand, er reicht durch die Zeit und über Nationen hinweg wie nichts sonst. Und doch – so sehr er das Leben umarmt und ausdrückt, so sehr er auch heilig ist in seiner Ekstase, der Tanz ist ebenso in der Lage, das Leben abzuwerfen. »Durch sein ureigenes Wesen löst er den Menschen aus sich selbst, hebt ihn empor über das Leben und die Welt und läßt seine ganze irdische Existenz im Mahlstrom umkommen« (*Sacred and Profane Beauty*).

Ein alter Einwohner Halmaheras, der nicht einfach so die Feste für seine toten Verwandten aufgeben wollte, entgegnete dem hartnäckigen, unsensiblen Missionar zur eigenen Verteidigung: »Mein Tanzen, Trinken und Singen webt mir die Matte, auf der meine Seele in der Welt der Geister ruhen wird.« Der Tanz ist die heilige Macht, die ihn befreit.

Die Häretiker der Gnosis betrachteten das Leben als Tanz, dessen animalische Kräfte ausgekostet, dessen göttlicher Schwebezustand genossen werden mußten. Der heilige Gregor Nazianzen und der heilige Basilius wußten ebenfalls um das Mysterium des Tanzes. Dante sah im *Paradies* den Tanz der Gesegneten.

Heute scheint es, als hätten wir den ekstatischen Tanz als kulturelles und religiöses Element fast vollständig verloren.

In der Musik bleibt er erhalten. Musik ist der ›Sound of dance‹, und der Tanz ist Inkarnation der Musik. Ob das nun Nijinskis unbeschreibliche Grazie und Präzision ist, der inspirierte Ausdruck von Strawinskys *Nachmittag eines Faun* oder Axls schlangenähnliche, sinnlich rhythmische Bewegungen; wir sind *damit* verbunden. Und dann geschieht etwas wirklich Magisches. *Es* tanzt uns. Viele von uns, wenn nicht gar die meisten, die zu Hardrock-Konzerten gehen, gehen nicht in die Kirche, und so trifft sich beides nicht, vielleicht mit Ausnahme der Baptisten im Süden.

Das ist ein weiterer wichtiger Grund, warum Guns N' Roses so immens populär sind, wider alle Logik und Wahrscheinlichkeit: Sie bewirken, daß wir all unsere Hemmungen abwerfen und tanzen wollen. Nicht mit Drum Machines und programmierten Keyboards, nicht mit synthetischen Stimmen oder Musik vom Tape, sondern mit ihren Herzen, Seelen und Körpern sind sie willens, sich selbst für den Segen des Dionysos zu opfern. Oder zumindest waren sie es.

Die Frage bleibt also: Werden Guns N' Roses, insbesondere Axl Rose, überleben? Es sind nicht nur die Attacken ihrer Unterdrücker und Kritiker oder der nagende Hunger, der dieses Juwel ursprünglich hervorbrachte – wird die Spannung, die Reibung zwischen seinem Lebenstrieb und dem des Todes so groß sein, daß er, Axl, sich selbst auslöscht? Wird sein eigener Hunger nach Zerstörung ihn verschlin-

Ein Exzess an Leder, Booze und Tättos. Blake schrieb: »Der Pfad der Ausschweifung führt zum Palast der Weisheit.«
(Foto: Jennifer Rose/Retna Ltd.)

gen? Bessere und smartere Männer als Axl Rose sind schon in Flammen zugrunde gegangen. Das Feuer, das so hell brennt, daß es selbst dann fasziniert, wenn es zerstört, kann man nicht so einfach löschen. Die Zahl der Überlebenden ist ziemlich gering. Was macht Axl Rose so anders? Und – was unterscheidet ihn von dem Geschlecht der zum Untergang Verurteilten, mit denen er sich so leidenschaftlich identifiziert? Sehen wir Ikarus emporsteigen oder abstürzen?

Zu Beginn des Jahres 1989 ging Axl das Thema seiner eigenen Sterblichkeit direkt an. Einige Monate lang traten die Mitglieder von Guns N' Roses auf die Bremse, was ihren Drogenkonsum betraf, und erwähnten gegenüber der Presse, daß ihr Drogenproblem sich gebessert und nicht verschlimmert habe; was ungefähr so ist, als würde man behaupten, Sisyphus rolle den Stein den Hügel *runter*, und der würde von allein wieder hochkullern – ein Prozeß, der sich der Natur widersetzt. Jeder, von den Ärzten bis zu den Abhängigen, kann bestätigen, daß sich Sucht verschlimmert und nicht ver*bessert*.

»Das einzige, was mir am Tod sorgen macht«, sagte Axl einmal, »ist, daß ich dieses neue Album machen muß; ich wäre wirklich *pissed off*, wenn ich sterben sollte, bevor das fertig ist. Hinterher ist es mir scheißegal. Dann wird es wirklich gefährlich.«

Für ihn eine gefährliche Drohung, für uns andere ein Versprechen und ein Anreiz.

Im Januar 1990 schloß sich Axl der Prozession von Fans aus aller Welt an, die zu Jim Morrisons Grabstätte pilgern. Bevor Guns N' Roses meteoritenhafter Aufstieg in die Stratosphäre des Erfolgs begann, hatte Axl die Morrison-Biographie *Keiner kommt hier lebend raus*, an der ich als Co-Autor beteiligt war, gelesen und sich stark damit identifiziert.

Die Bio inspirierte ihn, ein Gedicht an Morrison in sein Tagebuch zu schreiben. Titel: »Artistic Death«. Da sie kurz nach Erscheinen des Buches verfaßt wurde, noch ehe die Masse lautstark mehr über die Doors forderte, war Axls Erwiderung auf Jim pur und echt. Datiert ist die Eintragung auf den 6. Dezember 1980 – zwei Tage drauf wäre Jims sechsunddreißigster Geburtstag gewesen –, und im Text ringt Axl damit, wie ein intelligenter »rationaler Geist« die Dinge tun kann, die Jim tut, und das trotz eines Wissens um die Dinge, wie Morrison es hatte; und Axl fragt sich, wie man seine Reinheit in einer derart korrupten Welt bewahren kann. Das Gedicht versucht, ein Bewußtsein zu erreichen, das Jims Verhalten akzeptieren, wenn nicht gar rechtfertigen kann, einen Lebensstil, mit dem sich Axl ganz eindeutig identifiziert und den er tatsächlich bis zum Letzten lebte, als er das Gedicht schrieb, darin »spirituelles Exil« mit »Frieden bringendem Suizid« gleichsetzend.

GNR's Karriere stand noch am Anfang, als Axl einem Journalisten gegenüber sagte: »Ich muß *Keiner kommt hier lebend raus* bestimmt siebenmal gelesen haben, und ich glaube, jeder in meiner Band hat es ungefähr drei- oder viermal gelesen. Ein Copy hab' ich meinen Eltern geschickt, weil ich annehme, daß sie versuchen, nett zu sein und die Welt zu kapieren, in der ich lebe. Also habe ich ihnen das Buch geschickt, weil es auf die wirklich wichtigen Punkte zu sprechen kommt und eine Menge Dinge über mein Leben klarmacht.«

Als man begann, die beiden Sänger ständig miteinander zu vergleichen, war Axl zunächst sowohl geschmeichelt als auch frustriert. Je erfolgreicher die Band dann wurde, desto mehr intensivierte sich die Ambivalenz. Bis er sich deprimiert und wütend in Paris wiederfand: »Ich hab' im Hotelzimmer gehockt, Gedichte geschrieben und auf den Tod gewartet«, wie er es kürzlich ausdrückte. Der Treck zu Morrisons Grabstätte auf dem Pariser Friedhof Père Lachaise war ein Versuch, seine Gefühle zu ordnen und – so hoffte er – zu einigen Entschlüssen zu gelangen.

Viele Künstler, Sänger und Musiker, ebenso wie Fans, haben denselben Treck gemacht, jeder aus ganz eigenen Gründen, aber wohl hauptsächlich, um jenem Mann die letzte Ehre zu erweisen, der als erster symbolisch für die hedonistische, schwelgerische Maxime »Live fast, die young« stand. Für jene, die Augen hatten zu sehen und Ohren zu hören, stand Morrison auch für Individualität und Hingabe zum Einzigartigen in jedem von uns und für das göttliche Recht, dieses Wesen zu erfüllen und auszuleben.

Joseph Campbell machte die folgenden Beobachtungen über solch eine Ikonen-Hingabe:

> »Wann immer ein Held geboren wurde oder wieder in die Unendlichkeit verschwand, wurde der Platz markiert und heiliggesprochen. Dort wurde ein Tempel errichtet, um das Wunder perfekter Zentriertheit erkennen zu lassen und zu erwecken; denn dies ist der Ort des Durch-

bruchs. Jemand hat an diesem Ort die Unendlichkeit entdeckt. Die Stätte kann deshalb fruchtbarer Meditation dienen ... Der Schrein oder Altar im Zentrum steht symbolisch für den Unendlichen Punkt. Derjenige, der diesen Tempel betritt und zum Heiligtum vorstößt, ahmt damit die Taten des ursprünglichen Helden nach.«
(Joseph Campbell in *The Hero with a Thousand Faces*)

Patti Smith, Iggy Pop, Jim Carroll, Blue Oyster Cult, Bono, Ian Astbury von The Cult, Billy Idol, Echo & the Bunnymen und die Lords of the New Church sind nur einige wenige unter den vielen Tausend, die die Grabstätte besucht haben und über das Wesen ihrer Beziehung zu Jim Morrison meditierten. So sehr unterschied sich Axl nicht von all jenen. Außer daß er wußte: Er war auf demselben Pfad, den Morrison genommen hatte, und ganz gleich, was die Journalisten über die beiden Sänger schrieben, Axl wußte verdammt gut, daß er etwas mit Jim gemeinsam hatte. Er sah mit eigenen Augen, daß die Straße der Exzesse eben nicht auf geradem Weg zum Palast der Weisheit führt, sondern in Wirklichkeit zu einer schmutzigen Grabstelle in einem fremden Land, auf der die Leute Schnaps ausschütten und ihre Kippen austreten.

Diesen Weg wollte Axl nicht gehen. Morrison und andere waren jung gestorben. Es sollte nicht auch Axls Pfad werden – aber wollte Axl denn nicht genau das? Fünfzig Jahre eines Lebens in eine kürzestmögliche Lebensspanne zu packen und mit diesem Leben dann so großen Eindruck zu hinterlassen, daß man sich, nachdem er Goodbye gesagt hat, für immer an ihn erinnern würde? Das Licht und die Energie zu sublimieren, die das physische Leben bis zur Unsterblichkeit der Kunst animieren? In diesem Spotlight zu brennen bis zum Tod? Strebte Axl nicht genau das an? Natürlich; Axl begriff das, und indem er es identifizierte, erlaubte er sich selbst, eine Wahl zu treffen. Ganz sicher wäre es der schwierigere Weg, aber dennoch war es möglich: Er mußte wagen, er selbst zu sein; einzigartig, heißgeliebt, doch draufgängerisch, unheimlich und sogar furchteinflößend. Das hieß, darauf zu vertrauen, daß, was ihn bis zu diesem Punkt gebracht hatte, auch in Zukunft für ihn da sein würde.

Als Axl auf Morrisons Grab starrte, sah er eines: den Tod. Das war Axl Roses Moment der Erkenntnis: »Ich beschloß, um meinetwillen zu leben und nicht für den Rock'n'Roll zu sterben«, sagte er. »Ich weigere mich, als Märtyrer auf dem Altar des Rock'n'Roll zu enden.« In diesem Moment *beschloß Axl, für das zu leben, wofür Morrison stand – persönliche Freiheit –, und nicht daran zugrunde zu gehen, woran jener gestorben war: am Drogenexzeß.* Indem er sich dessen klarwurde, so würde Carl Jung es ausdrücken, sagte er sich vom selbst-destruktiven Todes-Archetyp los, und indem er das tat, befreite er sich von dessen destruktiven Kräften. Ganz bewußt entschied er sich für das Leben und nicht für den Tod. Axl beschloß, kein Märtyrer für den Rock'n'Roll oder für irgend jemand anderen zu sein – er würde es nicht zulassen, von den ihm innewohnenden Kräften, die ihn zu dem machen, der er ist, verschlungen zu werden; er würde nicht aufgeben; er würde mit ihnen ringen, so lange und so hart wie nötig. Er würde die destruktiven Erwartungen seines Publikums nicht erfüllen – er weigerte sich, sich auf dem Altar des Rock'n'Roll zu opfern. Er wird ertragen, was immer notwendig sein wird. Er wird leben und lernen, und er wird überleben und weitergeben, was er findet. Er wird dem Abgrund entgegentreten – nicht darauf zu – oder davor weglaufen. Das wird nicht leicht sein. Denn das ist die Reise des Helden. Durch die dunkle Nacht der Seele zu reisen und das Gefundene zurückzubringen. Der heilige Johannes schreibt, und Joseph Campbell bestätigt, daß die westliche Zivilisation als Ganzes diese dunkle Nacht der Seele erfährt. Und genau dafür steht die mit »Appetite for Destruction« betitelte Postkarte. Axl verstand das intuitiv. Wenn jemand an Omen glaubt – dies ist eines. Dies war sein Omen. Sein Zeichen, sein Talisman und Totem. Die technologische Produktion bedroht unsere Seele – unsere apollonischen Fähigkeiten haben uns unserer dionysischen Wünsche beraubt. Wir alle hängen am Kreuz, ohne herunter zu können.

Heidegger beschreibt die Nacht der Welt:

> »Dieser Tag ist der kürzeste Tag. Es droht ein einziger, endloser Winter . . . Es sei denn, es gibt noch immer einige Sterbliche, die die Drohung sehen können, und sie würden die Gefahr erblicken müssen. Diese Gefahr *ist* die Gefahr. Sie verbirgt sich im Abgrund, der allem unterliegt. Diese Gefahr zu erblicken und auszudrücken, dazu bedarf es Sterblicher, die zuvor in den Abgrund reichen.«

Das ist der Pfad, den der wahre Künstler beschreiten muß. Der Ort, wohin der Mystiker und all die Poeten schließlich gehen müssen, wohin der Poet Orpheus ging und von wo er zurückkehrte; wohin Prometheus ging und von wo er zurückkehrte. Möglich ist es. Dies ist der Tod und die Wiedergeburt von Dionysos oder von Osiris, dies ist der legendäre Phönix, der sich aus den Flammen erhebt. Indem er den kreativen Prozeß beschreibt, sagt Nietzsche, es sei in diesem Abgrund, wo »kreative Potentiale zum Leben erwachen. Im Chaos verloren zu sein, wirft uns in fruchtbare Unordnung, und dort müssen wir beginnen.« Der kreative Prozeß verlangt ein Hinabsteigen in die Dunkelheit. Drogen können dich dorthin bringen, aber sie bringen dich nicht wieder raus. Dort finden wir die seltsame, die furchteinflößende Welt der »Träume, nächtlicher Ängste und der dunklen Nischen unseres Geistes« (William James in *The Varieties of Religious Experience*). Das ist Dantes Hölle, die Grube. »No Exit«. Hier wird uns unser Verstand nicht helfen. Es ist Jesus Christus am Kreuz.

Eine andere hilfreiche religiöse Metapher ist Christus in der Wüste. Das Fegefeuer. Im Dschungel können wir uns verstecken. Der Garten Eden war ein Dschungel, aber nicht einmal ein dichtes Laubwerk kann dich vor Gottes allmächtigem Auge verbergen. Die Hölle ist in der Wüste, sie ist weit und endlos, überwältigend. Eine Freiheit, so grenzenlos und gewaltig, daß es einem Schrecken einjagt. Das Fegefeuer – die Notwendigkeit, die Versuchung, die Freiheit zu wählen, die Macht zu ertragen oder den Hunger zu befriedigen.

Als er Stück für Stück den Abgrund hinaufkroch, schrieb Rimbaud: »Ich habe die Schwingen des Wahnsinns über mich hinweggleiten gespürt.« Baudelaire bekämpfte die eisigen und schrecklichen Winde, die aus diesem Ort emporsteigen, und schrieb: »Die Winde der Furcht haben mir das Blut gefrieren lassen.«

In einem Gedicht, mit *Der Abgrund* betitelt, versucht Rimbaud, den wortlosen Schrecken zu beschreiben, das indifferente Nichts:

> »Wohin ich mich auch wende, über mir und unter mir versuchendes und auch schreckliches Schweigen, der Raum
> Bei Nacht zeichnet Gott mit wissender Hand endlose Alpträume in unendliches Dunkel . . .«

Es ist unser eigenes Bewußtsein, schrieb Nietzsche, »das die psychische Alchimie schafft, die man braucht, um den Nihilismus in den

›Pfeil der Sehnsucht‹ zu verwandeln, der Bedeutung und Wert postuliert« (Phillis Kenevan in *Man and World*). Aber was ist tatsächlich damit gemeint?

Die Konflikte sind es, die man ertragen muß, die Isolation, das Paradox der Spannungen. Dionysos und Apollo müssen einander nicht nur treffen, sie müssen auch lernen, zusammenzuarbeiten. Ohne den rauhen Impuls des Dionysos hat Apollo nichts, womit er arbeiten könnte, und ohne die Disziplin des Apollo führt die verrückte Inspiration der Welt zu nichts. Diese Gegensätze müssen in Einklang gebracht werden. Erich Neumann schrieb: »Kreative Menschen tun sich dadurch hervor, daß sie mit ihrer Angst leben können, und das, obwohl ein höherer Preis zu zahlen sein mag in Form von Unsicherheit, Empfindsamkeit und Wehrlosigkeit gegenüber dem Geschenk des ›göttlichen Wahnsinns‹. Sie fliehen nicht vor dem Nicht-Sein, sondern zwingen es, indem sie ihm gegenübertreten und mit ihm ringen, Sein zu produzieren« (Erich Neumann in *Kunst und das schöpferische Unbewußte*).

Sie schlagen auf das Schweigen ein, um als Antwort Musik zu erhalten, sie verfolgen die Bedeutungslosigkeit, bis sie diese zwingen können, etwas zu bedeuten.

Als das europäische Verlangen nach Herrschaft und erzwungener Unterwerfung schließlich auch Südamerika erfaßte und dort die fragilen, doch schon seit Urzeiten existierenden Kulturen zertrümmerte, trat ein neuer Volksheld aus den Regenwäldern hervor. In der primitiven Kultur Amazoniens existierte eine mythische Art des Außenseiters an zwei Orten von kritischer Bedeutung: zusammengekauert auf den Stufen der Kathedrale (auf dem Hauptplatz) oder – wie in der Story über einen Idioten – alle viere von sich gestreckt oben auf dem ekelhaften Müllplatz. Als der Anti-Held, der Idiot, aus Versehen einen hochrangigen Offiziellen der Regierung anrempelt (es mag auch der König gewesen sein), ist er gezwungen zu fliehen, als verfolgten ihn die Höllenhunde höchstpersönlich; in diesem Mythos sind es die prähistorischen, riesigen, blutrünstigen Bussarde; sie greifen ihn an, zerren an seinen Kleidern, reißen an den Schultern, durchlöchern seine Lippen und wollen ihn umbringen. In einem letzten und verzweifelten Versuch zu entkommen befreit sich der Idiot, indem er nach hinten stürzt, noch tiefer in den Müll.

»Halb Mensch, halb Tier, und er nennt sich selber Slash«. Axl Rose.
(Foto: Steve Granitz/Retna Ltd.)

Das Wort »Idiot« geht zurück auf des griechische *»idiotae«*, das buchstäblich »Selbst-Götter« bedeutete und ursprünglich jemanden bezeichnete, »der nicht regiert werden wird«. Das heißt, er glaubt, das Göttliche weilt im Innern, und daraus folgt, daß er keinem höheren Gesetz gehorcht – aus dem simplen Grund, weil es keines gibt.

In einem gleichermaßen faszinierenden wie elektrisierenden und halluzinatorischen Bericht über Schamanismus und Kolonialismus um die Jahrhundertwende faßt Neumann die daraus entstandenen Mythen zusammen: » . . . Geschichten über Transformation; durch die Erfahrung, dem Tode nahegekommen zu sein, mag ein noch größeres Gespür für das Leben entstanden sein; durch Furcht kann es nicht nur zu einem Anwachsen der Befangenheit kommen, sondern auch zu einer Minderung der Übereinstimmung mit äußeren Autoritäten.«

Wie in Dantes *Göttlicher Komödie* – durch Harmonien zur Katharsis, durch das Böse zum Guten. Verloren in den dunklen Wäldern, mit seinem heidnischen Führer unterwegs durch die furchteinflößende Unterwelt, erreicht Dante am Ende das Paradies, doch erst nachdem er zuvor den tiefsten Punkt des Bösen erreicht hat und erst nachdem er dann den zottigen Rücken eines langhaarigen Wilden erklommen hat, Sinnbild für unser primitives animalisches Wesen.

Noch einmal Nietzsche – er bezieht sich auf dieses erwachte Bewußtsein, erzielt via die Dunkelheit. Einer, der die dionysische Offenheit des kreativen Bewußtseins verkörpert, kann auch die Doppeldeutigkeit der vielen widerstreitenden Konflikte akzeptieren, die man tief im Innern findet. Kreative Genies wie etwa Beethoven oder Goethe sind »Virtuosen durch und durch, mit einem unheimlichen Zugang zu allem, was verführt, verlockt, zwingt, zu Fall bringt; geborene Feinde der Logik und des geregelten Lebens, voller Begehren nach dem Fremden, dem Exotischen, dem Gewaltigen, dem Schiefen und in sich Widersprüchlichen.« Das klingt wie eine nahezu perfekte Beschreibung der kreativen/abhängigen Persönlichkeit; doch gibt es einen entscheidenden Unterschied. Am Ende erliegt der Abhängige der Versuchung, der Spannung der Vielfältigkeit zu entfliehen, indem er sich auf das eine, wovon er abhängig ist, beschränkt; er verliert seine ganze kreative Offenheit und zieht sich aus dem

Leben zurück. Der wahre Künstler dagegen umarmt sämtliche Aspekte des Lebens *und* des Todes, und eben nicht den einen unter Ausschluß der anderen.

Mit anderen Worten: Man muß sich der Verlassenheit, Verzweiflung, Einsamkeit und der Furcht stellen und sie erfahren, bevor man sie besiegen kann. Drogen sind eher eine Flucht als eine Konfrontation mit diesen Elementen unserer Seele. Letztendlich führen uns Drogen zwangsläufig in die Verzweiflung. Früher oder später müssen wir uns mit der Leere auseinandersetzen; wenn wir überleben wollen, müssen wir, zu gegebener Zeit, den Tod (und die Furcht davor) bezwingen. Der bewußte Künstler weiß dies und entscheidet sich dafür, dem Tod ins Angesicht zu blicken *und* etwas zu erschaffen, ein Prozeß, bei dem er sich seines Lebens versichert. Hat man den Tod erst akzeptiert, dann ist man frei, denn eine größere Gefahr als ihn, den Tod, gibt es nicht. Nichts kann einen nun noch ängstigen, weil es nichts gibt, was schwerer zu akzeptieren wäre. »Akzeptiere das Unakzeptierbare«, sagte der Mystiker zu seinem jungen Schüler, »dann wirst du frei sein.« Die abhängige Persönlichkeit ist durch ihre Abhängigkeit gezwungen, dem Tod ins Antlitz zu schauen, und wird auf diese Weise um so schneller auf die äußerste Klippe der Kreativität gebracht. Der Künstler, der darum weiß, ist der Wegbereiter. Vielleicht ist dies die Bestimmung von Axl Rose. Es gibt keinen Zweifel, daß er nicht nur in einer idealen Position ist, diese Art Anführer zu sein – er kann auch ausdrücken, was er entdeckt und lernt, so daß wir alle davon profitieren. Guns N' Roses sind vielleicht nur das Vehikel, um ihn – und uns – da lebend wieder rauskommen zu lassen. Und so können wir alle den Dschungel verlassen und durch die Wüste gehen und wieder zurückkehren in den Garten – wo wir hingehören.

KAPITEL 8

INITIATIONSRITEN

Ist noch gar nicht so lange her, da wurde Rock'n'Roll als reiner Fimmel abgetan – »Das wird sich nicht lange halten.« Erst blühte er in einer Subkultur auf. Dann wurde er zu einer Gegenkultur. Wenn du glaubst, daß wahrer Rock'n'Roll weniger ist (oder war) als eine Religion, dann denk noch mal darüber nach. Genau wie bei den modernen Anhängern von Dionysos in Europa, den Landbewohnern, den Heiden, findet auch der Rock'n'Roll seine Gemeinde unter jenen, denen man die bürgerlichen Rechte abgesprochen hat und denen die gegenwärtige Religion keine annehmbare Alternative bietet. Für diese Menschen ist der Rock'n'Roll *etwas*, um nicht aufzugeben; etwas, das sie über den Tag und durch die Nacht bringt; um es kurz zu sagen: etwas, woran sie glauben können. Diejenigen, die nirgends dazugehören; diejenigen, die um jeden Preis die Wahrheit wissen wollen, selbst wenn das bedeuten sollte, die Grenzen von Gut und Böse zu überschreiten; die Misfits, die nirgends hingehören oder reinpassen, weil sie nirgendwo Erlösung finden können – sie finden ihre Erlösung im Sound dieser Musik.

Als das Establishment von gestern glaubte, das Ganze werde sich nicht lange halten, da *mußte* es das glauben, weil es nämlich den Stoff bedrohte, aus dem es sich sein ganzes Leben zurechtgeschneidert hat. Tatsächlich ist das heute noch so. Hätte der Rock'n'Roll mit *einer* Stimme sprechen und einen Standpunkt artikulieren können, der seine unabhängige und wahrheitsliebende Natur wiedergibt, hätte er dem Patriarchat ins Gesicht gesagt: »Ihr und eure Autorität werdet euch nicht mehr lange halten!« Soll heißen: Der Rock'n'Roll stand erst am Anfang. Er hatte noch nicht einmal damit begonnen, sein ganzes

Iggy Pop, einer der ersten Madmen des Rock, dessen besorgte Glücksfee ihn hat überleben lassen. Duff und Slash halfen ihm bei seinem Album »Brick by Brick«. *(Foto: Jennifer Rose/Retna Ltd.)*

Potential zu erforschen. Als Religion war der Rock'n'Roll nicht nur bestens mit allen Ingredienzien ausgestattet – er kam auch zur rechten Zeit! Die Zeit war reif für den Fall der alten Garde und den Aufstieg der neuen. Joseph Campbell betonte mit Vorliebe, daß die jüdisch-christliche Theologie ihre Relevanz eingebüßt hatte. Keine andere Religion hat derart dramatische Umwälzungen, so viele soziologische Wandel und unerwartete Ereignisse der Menschheit überdauert. Keine andere Religion war je solchen Wogen des Fortschritts und der Veränderungen unterworfen, von keiner anderen wurde erwartet, die spirituellen Wünsche zu erfüllen, die solche Veränderungen zwangsläufig mit sich bringen. Zweitausend Jahre! Nie hat sich ein derart großes und um sich greifendes Glaubenssystem durch so viele Veränderungen hindurch gehalten wie das jüdisch-christliche in der westlichen Welt.

Warum, meinst du, haben sich so viele Leute so fürchterlich aufgeregt, als Lennon sagte: »Die Beatles sind populärer als Christus?« Er hat nicht gesagt, daß sie *besser* sind als Jesus Christus oder theologisch zuverlässiger – wenn sich einer darüber aufregt, dann kann ich das verstehen –, nein, das Schlüsselwort war *populär*. Ich kann sogar verstehen, warum sie sich so aufgeführt haben, als er das sagte – weil es nämlich zu diesem Zeitpunkt schlicht und einfach die Wahrheit war. In jenem Jahr kauften wahrscheinlich mehr Menschen Platten von den Beatles als die Bibel. Weiß Gott, sie waren populärer. Hinzu kam, daß die Beatles es in fast so vielen Ländern schafften, wie von den eifrigen christlichen Missionaren jemals erobert worden waren. Auf internationalem Level hatte Lennon nicht nur recht – er war sogar noch bescheiden.

Die Wahrheit ist: Was die Zahl der Anhänger anging, konnten die Beatles Christus nicht erreichen, obwohl sie ganz sicher beide eine intensive Hingabe hervorriefen. Aber Popularität ist flüchtig und hat ein sehr kurzes Eigenleben, wohingegen das Christentum eine beeindruckende und anhaltende Langlebigkeit bewiesen hat – und doch haben es die Beatles ihrerseits auch nicht schlecht hingekriegt. Der Punkt ist doch der: Hat man Lennon nun gescholten, weil er unrecht hatte oder weil er Blasphemie beging?

Die Beatles wurden aufrichtig verehrt; ebenso der muntere Krach, den sie machten. Es war eine Manie, aber nicht in dem Sinn, daß es

Nachdem er mit Ian Astbury und The Cult zusammengearbeitet hatte, griff Axl auf einen Biker Schal zurück, der etwas rougher aussah.
(Foto Jennifer Rose /Retna Ltd.)

ein von den Göttern gefordertes Opfer gewesen wäre. Im Gegenteil – es war Ekstase. Dionysos beehrte sie, und wenn du dir heute Fotos von der Beatlemania anschaust, dann siehst du genau das: Ekstase, Transzendenz, *Rocking*, was wir für unsere Zwecke beschreiben können als: »Teilnehmen am Gottesdienst des Rock'n'Roll.«

Manche finden es erstaunlich, daß das Christentum noch immer so viele junge Menschen anzieht, wenn man das verlockende Wesen und die sofortige Belohnung bedenkt, die die Konkurrenz zu bieten haben. Alan Watts, in den Sixties ein hipper amerikanischer Buddhist, verkündete mit Vergnügen, daß die Menschen doch viel mehr an der Hölle interessiert seien als am Himmel. »All die Qualen sind mit höchst beeindruckenden Bildern bis ins letzte Detail beschrieben worden. Aber vom Himmel sagen wir nur: ›Oh, es wird großartig werden. Die Straßen sind dort gepflastert mit goldenen Harfen, auf denen wir spielen können‹, und die Jugendlichen werden angewidert sein. Also meint ihr damit, daß wir, wenn wir tot sind, für immer in der Kirche sein müssen?« (Alan Watts in *Western Mythology*)

Dieselbe Haltung wird auch in Jan van Eycks *Das Jüngste Gericht* vertreten. Dort oben ist der Himmel, und da sitzen jede Menge Leute rum, dicht an dicht, Kopf an Kopf, wie Pflastersteine auf den Straßen; sie sehen sehr ernst und spröde aus und sitzen da einfach nur rum. Aber unten – heilige Scheiße! –, da wimmelt es von Massen sich windender, wälzender, nackter und erotischer Leiber, die gerade von Schlangen gefressen und von einem über ihnen ragenden Totenschädel mit Fledermausflügeln bewacht werden. Die Hölle, so betont Watts, ist etwas, das man sich wenigstens mal anschauen sollte.

Mark Twain hatte auch seinen Spaß daran, sich über das christliche Konzept von Himmel und Hölle lustig zu machen. In seinem ehemals verbotenen Werk *Letters from the Earth*, einer Serie von Briefen, die der Satan auf der Erde seinen Engelbrüdern und -schwestern nach Hause schickt, stellt er fest, daß die meisten Menschen nicht singen, nicht singen können, und nicht bleiben, wo andere singen, wenn es länger als zwei Stunden dauert. Mehr Menschen gehen zur Kirche, als überhaupt wollen. 75 Prozent aller sonntäglichen Kirchgänger sind müde, noch ehe es vorbei ist. Der schönste Moment für alle ist, wenn der Pfarrer die Zeremonie beendet. Dann erklärt er weiter, daß jedes Land auf die anderen herabblickt. Jeder Mensch schaut auf die anderen herab, jeder normale Mensch verabscheut Lärm, und alle Menschen haben gern Abwechslung im Leben. Schließlich faßt Twain die Idee des Himmels zusammen, wie wir Menschen sie haben und wo wir eine Ewigkeit zubringen werden:

> »Im Himmel der Menschen singt jeder! Den ganzen Tag lang geht das so, und das Tag für Tag, und alle bleiben, keiner geht weg. Außerdem spielt jeder auf einer Harfe! Millionen und Abermillionen! Wohingegen auf Erden nicht mal zwanzig von tausend Harfe spielen können, geschweige denn es überhaupt wollen.«

Mit anderen Worten: Twain macht sich darüber lustig, daß wir alles, was wir auf Erden hassen, im Himmel finden. Und alles, was wir auf Erden lieben, finden wir in der Hölle. Kein Wunder, daß uns die Androhung der Hölle nicht abschreckt und uns der Himmel nicht gerade motiviert.

Nietzsche glaubte an das höchste extravagante Ja, das man zum Leben nur sagen kann. Er attackierte das Christentum – tatsächlich das ganze Konzept Gottes – und die Zugehörigkeit zu einer Kirche oder irgendeiner anderen Organisation, die den »Willen verleugnet« und »das Leben negiert«.

Die Ideen vom »Jenseits«, »Jüngsten Gericht«, der »Unsterblichkeit der Seele« und der »Seele selbst sind Instrumente der Folter, Systeme der Grausamkeit.«

Erich Neumann widmete dem Schreiben über das Verlangen und den Prozeß des Schaffens viel Zeit. Er beschäftigte sich mit dem Künstler als zeitgemäße Antwort auf die heutigen Probleme. »Die tatsächliche Erfahrung des modernen Menschen«, schrieb Neumann, »ist die der Bedeutungslosigkeit und der Verzweiflung, der Isolation und Einsamkeit. Das Transpersonelle als etwas, das Bedeutung verleiht, ist verschwunden. Die Religion hat keinen Einfluß mehr . . .«

Neumann sagt uns, daß die westlichen Religionen dem modernen Menschen und seiner besonderen Verzweiflung nicht mehr gerecht werden können, weil sich das Bild, das die Menschen von Gott haben, nicht entsprechend der Entwicklung der Menschen verändert hat. Die großen Gipfel der intellektuellen und spirituellen Orientierung scheinen unter ihrem eigenen Gewicht zu versinken. »Das Christentum, der Buddhismus, der Islam, das Judentum, sie alle scheinen sich aufzulösen, und sich verzweifelt an diese untergehenden Systeme zu klammern, führt nur noch tiefer in die Zerstörung« (Erich Neumann in *Kunst und das schöpferische Unbewußte*).

In Ermangelung anderer attraktiver Bewegungen wurde die Rockmusik zur populären religiösen Bewegung für die Jugend der Sechziger, Siebziger und Achtziger. Es ist interessant festzuhalten, daß während der musikalischen Flaute der Siebziger, als die Bee Gees und Disco die angesagteste Musik im Land war, die Zahl der »Jesus-Freaks« auf Amerikas Straßen und Universitäten deutlich sichtbar anstieg. Oder anders ausgedrückt: Weil es keine echte Konkurrenz zu dieser Zeit gab, wurde die andere Seite stärker. Dann wandten sich die Teenager, die im Radio und in den Regalen der Plattenläden nichts Aktuelles von Wert finden konnten – es sei denn die Sex Pistols oder, seltener, Elvis Costello –, jene, die einfach nicht interessiert waren am Christentum, der jüngeren Vergangenheit des Rock zu und entdeckten eine reiche Auswahl. Ironischerweise war es die Musik, die wir als »Oldies« – oder Classic Rock – bezeichnen, der sie sich im Wunsch nach Errettung zuwandten. Es ist dieselbe, aus den Kinderschuhen herausgewachsene Musik, mit der die Generationen zuvor groß geworden war – die Doors, Led Zeppelin, die Beatles, die Rolling Stones. Man mag das bequem nennen, aber es gab keine Alternative.

Doch die Dinge veränderten sich unaufhaltsam. Die Musikindustrie bewies ihre Standhaftigkeit, und die Rockbewegung wurde größer, stärker und profitabler, als sich irgend jemand hätte vorstellen können; größer, als sich irgend jemand jemals hätte träumen lassen. Die Leute wollten die Musik nicht nur zur Unterhaltung – sie brauchten sie als Religion. So wie das Glaubenssystem big Business geworden war, wurde es auch der Rock'n'Roll.

Einer der wahrlich wundervollen Aspekte des Rock als Religion ist die Vielseitigkeit seiner Wirkung. Es spielt keine Rolle, ob die genetischen Rezeptoren deines Körpers nun auf Elton John oder die Ramones kodiert sind – ganz gleich, wie das Wesen deines Reaktionssystems ist, es gibt einen stilistischen Schlüssel, der paßt. Es spielt keine Rolle, wer du bist oder was du tust und fühlst oder woran du glaubst; heute lautet das Motto: »Whatever gets you through the night«. Für die im Herzen jung Gebliebenen, für die im Geiste Rebellischen, die ewigen Außenseiter, die Misfits, kann jedoch nichts an den Spirit heranreichen, der von Guns N' Roses heraufbeschworen wird.

Jung war der Überzeugung, daß Mythen für eine Gesellschaft dieselbe Bedeutung haben wie Träume für den einzelnen Menschen. Daraus folgt, daß du über eine bestimmte Gesellschaft Bescheid weißt, wenn du dir ihre Mythologie anschaust, und daß die Mythologie positiven, lebensbejahenden Zwecken dient. Genau wie die Kunst auch, die aus demselben kollektiven Unterbewußten aufsteigt. Freud vertrat die Meinung, daß alle Mythen jugendliche Phantasien der Wunscherfüllung der Spezies sind, eine Art Märchen für kindliche Ignoranten, die in einem uninformierten Zeitalter leben. Die Wissenschaft stimmt dem ziemlich begeistert zu und bezeichnet sämtliche Mythen als unwahrscheinlich und deshalb als irrelevant. Campbell verbindet den Anfang vom Ende der Mythologie mit dem Ende des 15. Jahrhunderts – in erster Linie mit den Entdeckungen des Galilei und den Reisen des Kolumbus. Wissenschaft und Vernunft triumphieren. Instinkt und das Magische verblassen, Dionysos versteckt sich und wartet seine Zeit ab.

Psychologen sagen uns, daß wir es ohne Träume nicht schaffen. Menschen, die nicht träumen dürfen, werden ruhelos, gelangweilt, ungeduldig, sind leicht abzulenken – haargenau das Bild des modernen Menschen. Wenn also zutrifft, was Jung sagt, und wenn wir als Gesellschaft seit Hunderten von Jahren nicht mehr geträumt und letztlich vergessen haben, wie man träumt, dann liegt der Schluß nahe, daß wir als Individuen durch diese Traumlosigkeit zu Menschen geworden sind, die ziellos, konfus, entfremdet umhertreiben.

In diesem Vakuum hat die Rockmusik damit begonnen, das Verlangen der jungen Erwachsenen nach Göttern und Göttinnen, nach Idolen und Idolisierung zu erfüllen. Die Musiker und Sänger sind die Götter oder Priester; das Konzert das Ritual; die Platten das Medium; zu tanzen, du selbst und frei zu sein, zu lieben – das ist die Botschaft. Dope als Sakrament, das Publikum als Glaubensgemeinde. Unserem uralten, unveränderten, primitiven Verlangen wird entsprochen. Der Tanz wird getanzt werden.

Presse-Shot, aufgenommen weniger als ein Jahr vor »Appetite for Destruction« und »GNR Lies«, die beide gleichzeitig Plätze in den Billboard Album Top Five belegten. *(Foto Geffen Records.)*

Rockmusik ist genau das, womit sich unsere Gesellschaft, als Epoche, auf ihrem Weg ins Space Age selber ausgetrickst hat. Indem wir unsere wunderbaren apollonischen Hirne und das Wissen der Technologie nutzen, um uns abzulenken, sind wir über die älteste Form des spirituellen Ausdrucks gestolpert, den wir Menschen kennen – das Lied.

Wenn ich auf der Suche nach Imagines, Prototypen, Modellen und Archetypen für das Guns N' Roses-Phänomen durch die Geschichte gehe, komme ich wieder und wieder auf die Gestalt des Schamanen zurück. Mit langem Haar, drapiert mit Leder, besessen zum Rhythmus einer Trommel tanzend. Der originale Androgyne, der originale Madman, Poet, Tänzer, der Heiler, der für seinen Stamm genau das tut, was Jim Morrison tat, was Mick Jagger tat und was Axl Rose für sein Hormon-verrücktes und aufgeladenes Publikum tut – nämlich sie vereinen, zu einem Ganzen verbinden –, mit einem Wort: sie heilen – sie heimbringen – zum Ursprung.

Vor 30 000 Jahren nahm der Schamane psychedelische Drogen, tanzte zur Trommel und nahm sein Publikum (seinen Stamm) mit auf eine Reise, die man nur als »Trip« bezeichnen kann.

Die frühesten menschlichen Gemeinschaften schienen die Dienste eines Vermittlers gebraucht zu haben, der irgendwo zwischen die große übernatürliche Welt der Mythen und die gewöhnliche Realität fiel. Diese Rolle erfüllte der Schamane. Er ist der Prototyp des Künstlers, ist Priester, Dramatiker, Physiker in einer Person.

Der Schamane war die größte Annäherung an einen Rockstar, die diese Menschen hatten. Es ist kein Zufall, daß in einer Zeit wie heute, in der es keine funktionierende, bedeutende Mythologie mehr gibt und es an praktizierenden Schamanen mangelt, der Rockstar das am meisten verehrte Individuum ist, auch wenn auf ihn herabgeblickt wird. Rock'n'Roll Superstars sind per Kontostand und durch eine Art »Erlaß aus Hingabe« zu so etwas wie einem neuen königlichen Adel geworden. Frag einen Kid, wer er lieber sein möchte, George Bush oder Mick Jagger. Frag irgendeinen Kinostar, was er am liebsten sein würde – du mußt gar nicht fragen, sieh dir nur die Platten von Eddie Murphy, Don Johnson oder Bruce Willis an (an*sehen*, habe ich gesagt, nicht an*hören*!). Weil es eben nicht nur Ruhm ist, wonach man sich sehnt, es ist mehr – eine Power, die Art religiöser Relevanz, die ein großer Rockstar wie Jagger oder Elvis, Morrison oder Axl Rose besitzt und inspiriert.

Die Rolle des Schamanen unterscheidet sich von der des Priesters. Niemand bittet ihn um Vergebung, und er fordert von niemandem Bericht oder Beichte. Noch wichtiger – im Gegensatz zum Schamanen betritt der Prediger, Priester, Pfarrer, Pastor nicht persönlich, schon gar nicht ekstatisch, die übernatürliche Dimension. Seine Funktion besteht eher darin, ein Zusammentreffen mit dem Geheiligten oder eine Offenbarung des Göttlichen zu zelebrieren, die in ferner Vergangenheit geschah, und seine Zuhörer müssen ihn beim Wort nehmen. Es gibt keine Beweise, keine direkte Begegnung mit dem Göttlichen. Der Priester kann dort nicht hingehen, und ebensowenig kann er uns dorthin mitnehmen.

Der Schamane steht dafür, daß das Heilige und Ekstatische jetzt und hier erfahrbar ist.

> »So wie sich die Gesellschaft weiter organisiert, so tat es auch die Religion. Ihr Ziel war es nicht mehr nur, den Kontakt mit dem Übernatürlichen herzustellen, sondern gleichzeitig die Struktur der menschlichen Gemeinde zu festigen. Es gab eine Fusion von Religion und Politik, von Kirche und Staat. In fast allen geordneten stabilen Gesellschaften hat es eine Präferenz des priesterlichen Weges gegeben. Der Schamane ist ein viel zu gefährlicher Charakter, um ihn in der Nähe zu haben. Er ist oft eine einsame, halb verrückte Kreatur, durch die unerwartet ein Gott – oder ein Dämon – sprechen könnte. Oder er könnte plötzlich in eine Trance fallen, mit leblosem Körper und glasigen Augen, nur um dann aus dem unsichtbaren Reich der Mythen mit einigen abscheulichen Forderungen zurückzukehren, die nicht unbedingt in Einklang mit geordneten gesellschaftlichen Prozessen stehen.«
> (Stephen Larson in *The Shaman's Doorway)*

Kommt irgendwas davon bekannt vor?

Wir, als Gesellschaft, zogen ursprünglich den Priester dem Schamanen vor. Jetzt sehen wir allmählich die zwingende Notwendigkeit, genau das Gegenteil zu tun. Wenn sich religiöse Traditionen verbrauchen, sind psychologisches Unbehagen und Unzufriedenheit, Kritizismus und Entfremdung das Resultat. Während des letzten großen Aufstandes in der westlichen Zivilisation (vor annähernd zweitausend Jahren) gab es eine fast krankhafte Flut von Messiasgestalten, Bewegungen und Kulten.

Der ganze heutige Rummel um New Age erinnert stark an das alte Rom vor zweitausend Jahren, als charismatische und absurde Figuren auf die Bühne hüpften, als okkulte Bräuche boomten, als Wahrsager und Seher prächtige Geschäfte machten und Menschen mit übernatürlichen Kräften von Königen konsultiert wurden.

Der Schamane ist der archetypische Techniker des Heiligen, und sein Reich ist ganz besonders die Beziehung zwischen der mythischen Imagination und dem gewöhnlichen Bewußtsein. Der Schamane wird durch göttliche Berufung (indem er den Ruf hört) Schamane. Der von den Geistern Ausgewählte weist eine eindeutige Symptomatologie auf: Er wird extrem nervös und verschlossen, fängt an, sich seltsam zu verhalten, wird unberechenbar. Autoren wie Thomas Szasz und R. D. Laing haben beide dargelegt, daß ein Individuum, das »an einem exzessiv labilen Nervensystem« leidet, in einer schamanistischen Kultur gerufen wird, um an seinem Zustand wachsen; der Zustand selbst wird also nicht als degenerativ oder pathologisch angesehen, sondern als Einladung zum Schamanisieren. Wenn das Schamanisieren einsetzt, stellt dies auch den Beginn der Heilung dar.

Der Schamane hat eindeutig Zugang zu Dimensionen des Bewußtseins, die dem normalen Menschen verschlossen sind. In unserer Kultur wird sein Zustand unweigerlich als Symptom eines psychotischen Verfalls betrachtet. Doch der Schamane ist nicht psychotisch, er ist völlig »gesellschaftsfähig« und meist die intelligenteste und kreativste Person innerhalb seiner Gemeinschaft, und zudem die sensibelste. Weil er psychische Verstümmelungen erlitten und es geschafft hatte, diese zu transzendieren, war der Schamane nun in der Lage, jeden aus dem Stamm, der an denselben Beschwerden litt, zu heilen.

In unserer Gesellschaft haben wir keine älteren Schamanen, die uns durch unser Trauma, unser Leiden helfen könnten. Wir haben keine Initiationsriten für das Erwachsensein; wir haben Psychiater, die bestenfalls die Symptome behandeln können und dies auch nur auf einem logischen, rationalen Level tun, wo doch ein wahrer, eher magischer und natürlicher Heilungsprozeß nötig wäre. Genau das, was der Schamane mit seiner Fähigkeit zur Trance, hervorgerufen durch Tanz, Gesang und Trommeln, tut.

Der Unterschied zwischen einem Indianer damals, der psychologische Unruhe aufwies, und einem heutigen Teenager, der sich in ähnlicher Weise verhält, ist, daß die schamanistische Gesellschaft dieses Verhalten als heilig und etwas Besonderes akzeptierte. Es ist anders, und als solches ist es selten und kostbar. Wir dagegen weisen dasselbe Verhalten aus demselben Grund ab: weil es *anders* ist. Wo die einen verehrten, ächten wir. In der indianischen Gesellschaft wurde der Verrückte zum Schamanen. In unserer Gesellschaft werden diese Menschen zu Fällen der Psychiatrie oder Süchtigen, oder manchmal, wenn sie wirklich großes Glück haben, werden sie auch Rockstars. Und die wenigen, die zu Rockstars geworden sind, Jerry Lee Lewis etwa oder Iggy Pop, Jimi Hendrix, Axl Rose und Jim Morrison, werden aus demselben Grund so erfolgreich, aus dem der Schamane der Anführer seines Stammes wurde. Sie drücken eine bestimmte Symbolik mit einem bestimmten Vokabular aus, das sie und ihre Anhänger eint, das vom Rest der Welt jedoch gewöhnlich verachtet, im besten Fall gerade noch toleriert wird.

Es ist wichtig zu sehen, daß der Schamane (wie auch Dionysos) als Archetyp Macht und Energie aufweist, die »eine ganze Persönlichkeit ergreifen und in Besitz nehmen kann« (Henry A. Murry in *The Historical Development of Mythology*). Und wieder wie bei Dionysos: Wird ein Archetyp unterdrückt, kehren Macht und Energien nur um so irrationaler zurück, »noch ursprünglicher und schematischer, und münden schließlich in andere Repressionen ein – in bösartige Zerstörungswut und den Archetyp des Schattens. Der Prozeß ähnelt dem, was in unserer Gesellschaft geschah, als sie die Ablehnung des Weiblichen übertrieb – als die Hexenverfolgung außer Kontrolle geriet« (Luigi Zoja in *Drugs, Addiction, and Initiation*).

So sehr sie auch manchmal zu erhabener Transzendenz fähig sind – negativere und zerstörerische Helden als Axl und die Jungs in der Band kann ich mir einfach nicht vorstellen. Und ich kann mir auch nichts Rituelleres vorstellen als ein amerikanisches Kid, das sich zudröhnt und dann ins Konzert geht, um sich Guns N' Roses anzuschauen. Die massenhafte Zuwendung zu Drogen, verbunden mit dem gleichzeitigen Eintritt in die Glaubensgemeinschaft des

Rock'n'Roll, ist ein aufrührerischer und verzweifelter Ausdruck eines Verlangens nach einem Ritual von Bedeutung. Man unterschätze die derzeitige Begeisterung der Teenager für die ganze Totenkopf-Symbolik und das Tattoo Artwork nicht.

Während der Herrschaft des Faschismus wurde der zerstörerische Held als Subjekt der Negation sehr oft von Totenköpfen und Symbolen des Todes umrahmt dargestellt; wie auch Shiva, als Gott der Zerstörung, oder die Göttin Kali auf ihrem Knochenthron. Die Bildsymbolik des Kreuzes verkörpert die Verbindung von Leben und Tod, von Physischem und Spirituellem, und ist in der Lage, alte, dunkle, seltsame und wundervolle Antworten hervorzurufen. Das Negativ- (oder Outlaw)Image ist nichts Neues, ebensowenig unsere Verehrung vor dem Altar der Gewalt und der Sünde, die durch Rimbaud, Byron, Jesse James, Al Capone, Marlon Brando, James Dean, Jim Morrison oder Axl Rose erwiesen wurde. Und wir identifizieren uns mit jenen, weil wir alle im Exil leben, ausgeschlossen aus dem Garten.

An Stelle einer funktionierenden, attraktiven und bedeutsamen Mythologie hat die Welt der Rockmusik ihren eigenen Olymp geschaffen und ihre eigenen Götter. Axl Rose ist der Trickster unseres Zeitalters (es fehlt lediglich der diamantene Jacquard-Druck auf seiner Hose – Baseballkappe und Schal um den Kopf ersetzen den troddeligen Totenkopf-Strumpf); der Jester, der Holy Fool – wenn du so willst, ein Unschuldiger, der an das Paradies (oder an eine Paradise City) auf Erden glaubt; einer, der nicht weiß, warum er tut, was er tut, nur, daß er es tun muß. Er selber denkt, er ist nur ein Sänger, ein Rockstar, wo er doch in Wirklichkeit Transmitter zwischen den elektronischen Göttern und jenen Göttern ist, nach denen wir suchen, ein psychisch Gebrochener, ein wahrhafter Techniker des Heiligen für den Stamm seiner Anhänger (und des Profanen für die Außenwelt); ein Rattenfänger, der Millionen junger wie älterer Amerikaner und Europäer zurück zu ihrer wahren Natur führt. Wenn nur der Starke überlebt, dann liegt die Schuld nicht bei der Band, sondern in der Natur der Menschheit.

Es gibt da eine simple Story, eine kurze, prägnante Geschichte, ein Märchen, das perfekt für das Ende eines Buches über eine Band und einen Sänger scheint, die noch immer so jung sind. Die Geschichte handelt von einem Jungen, der für eine Missetat, an die sich niemand mehr erinnern kann, zum Tode am Galgen verurteilt ist und dessen Anwesenheit und Charakter allein die Gesetzesmacher und Herrschenden erzürnt. Doch am Ende läßt dieser Junge jeden, vom Henker bis zum König, wieder tanzen, und schließlich wird er begnadigt.

Dieser Tanz, er mag in Vergessenheit geraten sein, aber er kann nicht ausgelöscht oder zerstört werden, und wenn die Menschen ihn sehen, dann werden sie in ihm das erkennen, was er ist: der Sound unseres Herzens.

Und deshalb werden wir einem Hero wie Axl Rose oder Elvis Presley oder Jim Morrison vergeben – sie verbinden uns mit einem Teil von uns selbst, zu dem wir den Kontakt verloren haben; und aus Dankbarkeit dafür, daß sie für uns tun, was wir selber nicht mehr zu tun vermögen, vergeben wir ihnen jede Missetat, jeden Fehler, verzeihen wir ihnen alles.

EPILOG

Also hat Mick Jagger am Ende gar nicht so falsch gelegen, als er Guns N' Roses mit den Clash verglich, die in ihrer Glanzzeit ebenfalls mit den Stones verglichen wurden. Jede dieser drei Bands schrieb ihre Songs anfangs aus der Sicht der gesellschaftlich Schwachen. Welche Wandlung die Stones nahmen, als die großen Scheine reinflatterten, wissen wir alle, und wir wissen auch, was mit Keith Richards geschah. Und was war mit den Clash, als der Rubel anfing zu rollen? Ihre ehemalige Haltung und Sicht der Dinge waren nicht mehr gültig; ihre Glaubwürdigkeit litt unter der Infusion aus Cash und Ruhm; und sie waren unfähig, mit einer neuen Vision aufzuwarten. Heute sehen sich Guns N' Roses derselben Herausforderung gegenüber – wie bewahren Millionäre ihre Glaubwürdigkeit, ihre *Street Credibility*? Werden sie in der Lage sein, sich weiterzuentwickeln und mit derselben Verve und von Herzen kommenden Aufrichtigkeit, die sie ursprünglich bewiesen und ausgedrückt haben, in ihre neue Situation hineinzuwachsen?

Ganz klar, Guns N' Roses treten nicht für »Sympathie für die Unterschicht« ein wie die Clash, aber sie haben doch etwas mit der englischen Gruppe gemein. Sie artikulieren vielleicht nicht die Art politischer Überzeugung, für die die Clash standen, oder um genau zu sein: das, *wogegen* sie waren, denn die Clash und viele der übrigen Punk Bands dieser Ära standen in der Tat nicht gerade *für* etwas. Sie waren ganz eindeutig gegen eine Menge – sie waren negativ –, sie sagten zu allem nein, besonders zu allem Alten, aber auch allem Neuen. Reißt es nieder! Sandinista! Dafür waren sie, und das verkörperten sie: Zerstöre, demontiere, denn aus diesen Trümmern und dem Schutt wird zwangsläufig etwas Besseres entstehen. Was das sein würde, das wußten sie nicht so genau; sie konnten nicht mal beweisen, daß es überhaupt besser sein würde, aber sie glaubten, schlimmer könne es gar nicht sein, und versicherten uns dessen. Am Ende konnten die Clash keine Vision artikulieren, die sie weitergebracht hätte, und sie lösten sich auf. Gefördert wurde der Zerfall der Gruppe noch durch interne Streitigkeiten sowie die Tatsache, daß Rockstar-Ruhm kein Synonym dafür ist, ein Revoluzzer zu sein.

Auch waren die Clash lange nicht so neu und originell, wie sie gerne geglaubt hätten. Die Vorgeschichte des Nihilismus von Guns N' Roses und das destruktive zynische Element beider Bands reichen zurück bis ins Jahr 1886. Damals veröffentlichte die Bewegung der Dekadenz ihr erstes Manifest, in dem sie erklärte, sie sei aus der verzweifelten Philosophie Schopenhauers geboren und ihre Mission auf Erden sei es nicht, etwas zu gründen, sondern vielmehr, alle alten, banalen Traditionen zu zerstören und zu eliminieren – Religion, Anstand, Sitte und Gerichtsbarkeit. Die Gesellschaft als Ganzes betrachteten sie zynisch und pessimistisch. Die Nihilisten sagten nein zu den etablierten, rigiden Werten jener Tage und ja zu den Leidenschaften, die den Impuls nährten, diesen Werten zu entkommen, bis diese Leidenschaften letztendlich ihre Besitzer zerstörten oder dieses Dasein bis zum Punkt der Ernüchterung davon übersättigt war.

Guns N' Roses sind unpolitisch, trotz *Civil War*, einer Single, die sie als ihren Beitrag zum »Romanian-Angel«-Projekt spendeten. Dieses Album wurde von den Frauen der Beatles produziert, deren alleinige Absicht es war, mit diesem Projekt etwas für die rumänischen Waisenkinder zu tun. Politik war dabei nicht im Spiel. Daß sich die Band entschloß, einen potentiell wertvollen (bislang unveröffentlichten) Song zu spenden, spricht eher für neugewonnene Reife und Freigebigkeit (und wahrscheinlich ihren Steuerstatus) als für irgendeine politische Überzeugung außer dieser: »Was ist denn am Krieg überhaupt ›zivil‹?« Eine Meinung, der wohl die meisten zustimmen.

Sie drücken keine politische Ideologie aus, die sich gegen diese Regierung oder jene Politik wendet. Sie sind in keinem ideologischen Kartell, und sie verkünden auch keine Utopien. Und doch teilen sie mit den Clash den Impuls zu zerstören, niederzureißen, allem, wofür das Establishment steht, zu mißtrauen und es mit Pessimismus zu betrachten; aus keinem anderen Grund als dem, daß, wie in GNRs

Fall, die Regierung sie aufgrund ihres Verhaltens zu Kriminellen stempelt. So vorverurteilt die Gesellschaft sie und ihren Lebensstil. Drogen zu nehmen verstößt gegen das Gesetz, ergo: Wenn du Drogen nimmst, bist du ein Krimineller. Axl ist oft genug belästigt, schikaniert und wegen alberner und unbegründeter Vorwürfe angeklagt worden und hat oft genug im Knast gesessen, um dem Gesetz gegenüber mißtrauisch zu sein. Und doch sind Guns N' Roses trotz alledem keine politische Band, beim besten Willen nicht. Das einzige politische Versprechen, das diese Burschen interessiert, ist das Recht auf Leben, Freiheit und das Streben nach Glück.

Jagger könnte in gewisser Weise recht gehabt haben, als er bemerkte, die Gefahr, mit der Guns N' Roses konfrontiert sind, ähnele der Situation, die die Clash fertiggemacht hat – Jagger sprach von einem »eingebauten Verfallsfaktor«. Guns N' Roses aber haben etwas Besonderes, das die Clash nie hatten und was Jagger hätte erkennen müssen, wäre er durch die Wahrheit nicht geblendet worden – Guns N' Roses haben Axl Rose. Er ist ein Sänger, der nicht nur eine der besten Stimmen in der heutigen Rockmusik hat, sondern auch über die gleichermaßen begnadete Fähigkeit verfügt, das Spotlight auszufüllen und das Publikum in seinen Bann zu ziehen.

Guns N' Roses haben viel mehr mit den Doors gemeinsam. Die Sänger beider Bands teilen ein Dilemma: Was sollen sie tun, wenn sie den Durchbruch geschafft haben? Wohin sollen sie gehen? Wie kommt man von hier aus dorthin? Die Kehrseite der Medaille des Erfolgs ist Entfremdung – der Rebell schneidet sich selbst von allem ab, und nun gibt es nichts mehr, wohin er noch gehen kann. Der letzte Durchbruch ist der Tod. Das funktionierte bei den Sex Pistols, und es funktionierte bei Morrison. Was also soll nach dem Durchbruch kommen? Oder – vielleicht genau auf den Punkt gebracht: Was ist, wenn man den hart errungenen, erträumten Erfolg erreicht hat und jenseits der schicksalhaften Rock'n'Roll-Sterblichkeitsgrenze von siebenundzwanzig Jahren lebt (dem Alter, in dem Jimi, Janis, Brian Jones und Morrison starben), was bei Axl der Fall ist? Wenn du in diesen relativ jungen Jahren nicht, wie aufgrund deiner Exzesse zu erwarten, stirbst – was soll als nächstes kommen? Wie soll es dann weitergehen?

Axl kann nicht ewig auf den Hörnern dieses Dilemmas hocken,

diesem metaphysischen Ast, er muß den nächsten Schritt tun. Sich dem Unausweichlichen zu widersetzen, macht die rasenden Kräfte der Zerstörung nur noch hartnäckiger. Axl muß sich darüber klar werden, daß es der falsche Ast ist, der falsche Pfad, und muß hinabsteigen, den ganzen Weg gehen, hinab in die Unterwelt, zum Fluß Styx, in den Hades, den Abgrund, in die Grube – dort liegt die Lösung. Dort ist der Ort, wo er die übermenschliche Kraft brauchen wird, von der Rimbaud sprach, die er aber selbst nicht in ausreichendem Maß besaß, um den dunklen Mächten des dunklen Unbekannten zu widerstehen. Dort unten wird Axl die Antworten finden, nach denen er sucht; dort wird er mit der Zuversicht und dem Vertrauen belohnt werden, die er so dringend braucht, um seine Reise zu beginnen – oder genauer gesagt: um seine Reise zu vollenden.

Welches ist seine Zugabe? Er hat es nach seinen eigenen Maßstäben geschafft, war erfolgreich und hat keine Kompromisse gemacht; einige seiner Träume sind womöglich wahr geworden. Woraus schöpft er jetzt seine Motivation? Geld ist es sicher nicht. Erfolg? Den hat er bereits. Freiheit? Die hat er auch. Oder etwa nicht? Was also jetzt? Es ist Christus-in-der-Wüste-Zeit. Freiheit, so grenzenlos, daß sie einem angst macht. Du kannst nicht bleiben, wo du bist, weil dein Gewissen das nicht zuläßt, und du kannst nicht einfach springen, weil es zu lebensbedrohlich ist.

Was wirst du tun? Diesen neuen Versuchungen nachgeben oder ihnen widerstehen? Welche Richtung gibt es für dich, welche Initiative ergreifst du aus dir selbst, ganz allein; was hast du jetzt noch zu sagen, nun, da du dort angelangt bist, wo du immer hinwolltest? Jetzt, da wir auf den Baum des Lebens geklettert sind und auf dem Ast des Wissens sitzen – was jetzt? Einfach da hockenbleiben? Warten? Worauf? Oder sollen wir ihn absägen und eine glorreiche Bruchlandung hinlegen und das Ganze nett und hübsch enden lassen, indem wir tun, was jeder von uns erwartet? Es ist wieder wie bei Hamlet: »Sein oder nicht sein«, das ist hier haargenau die Frage.

Der Dichter Theodore Roethke lebte an der Klippe des Abgrunds, gequält und bedroht vom Wahnsinn derselben manischen Depression, an der Axl leidet. Auch Roethke verschlimmerte sein Problem durch exzessives Trinken. Roethke schrieb Gedichte aus den Tiefen seines Leidens heraus. Seine Bilder entstiegen dem Wahnsinn, den er vorantrieb und der ihm Wahrheiten des Erschaffens eröffnete. Der Akt der Kreativität hielt ihn zusammen. In seiner »dunklen Zeit« verlieh er der Entfremdung des menschlichen Daseins im allgemeinen Ausdruck und schrieb auch über den Schmerz des Verlustes der persönlichen Verbundenheit mit dem Göttlichen.

In seiner ersten Strophe eines weiteren Gedichts mit dem Titel »Der Abgrund« stand Roethke an der Klippe zur Krise, die hinabführende Spirale abmessend.

> »Is the stair here?
> Where's the stair?
> The stair's right here,
> But, it goes nowhere.
> And the abyss? The abyss?
> The abyss you can't miss.«

In *Die Brüder Karamasow* erklärt Ivan, einer der beiden Brüder, vor seiner spirituellen Wiedergeburt, im dunklen Loch seiner persönlichen Hölle, die Moral der Familie zum Hauptgrund für sein exzessives Verhalten – »Alles ist möglich«. Dostojewski wußte nur zu gut, daß die Grube auf der Route zur Freiheit liegt. Auch er war vertraut mit dem Abgrund und erkämpfte sich seinen Weg durch seine Abhängigkeiten, ehe er schließlich triumphierte. Es war dieser Drang, intensiv auf der Klippe des Abgrunds zu leben und sich über alle Grenzen hinwegzusetzen, der ihn antrieb, kreativ über sich selbst hinauszuwachsen. Der erbitterte Kampf mit dem Schicksal an der Klippe des Abgrunds, den er am Roulettetisch und an der Bar erfuhr, war derselbe Trieb, der auch seine Kreativität nährte. Dasselbe, was ihn großartig machte, brachte ihn fast um, und er wußte das. »Ich habe ein übermäßig leidenschaftliches Wesen«, gab er zu. »Bei allem, was ich tue, treibe ich mich selbst bis zur äußersten Grenze an – mein ganzes Leben lang habe ich diese Linien übertreten.«

Jim Morrison bezog sich auf dieselben Linien und Grenzen, als er sagte: »Ich wollte einfach nur mal sehen, was passiert – die Grenzen der Realität antesten, das war alles, einfach nur Neugierde.« Diesen Satz von Jim schrieb Axl in eines seiner frühen Tagebücher. Axl Rose überschreitet ständig dieselben Grenzen, angetrieben durch eben diesen Trieb, der ihn gegenüber der *Los Angeles Times* sagen ließ:

»Ich will es so weit treiben, wie ich kann.« Das ist der Hunger, der sein Leben verschlingt, auch wenn er ihn gleichzeitig antreibt, etwas zu produzieren und zu erschaffen.

R. D. Laing widmete sein Leben der Erforschung der Frage, was Menschen verrückt werden und Dinge tun läßt, die nicht normal sind. Bei seinen Untersuchungen war Laing zunächst gepackt und später niedergeschmettert, als er entdeckte, daß jenes Verhalten, das er für »verrückt« hielt, nicht so sehr bei seinen »kranken« Patienten zu finden war, sondern vielmehr bei den sogenannten »normalen« Individuen, die er untersuchte.

Zum Ende seiner Studien hin sagte Laing etwas, das für uns in diesem Zusammenhang eine besondere Relevanz hat – zusammen mit Axl Pose auf dem Ast über der Kante des Abgrunds wippend – und nicht nur für die übrigen Mitglieder der Band wichtig ist, sondern für alle Bands und Künstler, die nach Überleben streben.

> »Es ist genau das, was Kierkegaard den ›Sprung des Vertrauens‹ nannte; das Risiko einzugehen, nach Liebe und Wahrheit zu suchen . . . und sich selbst in den Abgrund zu werfen. Ich sehe nicht, wie wir da wieder herauskommen, weil wir den Abgrund halluzinieren, aber der Sprung des Vertrauens besteht darin, daß dieser Abgrund die vollkommene Freiheit ist. Das führt nicht zu Selbstvernichtung oder Zerstörung, sondern zum genauen Gegenteil. Ich meine, das eigene Selbst ist doch nur eine Illusion, nicht wahr?«
> (R. D. Laing in *Das geteilte Selbst*)

Wenn das Selbst eine Illusion ist und der Abgrund ebenso, ein Symbol, dann folgt daraus, daß wir uns sehr wohl einen Weg dort heraus vorstellen können, stimmt's? Man muß durch die Hölle gehen, ehe man den Himmel erreicht, man muß Sklaverei erfahren, bevor man Befreiung erfährt.

Laing schreibt weiter: »Es ist eine Quelle all unseres Unglücks und Leidens, unserer Neigungen und Bedürfnisse. Will nicht jeder von uns sich selbst los sein?« Genau das ist der Hunger nach Zerstörung; er *ist* ein falsch interpretiertes Verlangen, ein wahrer Hunger, das Resultat einer echten spirituellen Unterernährung. Wenn uns nichts von all dem, auf was wir uns stürzen, befriedigen kann, dann sitzen wir fest, hoch oben auf dem Ast. Was kannst du dann noch tun?

Du kannst nicht davor weglaufen, und du kannst dich nicht verstecken; du kannst dich nicht einfach wieder schlafen legen, und du kannst nicht aufwachen. Die Drogen wirken nicht mehr, und mit deinem alten Verhalten kommst du schon vor dir selbst nicht mehr durch – du bist verdammt, wenn du es tust, und du bist verdammt, wenn du es nicht tust. Kalte, alles zermalmende Grizzlybär-Rachen sind dir dicht auf den Fersen. Was kannst du dagegen tun? Gegen die *Furcht*?

Wir brauchen unsere Künstler, um dorthin zu gehen, wo immer dieses »Dort« auch sein mag; wir brauchen sie, damit sie das Territorium erforschen und abstecken, das Terrain erkunden und aufzeigen, zu unser aller Vorteil – damit sie hinuntergehen und tief graben und wühlen und uns dann von dem berichten, was sie dabei gefunden haben. Dann können wir davon zehren und werden in die Lage versetzt, unseren eigenen Weg fortzusetzen. Wir brauchen den zurückkehrenden Künstler – nicht nur, um uns den Weg aufzuzeigen, sondern auch, um uns zu zeigen, daß man es schaffen kann – um uns unwiderruflich zu demonstrieren und zu beweisen, daß man da lebend wieder rauskommen kann. Wenn wir den Sprung des Vertrauens wagen, dann ist dort unten, am Boden des Abgrunds, Land oder Gottes Hand oder irgendwas anderes, weil es uns allen nicht länger guttut oder reicht, immer nur die Botschaften zu hören, die uns jene von dort zukommen lassen; wir brauchen mehr als das. Das ist schon alles dagewesen, das haben wir alles schon gehabt. Wir brauchen Beweise. Wir brauchen den Künstler, unseren Hero, der in Fleisch und Blut zurückkehrt, damit wir sehen, daß man es schaffen kann, daß Vertrauen kein kindischer Wunsch ist oder eine Selbstbedienungsillusion, gerechtfertigt durch die Furcht; kein unrealistischer Ausdruck für eine realistische Situation, sondern das genaue Gegenteil – eine realistische Antwort auf eine unrealistische Welt.

Während der Herbst näher kommt und der Sommer ausklingt, umgibt eine ungewöhnliche Stille das normalerweise tumultuöse Camp von Guns N' Roses. Dann sickern die ersten, wenigen Worte über die neue LP durch. Von Insidern der Industrie bis hin zu privilegierten Anwesenden bei den Sessions stimmt jeder in einem Punkt zu – die Platte ist ein Meisterwerk. *Brillant* ist der am häufigsten gebrauchte Begriff, um die Musik zu beschreiben, und es sollte niemanden überraschen – sind doch schon mehr als gut drei Jahre seit *Appetite for Destruction* vergangen –, wie sehr die Band gewachsen ist.

Als die kalten Nächte in Los Angeles länger wurden und jeder Tag mit einem frischen, klaren Morgen erwachte, als der 1990er Weihnachtsrummel näher kam, tauchte Slash nach sehr langer Medienabstinenz in einer Cover Story auf, um einige Mißverständnisse auszuräumen.

Rückblickend auf die Tragödie in Donnington sagt er: »Wir haben das ganze Element der Gefahr zurückgebracht, zusammen mit einigen anderen Bands – was wirklich gefehlt hat. Und ich kann diese Energie gut ab. Aber dann mußt du die Show unterbrechen, damit sich die Leute wieder beruhigen, ansonsten ist das Notzelt randvoll mit lauter Verletzten. Muß ich jetzt meine Musik ändern, damit keiner mehr dabei umkommt?« Diese Frage ist natürlich rhetorisch gemeint. Offensichtlich hat sich Slash einige ernsthafte Gedanken über das Dilemma gemacht, wie man es schaffen kann, aufregende Live-Musik zu machen und gleichzeitig Todesfälle zu vermeiden.

»Mir kommt es so vor, als ob unser Publikum langsam etwas zivilisierter wird.« Dieser Optimist. »Mir ist aufgefallen, daß sie jetzt auch schon mal richtig zuhören können, was so abgeht, und nicht nur die ganze Zeit rumtoben während der Show.« Slash spricht davon, ein paar akustische Tracks mehr als üblich ins Programm zu nehmen, um dem Publikum die Chance zu geben, sich »abzukühlen«.

Aber Donnington war nicht die einzige Kontroverse, deren Nachbeben Slash noch immer spürt. Zum ganzen Ärger um »One in a Million«, jenem Song, bei dem Axl in den von ihm selbst verfaßten Lyrics Worte wie »Nigger« und »Schwuchteln« gebraucht und singt, sagt Slash, der selbst zur Hälfte schwarz ist:

»Ich weiß, wo Axl herkommt. Jeder der schwarzen Seite meiner Familie meinte: ›Was ist bloß los mit dir?‹ Meine alte Freundin sagte: ›Du hättest es verhindern können.‹ Was soll ich dazu sagen?« fragt Slash den Journalisten, fast als bitte er um Verständnis. »Axl und ich halten uns gegenseitig von nichts ab. Wenn mal irgendwas total daneben ist, hoffen wir, daß dann jeder von ganz allein damit aufhört.

Er wollte das wirklich bringen, um seine eigene Geschichte zu erklären, und davon handelt der Song ja. Axl ist ein naiver, weißer

Junge aus Indiana, der nach Hollywood gekommen ist; er ist in einer total kaukasischen Gemeinschaft erzogen worden, und das ist seine Art auszudrücken, wie eingeschüchtert er war und dies und das.« Slash scheint weder etwas zu entschuldigen oder zu verteidigen, noch anzuklagen. Nur die Fakten, wie er sie sieht. »Vielleicht hat er da drin noch immer so 'ne Art (bigotter) Gefühle aufgrund der Art und Weise, wie man ihn erzogen hat. Aber gleichzeitig war es nicht bösartig gemeint.

Ich kann hier nicht sitzen und ruhigen Gewissens sagen: ›Es ist okay, daß es passiert ist.‹ Ich will nicht stillschweigend drüber hinwegsehen. Aber nun ist es passiert, und Axl wird dafür verurteilt, und er nimmt es echt persönlich. Alles, was ich dazu sagen kann, ist, daß es eine echte Lektion ist.«

Lektionen zu lernen und erwachsen zu werden scheint beide, Slash und Axl, zu beschäftigen – kann man Reife wirklich von einer Band erwarten, die stolz auf ihr respektloses Verhalten ist?

»Ein bißchen Perspektive kann nicht schaden. Ich bin jetzt fünfundzwanzig geworden, und irgendwas hat bei mir ›klick‹ gemacht. Als ich angefangen habe, war ich neunzehn, und in diesem Alter gibt es weit und breit nichts, was dich aufhalten könnte. Aber dann, wenn du älter wirst – womit ich nicht sagen will, daß ich alt bin –«, verteidigt er sich selbst, »veränderst du dich ein bißchen und siehst die Dinge anders. Das ist doch nur normal. Manche Leute haben einfach nur ein bißchen mehr Glück als andere, wenn sie das durchmachen. Weil es da echte Extreme gibt. Wenn du zweiundzwanzig bist und auf Tour, mit ›access to excess‹ – na ja, da kannst du ganz schön in Trouble geraten.«

Am Ende dieses Buches scheint es, als ob Slash, auch wenn alles relativ ist, wieder einigermaßen beisammen und in Sicherheit sei, wenn nicht sogar richtig stabil. Gegenüber dem Journalisten, der ihn interviewte, sagte er, daß er keine Drogen mehr genommen habe, seit er sich vor mehr als einem Jahr abgeseilt habe. Doch im selben Interview gibt er zu, daß er Drogen genommen hat, als Guns N' Roses die Opener für die Stones waren, und das ist, von dem Moment an, da ich dies schreibe, gerechnet, nicht mal neun Monate her . . . Acht Monate ist der Leadgitarrist nun mit derselben Frau zusammen und läßt selbst die offenkundig reife Möglichkeit zu, Vater zu werden.

Aber wenn, dann wenigstens eine Tochter: »Ich kann nicht noch so einen von meiner Sorte gebrauchen.«

Im folgenden spricht Slash darüber, wie happy er mit dem neuen Album sei und wie befriedigt durch die harte Arbeit, die er da reingesteckt habe, und wie sehr er sich darauf freue, wieder auf Tour zu gehen. »Ich weiß, daß ich jetzt viel mehr Geduld habe, und wir sind jetzt bessere Musiker, viel genauer und kontrollierter . . .«

Dann lacht er, als ob der Sound eines vernünftigen Slash noch immer peinlich sei, selbst mit fünfundzwanzig: »Aber wenn wir wieder losziehen, dann sind wir doch alle *fucking crazy*. Und die ganzen schönen Pläne gehen den Bach runter.«

Selbst die früher ständigen Schlagzeilen über Axl fehlten seltsamerweise einige Monate lang, vom späten Frühling bis zum frühen Herbst. Dann trudelt eine Meldung ein, die ein ermutigendes Beweisstück ist, daß der Singer/Songwriter in eine richtige und positive Richtung unterwegs ist. Die Nachricht verheißt Gutes. Sie beweist Reife und Perspektive, ohne daß sie die Seele oder den Charakter opfern würde.

Axl hat Klage gegen die Cops aus seiner Nachbarschaft eingereicht wegen einer seiner Ansicht nach ungerechtfertigten Razzia seines Apartments, und er wirft der Polizei Belästigung und Hausfriedensbruch vor. Wenn man bedenkt, daß er vor etwa einem Jahr dem System nie genug vertraut hätte, um so etwas zu tun und sich niemals mehr Kontakt mit der Polizei aufgehalst hätte als unbedingt nötig . . . Sie waren drauf aus, ihn zu kriegen – das war sein Standpunkt im Song und ein ›fact of life‹. Jetzt ist er älter und auch ein wenig weiser, aber sein Gefühl der Unschuld hat er nicht aufgegeben.

»Meine Frau Erin, mein Freund (Sebastian Bach, Sänger von Skid Row) und ich saßen beim Abendessen auf dem Balkon, als meine Frau plötzlich sieben bis neun Polizeiwagen da unten anrauschen sah«, sagte Axl nach dem Vorfall.

> »Sie glaubte, jemand sei umgebracht worden. Dreizehn oder vierzehn Cops haben ungefähr vierzig Minuten gebraucht, um sich unten in der Eingangshalle zu organisieren. Sie (die Cops) haben geglaubt, sie würden da irgend 'nen großen Angriff starten oder was weiß ich. Meine Frau konnte durch den Türspion nicht sehen, wer klopfte, also hat sie die Tür aufgemacht, und da standen sie, und sie sagte zu mir: ›Komm

da raus!‹ Und ich sagte: ›Yeah, right.‹ Ich weiß nicht, ob sie es auf mich abgesehen haben, aber sie (die Cops) hassen meinen Mumm, ich weiß nicht, warum. Vielleicht liegt es daran, daß es einen nach ein paar Jahren einfach ankotzt, wenn du als Cop auf dem (Sunset) Strip arbeitest und die ganzen langhaarigen Typen mit Ohrringen siehst, die nichts zur Gesellschaft beitragen und mit den Girls ausgehen, die du selbst am liebsten hättest.«

Und was war mit seiner chaotischen Ehe mit Erin Everly? Diese dramatische Haßliebe-Beziehung, die er mit der von Jim und Pamela Morrison verglich? Axl war in der Lage, den Eid der Ehe abzulegen, den Sprung des Vertrauens zu wagen, den Morrison nie tat. Sie heirateten nicht nur – Axl und Erin blieben auch länger verheiratet, als irgend jemand hätte wetten wollen. Im Herbst 1990 äußerte Axl sein letztes Wort über die Ehe. »Unsere Ehe ist gut, wenn wir kommunizieren. Dann öffnet es eine Menge Türen und Dinge der Hoffnung, die ich vorher nicht gesehen habe, an die ich entweder nicht geglaubt oder von denen ich nur in Büchern gelesen habe. Verheiratet zu sein, ist mehr ein Teil von mir. Die ›Institution‹ Ehe ist doch nur Schnickschnack auf einem Stück Papier, aber die Vereinigung von zwei Menschen, wenn du das hinkriegst in der Ehe, das ist etwas, was mich umhaut.«

Der seltene Ausdruck von Zukunftshoffnung reichte aus, um auf Reife, Mumm und Überlebenskraft schließen zu lassen. Als er nach der Möglichkeit, Vater zu werden, gefragt wurde, antwortete Axl: »Ich freue mich darauf. Wir haben den Kindern sogar schon Namen gegeben.«

Nicht unbedingt die Worte von einem, der beabsichtigt, jung zu sterben.

Doch es sollte anders kommen.

Zwei Monate später war Axl erneut in den Schlagzeilen. Dieses Mal in den TV-News, den Sechs-Uhr-Abendnachrichten, mit einer Meldung, die schon eher auf den Charakter paßt, den wir kennen, und die doch seltsam beruhigend ist. Wieder ist der Ort des Geschehens sein Apartment, wieder geht es um laute Musik und einen wütenden Nachbarn und die Polizei.

So, wie die Story anfangs gebracht wurde, hatte Axl einen Streit mit seiner Nachbarin im Flur des zwölften Stockwerks ihres Apartmentgebäudes, in dessen Verlauf sich Rose angeblich die Autoschlüssel der Lady schnappte und sie über den Balkon warf, den Wein aus der Flasche kippte, die die Lady in der Hand hielt, und ihr dann mit dieser Flasche auf den Kopf schlug.

Von Rose jedoch war eine ganz andere – und glaubwürdigere – Version des Vorfalls zu hören. Axl sagte, diese Klage sei nur die letzte einer ganzen Reihe von Auseinandersetzungen und Vorfällen zwischen dieser Lady und ihm und das Ganze ginge schon seit seinem Einzug in dieses Gebäude so. Laut Axl war die Frau ein übereifriger Fan und habe selber spät in der Nacht Krach verursacht.

Weiter erklärte Axl, daß er am Dienstag, den 30. Oktober, um ein Uhr morgens, diese Nachbarin vor seiner Apartmenttür habe rumschreien hören. Er steckte den Kopf zur Tür hinaus und brüllte die Lady an: »Halt's Maul!« Tat sie aber nicht. Statt dessen, so Axl, holte sie mit der Flasche Wein nach ihm aus. Als er ihr die Flasche abnahm, warf sie ihre Autoschlüssel in sein Apartment und versuchte, in seine Wohnung zu kommen, ehe er die Chance hatte, ihr die Tür vor der Nase zuzuschlagen. Das war der Moment, als Axl den Schlüssel über den Balkon schickte. Sie tobte dann noch zwanzig Minuten weiter vor seiner Tür rum, während Axl die Abteilung des Sheriffs anrief, dieselben Jungs, gegen die er zuvor Klage wegen Belästigung eingereicht hatte. Wundert wohl niemanden, daß die Deputies nicht auf Axls Anruf reagierten.

Axl: »Wenn sie irgendwelche blauen Flecken hat, dann weil sie sich gegen meine Tür geworfen hat; sie hat es sich selbst zugefügt.«

Eine kurze und ruhige halbe Stunde später ließen sich die Polizisten dann blicken, doch auf Bitte der Nachbar-Lady, die einige Zeit nach Axl auf dem Revier angerufen hatte. Wie die Abendnachrichten meldeten, »hat Axl ihr mit einer Weinflasche auf den Kopf geschlagen. Sie wurde ins Krankenhaus gebracht. Er ins Gefängnis.«

Gegen eine Kaution von 5000 Dollar wurde Axl Rose wieder auf freien Fuß gesetzt, mit einem *»shit-eating«* Grinsen für die Fotografen und Kameras, die Hände über dem Kopf, als wolle er sagen: »Ah, Freiheit!« Später eröffnete Axl gegenüber Kurt Loder von MTV, daß seine Frau, Erin, am Tag zuvor eine Fehlgeburt erlitten hatte, was wahrscheinlich der Grund für seine unbeherrschte Reaktion auf die Belästigung durch seine Nachbarin gewesen sei.

Sämtliche Anklagen wurden fallengelassen, nachdem sich Axl einem Lügendetektor-Test unterzog. Das Ergebnis bewies, daß er die Wahrheit sagte, was viele von Anfang an vermutet hatten.

Wenige Wochen später erklärte er sich endgültig für frei, als er sich ein Haus in den Hollywood Hills kaufte, wahrscheinlich um seine pestige Nachbarin loszuwerden. Er war noch nicht einmal in sein neues Zuhause eingezogen, als er einen geschätzten Schaden von 80 000 Dollar anrichtete.

»Nur weil ich eine Menge Geld verdiene, heißt das doch nicht, daß ich ein einsamer Rockstar bin, der ganz alleine in den Hollywood Hills lebt.«

Bei einem der letzten Gespräche mit der Presse vor Ende des Jahres 1990 sprach Axl über eine Zeit in seinem Leben, als er so frustriert gewesen war und derartige Depressionen hatte, daß er versucht hatte, sich mit einer Überdosis Tabletten das Leben zu nehmen. Der Interviewer sah sich den Axl Rose an, der vor ihm saß – klarer Blick, leise, sensibel, sich klar ausdrückend, freundlich und höflich, *Gentleman* –, und fragte den Sänger dann: »Wie hast du es denn geschafft, von da, wo du warst, bis hierher, wo du jetzt bist?«

Axl lachte. »Du meinst: Was kommt nach ›Everything all the time‹?« fragte er und zitierte damit einen Satz aus einem alten Song der Eagles. Der Journalist lachte auch, und zwar über die Absurdität, daß einer der unglaublichsten und haarsträubendsten Sänger ausgerechnet eine Band zitiert, die laid back ist wie keine andere.

»Yeah«, meinte der Journalist. »Wie hast du's angestellt?«

»Ich hab Glück gehabt«, antwortete Axl. »Und es war *tricky*«, gab er zu, »sehr, sehr *tricky*.«

Am Silvesterabend, während einer Session auf der alljährlichen Party des Magazins *RIP*, sprang Axl vom Bühnenrand ins Publikum, kopfüber, wieder und wieder, als wollte er damit den greifbaren Beweis liefern, daß Reife nicht notwendigerweise im Widerspruch zu einer ungesunden, transzendenten Performance stehen muß.

Unglücklicherweise sollte Axls Ehe trotz aller hoffnungsvollen Gefühle und erbaulichen Anzeichen nicht halten. Im ersten Monat des neuen Jahres wurde die Ehe Rose/Everly offiziell annulliert.

In einer eidesstattlichen Versicherung erklärte Axl: »Ich bin Künstler und Performer, und ich glaubte von ganzem Herzen, daß

Erin meine größte Inspiration sei.« Und er fuhr fort: »Ich war in einem ernstlichen Zustand der Angst und Depression, daß Erin, wenn ich sie zum damaligen Zeitpunkt nicht geheiratet hätte, mich verlassen könnte und ich so die Person verlieren würde, in der ich meine größte Inspiration zu haben glaubte.«

Axl Rose und Guns N' Roses setzen ihren Weg fort . . . Sie inspirieren . . . Sie leben . . . Sie sind immer noch hungrig.

POSTSKRIPTUM TEIL 1

»Wie ich die Chancen einschätze, daß Guns N' Roses überleben? Hey, abzuschätzen, wie die Chancen für andere Leute stehen, daß sie sterben oder am Leben bleiben, ist nicht mein Ding, Baby – das machen andre Leute bei *mir*! Ich war immer die Nummer eins auf der Liste der Typen, die als nächste abtreten, also denke ich im Traum nicht daran, das jetzt bei ihnen zu tun. Ich werde kein Urteil über sie fällen. Ich wünsche ihnen alles Glück der Welt. Es sind gute Jungs. Was soll ich sagen? Sie haben echt mein Mitgefühl, weil sie jetzt nicht mehr in der Kindergarten-Liga spielen. Jetzt stecken sie mitten im Maul des Business, Nacht für Nacht.«
(Keith Richards)

Eine der goldenen Regeln der Plattenindustrie lautet, eine Konzerttournee pünktlich zum Erscheinen einer neuen LP zu starten oder kurz danach, weil einerseits die ganze Publicity um eine solche Veröffentlichung den Ticketverkauf anheizt und andererseits die Konzerte das Interesse an der Platte pushen. Eine Art Synergie läuft ab – Airplay und Plattenverkäufe unterstützen den Konzertbesuch, und die Konzertbesucher rennen los und kaufen sich die Platte. Normalerweise wird eine etablierte Band einen Monat oder so abwarten, nachdem die Platte in den Läden ist, ehe sie mit der Tour beginnt, damit die neuen Songs eine Chance haben, gehört zu werden – denn keiner will im Konzert Songs hören, die er noch gar nicht kennt.

Viel besser ist es, so die Tradition im Business, wenn die Leute mit dem Material des neuen Albums vertraut sind und *dann* in die Show gehen.

Einen Monat und mehr vor Erscheinen einer neuen Platte zu

touren, das gilt als riskanter Schritt; und wenn es auch hin und wieder vorkommt, so sind es gewöhnlich nur Top Bands – mit einem Publikum, das groß und treu genug ist –, die es schaffen, die Hallen und Stadien dann auch zu füllen. Und selbst diese Bands sorgen vorher dafür, daß die Radiosender mit der neuen Platte bestückt werden und die Songs spielen.

Die erste Headliner-Tour einer jungen Band in den größten Hallen der Welt zu buchen, ohne daß eine neue LP in den Läden wäre, und diese Band nur in der Hoffnung und dem blinden Vertrauen auf Tour zu schicken, daß die Leute schon kommen werden, wenn sie spielen, muß als Gipfel kommerzieller Ignoranz angesehen werden und ist wahrscheinlich ein Zeichen einer unterbewußten Karriere-Todessehnsucht. Im ungeschriebenen Regelbuch des Rock'n'Roll-Business jedenfalls läuft es so nicht.

Aber klar, das hier sind Guns N' Roses, und die scheren sich nicht darum, ob sie nun professionell erscheinen oder nicht, und sie halten sich nicht an die Regeln. Weil sie auf die Regeln pfiffen, kamen die Leute so oder so in ihre Konzerte und machten die Guns N' Roses Tour, entgegen allen Erwartungen, zur erfolgreichsten Tournee der Sommer/Herbst-Saison 1991.

Ursprünglich hatten sowohl Geffen als auch die Gunners beabsichtigt, die schon lange überfälligen Alben *Use Your Illusion I* und *II* und die Welttournee auf die übliche Weise zusammenfallen zu lassen. Die Tourdaten waren bereits im voraus gebucht worden, weil man von einer Veröffentlichung der LPs im Frühsommer ausging, und eine Weile lang sah es auch so aus, als würde alles nach Plan laufen. *Use Your Illusion I* und *II* würden in den Läden sein, die Fans würden keine zehn und mehr unbekannten Songs in den Konzerten hören, weil das neue Material landauf, landab im Radio lief, und die Platten würden hoch in den Charts sein, ehe die Tour startete.

Doch dann, je nachdem, welche Version man glauben will, trat das Erwartete oder das Unerwartete ein. *Use Your Illusion* wurde zum unzähligsten Male verschoben. Es war klar, daß die Platte nicht rechtzeitig fertig werden würde, um sie noch vor der Tour zu veröffentlichen. Und jetzt mußte jemand eine Entscheidung treffen: entweder die Tour verschieben, die Dates canceln und zu einem späteren Zeitpunkt, nach Veröffentlichung der Alben, neu ansetzen – oder: zur

Hölle mit allem! Ist doch schnuppe, daß es unsere erste Tour als Headliner ist. Ist doch schnuppe, daß die Platte nicht in den Läden ist. Wir tun es trotzdem. Zum Teufel mit dem Sicherheitsdenken.

Für den oberflächlichen Betrachter schien es so, als hätte es die Band wieder mal vermasselt, und für die Fans sah es allmählich so aus, als würden die neuen Alben nie mehr rauskommen.

Doch nach Axls Meinung waren die Platten nicht zu spät dran und sind auch nicht verschoben worden – sie waren einfach noch nicht fertig. »Es hat keinen Delay gegeben«, sagte Axl. »Die Platte war eben noch nicht komplett. Es ist erst soweit, wenn *ich* es sage.« Die zuvor angekündigten Erscheinungstermine waren nichts weiter als Wunschdenken seitens der Plattenfirma, und bei nicht wenigen Leuten dort hing die Zukunft vom Erfolg der neuen Guns N' Roses-LP ab.

Das Leben auf der Kippe war nicht einfach gewesen für Guns N' Roses. Während sich die Musiker – Slash, Izzy, Duff, der neue Drummer Matt Sorum und Keyborder Dizzy Reed, jüngster Neuzugang – vom Studio zum Üben aufmachten, um sich auf die Tour vorzubereiten, zog Axl Rose ins Studio, nur mit seinem *Exercycle* und einer Mappe mit seinen Lyrics. Dort schloß er sich einen Monat lang ein, nahm die Vocalparts auf und feilte an den Texten, bis sie perfekt waren. Es wurde spekuliert, daß es die Band nicht auf die Reihe kriegte, zusammen ins Studio und in den Übungsraum zu gehen, aber in der Realität sah es so aus, daß Axl von der Vorstellung des Rehearsing nicht sonderlich begeistert war, weil er glaubte, die endlosen Wiederholungen würden ihm die Spontaneität für die späteren Auftritte rauben, und was ihn betraf, lief doch alles glatt – vielleicht sogar bestens.

Auch nachdem die Vocalparts aufgenommen waren, wurde der endgültige Mix nicht in der veranschlagten Zeit fertig. Ein neuer Producer kam. In jeder Phase des Recording-Prozesses kündigte Geffen hoffnungsvoll einen neuen Veröffentlichungstermin an, sehr zum Ärger der Band, nur um dann mit ansehen zu müssen, daß der Termin kam und verstrich, ohne daß die Platte fertig war. Es schien, als sei nicht nur Geffen, sondern der gesamte Handel des Musikbusiness wild darauf, diese Platte endlich zu kriegen. Die Plattenumsätze waren allgemein im Keller. Nun setzten alle in der Industrie auf Guns N' Roses, so wie es früher bei den Eagles oder Fleetwood Mac der Fall gewesen war.

»Die Leute wollten was in den Händen haben, und sie wollten es so schnell wie möglich«, sagte Axl und fügte hinzu, dies sei ein Impuls, der ihm vertraut ist. »Mir geht's ja auch so, aber ich wollte, daß diese Platte wirklich komplett ist – und nicht so ein halber Scheiß. Seit wir *Appetite for Destruction* gemacht haben, habe ich eine Menge Bands erlebt, die zwei bis vier Alben rausgebracht haben – und wer hat sich drum geschert? Sie sind losgezogen, haben eine große Tour gemacht, sie waren Rockstars für diesen Zeitraum. Daran hat sich jetzt jeder gewöhnt. Wozu? Was soll's? Die Plattenfirmen machen Druck, die wollen es genau so haben. Wir haben nicht nur einfach irgendwas zusammengeschmissen, um Rockstars zu sein. Wir wollten etwas zusammenstellen, das uns alles bedeutet.«

Und gemessen an der Reaktion ihrer Fans und der Medien ist ihnen das auch gelungen.

Geffen hätte es gern gesehen, wenn die neue Guns N' Roses-LP als Cover ein Foto der Band gehabt hätte oder doch wenigstens einen Gruppen-Shot auf der Rückseite. Aber solches Entgegenkommen war aus dem Lager der Band nicht zu erwarten. Wie schon beim Artwork für das erste Album, so stolperte Axl auch diesmal über ein Bild, das auf elegante Weise die duale Natur in seinem und dem Herzen der Band wiedergab. Ein bestechendes, fast trügerisch einfaches Gemälde. Im Hintergrund eine ausgezehrte Gestalt, entweder tödlich müde oder vielleicht auch in tiefer Melancholie versunken, und im Vordergrund eine kleine Figur, androgyn, engelsgleich, eingefangen beim Akt des Schaffens, scheinbar gleichzeitig schreibend und tanzend. Axl schien damit zu sagen: Ich habe meine Hoffnung und Phantasie benutzt, indem ich schrieb und tanzte, um dahin zu kommen, wo ich jetzt bin. Das kannst *du* auch. Aber sei dir bewußt, und sei vorbereitet auf die Traurigkeit und Tragödie, die stets im Hintergrund droht ... Diese zwei Figuren sind untrennbar.

Nicht nur, daß Geffen ein Artwork erhielt, das eher einem Renaissance-Gemälde des 18. Jahrhunderts ähnelte als dem Album-Cover einer Hardrock Band, er wurde auch noch angewiesen, dasselbe Motiv auf beide Platten zu nehmen und sie gleichzeitig, als getrennte Alben, auszuliefern. Es gab Meetings und Meetings, um die Band zu überreden. Als das nichts brachte, wurden noch mehr Meetings einberufen, um zu beratschlagen, wie man das Beste aus dieser Situation machen konnte. Dann kam es zu Vertragsrücktritten und weiteren Delays.

Schließlich, nach monatelangen Spekulationen, Gerüchten, Hörensagen, geplatzten, neu angesetzten und wieder geplatzten Release Dates, die wiederum angekündigt und wieder abgeblasen wurden – wurde das Erscheinen der beiden *Use Your Illusion*-Alben für Dienstag, den 17. September 1991 bestätigt.

Es war ein noch nie dagewesener Business-Coup – *Use Your Illusion I* stieg auf Platz eins, *Use Your Illusion II* auf Platz zwei der *Billboard* Top 200 Albumcharts ein. Zum ersten Mal in der Geschichte des Musikbusiness war das Kunststück gelungen, daß zwei Alben einer Band oder eines Künstlers gleichzeitig in der Spitze der Charts einstiegen. Während der ersten Woche wurden mehr als 1,5 Millionen Units verkauft. Die beiden LPs gingen mehr als 7,3 Millionen Mal über die Tresen, und Neuorders am Ende der ersten Wochen beliefen sich auf über 800 000 Exemplare. Die Händler berichteten vom besten Geschäft seit Jahren.

Geffen Records hatte ein Verbot verhängt, die Platte vor dem offiziellen Date des 17. September zu verkaufen. Zum ersten Mal in der Geschichte der Unterhaltungsindustrie hatten die Läden entweder bis Mitternacht geöffnet oder öffneten noch einmal. Als der Kalender vom 16. auf den 17. September blätterte, kamen die Anhänger der Band heraus und stellten sich in Schlangen vor den Läden auf. Nach Mitternacht dann sendeten die Kameras der Nachrichtensendungen das Phänomen an die Westküste, die durch die Zeitverschiebung drei Stunden hinterher war. Die Präsentation war ebenso ominös wie feierlich – endlose Schlangen vor den Türen der Plattenläden, in Dreier- oder Viererreihen, und Sicherheitspersonal vor den Shops.

Im Versuch zu verstehen, was hier überhaupt geschah und warum es geschah, bedrängten die Reporter die Getreuen. »Was ist denn so toll an dieser Band?«

»Sie sind eben so cool.«

»Sie sind aufrichtig.«

»Wen gibt es denn sonst schon?«

»Weil sie einzigartig sind.«

»Weil niemand das macht, was sie machen.«

»Aber was ist das?« wollten die Reporter wissen. »Was ist es, was diese Band so gut *macht*?« wurde die Frage wiederholt. »Was ist so Besonderes an einer Platte, daß du um Mitternacht hierherkommst, um sie dir zu kaufen?«

»Weil sie die Besten sind!«

Das war nicht gerade die Antwort, die die News gewollt hatten. Also berichteten sie über das Greifbare.

Lieber warteten die Fans zu Zehntausenden in Schlangen, um zwei Alben zu kaufen, als bis zum nächsten Morgen zu warten. Von New York City bis Los Angeles hatte man so etwas noch nicht gesehen. Camelot Music, eine Ladenkette mit 300 Shops, verkaufte 80 000 Platten innerhalb von 24 Stunden. Sound Warehouse in Dallas verkaufte allein in der Nacht der Veröffentlichung 15 000 Alben. Tower Records verkaufte 23 000 Units in einer Nacht.

Use Your Illusion I und *II* stiegen auch in England und Australien, in Neuseeland und Japan auf Platz eins und zwei der Charts ein. In Schweden, Deutschland, Österreich, Norwegen, Spanien und der Schweiz stiegen sie in den Top 5 ein.

»Die meisten internationalen Territorien«, berichtete Mel Posner, der Geffens International Department leitet, »haben ihre Verkaufserwartungen für die ersten neun Monate in weniger als einer Woche nach Veröffentlichung der Alben realisiert.«

Zum ersten Mal seit langer Zeit stimmten die Kritiker mit den Hardrock-Käufern überein und gaben den LPs fast einstimmig und uneingeschränkt ein *»thumbs up«*.

Vier Jahre zuvor schien niemand sicher sagen zu können, ob die Band überleben würde, um ihre Follow-Up-LP einzuspielen, und so debattierte auch niemand darüber, ob sie besser werden und sich weiterentwickeln würden und wenn ja, wie sehr und in welche Richtung – eine Antwort auf diese Fragen schien wenig wahrscheinlich. Aber Guns N' Roses hatten nicht nur relativ intakt überlebt, sie waren auch stärker geworden und gereift, ohne dabei ihren Biß, ihre scharfe Zunge oder ihren Witz zu opfern. Daß sie mittlerweile zu Millionären geworden waren, hatte ihre Outsider-Haltung nicht eliminiert; sie sind noch immer *pissed off*, wütend, durcheinander, verängstigt, verletzlich, arrogant, auf der Kippe, geradeaus und over the top mit ihrer Hoffnung und Unschuld, die wie ein Quecksilberstrom alles durchfließen.

»Rose kennt keine Gnade«, schrieb *Rolling Stone*, »Guns N' Roses feuern auf alles und jeden, und sie machen keine Gefangenen. War *Use Your Illusion* das Warten wert, den ganzen Wahnsinn und die Wutanfälle auf der Bühne? Ja.«

Billboard schrieb über *Use Your Illusion I*: »Guns N' Roses' frisch veröffentlichtes doppeltes Studiowerk ist in nahezu jeder Hinsicht bemerkenswert. Erstaunlich vielfältig.« Und über *II* schrieb die Bibel des Handels: »Künstlerisches Urteil: eine brillante Rehabilitation der Top Hardrock Band Amerikas.«

Die Rezension im *Billboard* schien die vorherrschende Meinung über die Alben wiederzugeben, von denen viele insgeheim angenommen hatten, sie würden sich als zu prätentiös erweisen, zu überladen mit minderwertigem Material und Songs; man nahm an, die Band habe jegliches Gespür für selbstkritische Objektivität verloren und man hätte das Material lieber auf eine LP zusammenkürzen sollen. Andere wollten glauben, Guns N' Roses hätten schlicht und einfach zwei Alben in dreieinhalb Jahren aufgenommen – warum also so nachsichtig?

Der *Melody Maker* behauptete: »Fehlerhaft, aber majestätisch . . . beweist, daß Rose ernsthaft abgefuckt ist, aber es läßt auch ahnen, daß er nach Heilung greift, nach einem Leben ohne behindernde Krücken. Todsünde, Transzendenz und Tragödie – Tatsache ist, daß Guns N' Roses mit ewigen Themen des Underground Rock spielen und das auf der denkbar größten Bühne.«

Selbst *Time* erforschte dieses wenig feine, aber kaum zu ignorierende Phänomen: »Im Rock'n'Roll gab es schon immer sexistische, Gewalt verherrlichende Bands, aber nur sehr wenige von ihnen verkaufen 14 Millionen Platten, wenn sie zum erstenmal von der Müllkippe kriechen. Was die Gunners von allen anderen unterscheidet, ist, daß sie eine wirklich elektrisierende Band sind, die weder so aussieht noch klingt wie die untereinander austauschbaren Whitesnakes, Poisons, Bon Jovis . . . Jeder, der über die obszönen Texte hinwegsieht, wird eines der besten Rockalben dieses Jahres kaufen. Oder zwei davon.«

Doch nicht alle News waren ebenso glühend und gut. Es gab einige Leute, die es scheinbar nicht schafften, über die »obszönen Texte hinwegzusehen«.

Selbst im wirtschaftlich geplagten Musikbusiness, das früher als rezessionsfest galt, gab es solche, die lieber untergingen, als auch nur in den Anschein zu geraten, Guns N' Roses zu promoten oder beizupflichten.

Laut Geffens Sales Chief Eddie Gilbreath gab es viele in Vertrieb und Handel, die von Anfang an prompt signalisierten: nichts zu machen. »Sie zogen es vor, auf die Einnahmen zu verzichten, nur weil sie fürchteten, irgendein Vater könnte sich beklagen. Sie zensieren, bevor sie überhaupt herausfinden, ob irgend jemand ein Problem damit hat.«

In Erwartung von Einwänden seitens der Händler und Shops plante Geffen, die Alben nicht nur mit einem Sticker zu versehen, sondern mit zwei Hinweisen. Die ersten CD-Boxen trugen die Warnung: »Dieses Album enthält Texte, die mancher Hörer als unanständig empfinden mag. Wir raten daher: F?!* OFF und kauft euch lieber was aus der New-Age-Abteilung.« Ansonsten war der übliche RIAA-Sticker mit der Warnung an die Eltern drauf.

Fast so schnell, wie die Platten in den Charts waren, waren sie auch schon wieder aus einigen Regalen verschwunden. In anderen tauchten sie nie auf. Zwei der größten Händler, Wall-Mart und K-Mart, weigerten sich, auch nur eines der Alben zu verkaufen, und dies für alle Zukunft.

Natürlich waren der ganze Trubel und das ganze Hickhack um die Veröffentlichung von *Use Your Illusion I* und *II* nichts, verglichen mit dem Aufruhr, den ein anderes Guns N' Roses Event verursachte, jenes Event, das nicht verschoben worden war, jene Dates, die nicht so willkürlich hin und her geschoben und neu angesetzt werden konnten . . .

Die Tour.

POSTSKRIPTUM
TEIL 2

Eine Menge Leute mögen es gar nicht, wenn jemand Axl einen Helden nennt. Was hat der Typ denn schon groß getan? fragen sie. Schmeißt nur mit obszönen Schimpfwörtern um sich, der Typ, ist dabei noch erschreckend ignorant in seiner Hartnäckigkeit und total verhätschelt, und dann seine kindischen Wutanfälle in der Öffentlichkeit . . . Wenn man bedenkt, was der mit der ganzen Aufmerksamkeit, die er auf sich lenken kann, alles *Gutes* anstellen könnte. Der Junge ist das schlimmste Vorbild seit Jim Morrison oder Alice Cooper, such's dir aus. Außerdem – worüber ist er denn bitteschön so stinksauer? Der Junge scheffelt Millionen. Das mindeste, was er tun könnte, wäre, sich pünktlich blicken zu lassen, um all das Geld einzusammeln.

Axl sorgt dafür, daß die Leute entweder applaudieren oder mit dem Kopf schütteln. Eine Menge Leute kapieren es einfach nicht. Eine Menge anderer Leute wollen es gar nicht kapieren. Aber Axl kriegt sie trotzdem. Er ist entweder ein Hero oder ein Arschloch, je nachdem, mit wem man spricht. Was die Miesmacher jedoch nicht begreifen, ist, daß zwischen beidem kein allzu großer Unterschied ist.

Autor James Redfield beschrieb in der Einleitung zu einem Buch mit dem Titel *The Best of the Achaeans* den Helden Achilles folgendermaßen: »Der Held ist letzten Endes kein Vorbild zur Nachahmung, sondern vielmehr eine Figur, die man nicht ignorieren kann.«

Also ist Axl Rose ein Held, und wie Achilles neigt er dazu, kindisch, bockig und maßlos in seinem Verlangen zu sein – und wie Achilles ist er ein Held. Er kann große Ergebenheit provozieren oder heftige Kritik, wie wir im Sommer 1991 erlebten, als die Guns N' Roses Show featuring Axl Rose fast im Alleingang die von der Pleite bedrohte Konzertsaison rettete – meist beides. Zum ersten Mal tourten Guns N' Roses als Headliner, und die Hölle brach los.

Die »Get in the Ring, Motherfucker« Tour startete mit drei ausgewählten Club Gigs (erst in allerletzter Minute angekündigt), der erste am 9. Mai im Warfield in San Francisco, gefolgt von Los Angeles, wo sie im Pantages Theater spielten, und schließlich traten sie am 19. Mai im Ritz in New York City auf, wo sie, sämtlichen Berichten zufolge, eine Show von stellarer Energie ablieferten, während der Axl über eine Lautsprecherbox flog und sich die Bänder im linken Hacken zerrte. Ich werde an dieser Stelle auf die naheliegende Analogie zu Achilles verzichten.

Die Verletzung war nur der Auftakt – von nun an sorgte Axl für Schlagzeilen, machte sich Feinde, begeisterte die Konzertbesucher und verblüffte so ziemlich jeden sonst.

Während des Konzerts am 2. Juli in St. Louis, Missouri, so berichtete die Presse, war ein wütender, impulsiver, verantwortungsloser Axl Rose in sein Publikum getaucht, um einem Biker mit dem Namen Stump die Videokamera abzunehmen. In Wahrheit hatte Axl zuvor mehrere Male die Security vergeblich gebeten, sie möchten sich doch darum kümmern, ehe er es dann selber tat. Guns N' Roses' vertragliche Zusatzklausel verbot besonders Dosen, Fotoapparate, Kameras und Recorder – eine Klausel, um die die Security zweifellos wußte. Nach seinem Gerangel mit dem Publikum kehrte Axl kurz auf die Bühne zurück, um die nicht reagierende Security weiter anzumachen, ehe er dann davonstürmte, der Rest der Band hinter ihm her.

Zehn Minuten lang stampfte die Menge, klatschte und schrie »Bullshit!«, doch als dann die Lichter in der Halle angingen, drehte das Publikum vollends durch – Equipment im Wert von mehr als 200 000 Dollar ging dabei drauf. Mehr als 500 Polizisten wurden herbeigerufen. Dutzende Fans landeten im Hospital, blutend, verletzt, geschockt, wütend . . .

Alle Finger zeigten auf Axl. Der Veranstalter gab Axl die Schuld. Die Presse gab Axl die Schuld. Andere Musiker gaben Axl die Schuld. Ted Nugent sagte gegenüber der Presse: »Wenn ich so häßlich wäre wie Rose, wäre ich auch stinksauer, wenn mir jemand eine Kamera vor die Nase hält.« Nugent lud die Fans ein, ihre Kameras zu jedem

Konzert seiner Band mitzubringen. Vince Neil von Mötley Crüe, den Rose als »plastic-faced, pussy-assed« bezeichnet und im Song »Get in the Ring« herausfordert, geht noch über die Kritik hinaus und nimmt Axls Herausforderung live auf MTV an.

Bob Guiccione Jr., Herausgeber des Magazins *Spin*, den Axl ebenfalls namentlich attackiert und einlädt, ihn am Arsch zu lecken, kündigt an, er sei genauso bereit, Axl im Ring zu treffen.

Selbst einige seiner Fans gaben Axl die Schuld. Nikki Ward aus Louisburg, Missouri, fragte: »Ist es denn so ungewöhnlich, daß Fans Bilder von ihren Rockern haben wollen? Ich finde, Axl ist 'ne große Heulsuse. Was er in St. Louis abgezogen hat, war total daneben.«

Nicht nur, daß das Equipment während der Ausschreitungen demoliert worden war – auch die Shows in Chicago, Illinois und Bonner Springs in Kansas wurden gecancelt. Rose schob die Schuld den Veranstaltern und dem Security Staff zu. Hätten sie ihren Job erledigt, so argumentierte er, hätte er nicht ins Publikum gehen müssen. Was er getan hatte, sei nicht unverantwortlich gewesen, sondern das genaue Gegenteil: Er hatte nur *ihren* Job erledigt. Und hätten die Veranstalter die Band wieder zurück auf die Bühne gelassen, ehe der Tumult losbrach, wäre überhaupt nichts passiert. Die Veranstalter wiederum behaupteten, die Band habe sich geweigert, wieder auf die Bühne zu gehen. Was hinterher rauskam, stützte Axls Version, aber es bewahrte ihn nicht davor, dennoch die meisten Vorwürfe abzukriegen.

Bei der nächsten Show, in Dallas, Texas, erschien Axl zwei Stunden zu spät. Die Ausschreitungen hatten ihn verständlicherweise mitgenommen, und so war er nicht sonderlich enthusiastisch, 20 000 Fans gegenüberzutreten, die breit und stoned waren und nichts weiter als die News über die Tumulte gehört hatten.

Jedem, der diese Band etwas näher kennt, sollte klar sein, daß hier ein Sänger ist, der nicht einfach zur vereinbarten Zeit auf die Bühne gehen und ganz automatisch seinen Act durchziehen kann – oder bloß ein bißchen unterhalten. Hier ist ein Mann, dem es egal ist, wie spät es ist oder welche Verpflichtungen er hat; dem egal ist, was andere von ihm erwarten. Wenn es nicht *real* ist, dann ist er nicht daran interessiert. Ob er nun ein Genie ist oder ein Arschloch, das hängt von dir ab – und Axl schert sich nicht darum, was du denkst.

Als er schließlich doch noch die Bühne des Starplex Amphitheater betrat, mußte Axl unbedingt einige Sachen loswerden. Und das waren seine Worte ans Publikum:

> »Es ist schwer zu sagen, warum wir auf die Bühne gehen und das hier machen. Manchmal macht es Spaß, aber manchmal brauchen wir unsere ganze physische Energie, um hierherzukommen und unser Geld zu verdienen.
> In den letzten paar Tagen habe ich CNN geschaut und diese Scheiße in den Zeitungen aus St. Louis gelesen, daß ich angeblich einen Aufstand angezettelt haben soll; und sie schreiben: ›Die haben einen Heroinsüchtigen in der Band, der gerade aus dem Entzug kommt, und einmal ist Axl Rose gesehen worden, wie er in einem Jeep die Straße langfuhr und seine Exfrau mit obszönen Worten beschimpft und angeschrien hat‹ – Scheiße, was hat das mit St. Louis zu tun?
> Und ich mußte feststellen, daß, egal was wir heute abend tun, egal wie gut oder schlecht wir spielen, wahrscheinlich irgendeiner von der Presse hier ist, der es aus einigen Gründen nicht kapiert, also wird er über irgendwas anderes schreiben, und er wird Lügen verbreiten.
> Auf Dallas wird es zwar keinerlei Auswirkungen haben, und es sollte eigentlich auch mir ganz egal sein, aber es ist ein Fuck gegen den ganzen Rock'n'Roll allgemein. Weil . . . wer sind denn in der Hauptsache die Leutchen, die diese News-Sendungen sehen und diesen Shit lesen? Sie sind alle vierzig oder fünfzig, hocken da, futtern ihre Bran Flakes und trinken ihren Kaffee.
> Damit will ich nichts gegen das Älterwerden sagen. Das ist nun mal so im Leben. Wenn du nicht vorher stirbst, wirst du eben irgendwann alt. Aber nur weil man alt ist, heißt das nicht, daß man den jungen Leuten ihre Menschlichkeit absprechen darf. Und jetzt lesen da eine Menge Leute diese ganzen negativen Dinge über Guns N' Roses, und wenn ihr Kid auf Guns N' Roses steht, dann kriegt es eins übergebraten oder so was, weil irgendein Blatt behauptet, die Band sei eine üble Sache.
> Und deshalb denke ich: ›Fuck, was soll's?‹ Aber ich werde euch sagen, was es soll. Wir sind hier oben, und wir kämpfen für etwas, das in Amerika gerade stirbt – normalerweise bleibt es auf dem Underground Level und wird nicht so erfolgreich wie Guns N' Roses – das ist die Freiheit des Wortes. Und das ist alles, was wir im Grunde sind. Guns N' Roses sind nur ein abgefucktes Beispiel für die Freiheit des Wortes.«

Der Monolog war das Highlight einer Show, die wahrlich nicht arm war an Höhepunkten.

Die Kontroverse nahm an Heftigkeit noch zu. Beim Konzert im Nassau Coliseum in Uniondale, New York, lange nachdem Skid Row ihr Set beendet hatten, nach zwei Stunden »Bullshit!«-Chören und Aufnahmen von barbusigen weiblichen Fans auf den Video Screens, ließen sich Guns N' Roses schließlich blicken.

»Tut mir leid, daß ich spät dran bin«, sagte Rose zum dichtgedrängten Publikum, nachdem er aus einem Helikopter geklettert war, der ihn zur Show gebracht hatte.

»Ich weiß, es ist Scheiße, und wenn ihr es Scheiße findet, warum schreibt ihr nicht einen Brief an Geffen Records und sagt ihnen, sie sollen meinen Arsch in Frieden lassen?«

Dann, nach einem Song, legt er sich mit den Medien an.

»Der nächste *Rolling Stone* hat ein Foto von uns auf dem Cover. Tut mir einen Gefallen und kauft ihn nicht. Klaut ihn!«

Dann hat er es auf einen Fotografen abgesehen, und ehe dieser Abend endet, wird er sich mit der *Village Voice* angelegt haben, einem Rockjournalisten von der *New York Times* und einem Nachrichten-Mann aus Philadelphia, der Guns N' Roses gelobt, aber Skid Row fertiggemacht hatte.

Und aus gutem Grund ging er auch auf Fans, die mit irgendwelchem Zeug schmissen, und auf Bootlegger los. Es war ein ehrfurchtgebietendes Beispiel für Amok laufende schlechte Laune, aber auch für dramatisches, fesselndes Theater.

In Knoxville, Tennessee, wiederholte die Band ihr Mätzchen vom Nassau Coliseum und ließ die Fans fast zwei Stunden warten, ehe sie auf die Bühne kam.

In Denver, Colorado, waren Guns N' Roses gerade mal beim fünften Song, als der Trouble losbrach. Axl stoppte die Show mitten im Song und verlangte, daß ein Security Guard einen Zuschauer rausschaffte, der die ganze Zeit während des Konzerts rumgeknipst hatte. Anders als in St. Louis erledigten die Guards das prompt.

Während des Konzerts in Sarasota Springs, New York, informierte Axl das Publikum vom Split der Gruppe Poison. Seine Worte trieften vor Ironie und gespieltem Bedauern.

»Das ist ein sehr trauriges Ereignis. Wißt ihr, manchmal können Leute einfach nicht zurechtkommen. Bret und Bobby und C. C., die armen Kleinen haben anscheinend aufgegeben.«

Damit hat Axl nun zwei der drei größten Hardrock Bands aus Southern California beschimpft oder beleidigt.

Wie üblich sagt Axl nur, was ihm in den Sinn kommt, was ihm wichtig erscheint. Und wie üblich wird er dafür gekreuzigt. Kontroversen folgen der Band überallhin – ins Studio, hinter die Bühne, auf die Bühne, on the road und sogar nach Hause.

In seinem Geburtsort Lafayette war Axl sauer über die verhängte Sperrstunde im County, stürmte auf die Bühne und legte mit einer fünfminütigen Tirade gegen die lokalen Behörden los. Er sagte, daß es nur in Indiana eine Sperrstunde um halb elf gäbe.

»Ich bin in diesem Bundesstaat aufgewachsen, und mir kommt es so vor, als ob's eine Menge ängstlicher alter Leute in diesem abgefuckten Bundesstaat gibt; und im Grunde haben sie sich zwei Drittel meines Lebens lang Mühe gegeben, mir auf den Sack zu gehen und den Spaß zu nehmen.« Hier hielt er inne und sammelte sich, bevor er die Fans direkt ansprach; viele von ihnen sind in derselben Lage, in der er vor gar nicht allzu langer Zeit selber gewesen war. »Ich habe eine Menge cooler Gefangener hier in Auschwitz.«

Nach der Show mußte die Band 5000 Dollar bezahlen, weil sie die Sperrstunde überschritten hatte, und am nächsten Tag sorgte Axls »Auschwitz«-Bemerkung für Schlagzeilen. Und wieder interpretierten nur sehr wenige Journalisten Axls Worte so, wie sie beabsichtigt gewesen waren.

»Ich wollte den Leuten damit sagen, daß sie auch ausbrechen können«, meinte er später dazu.

Nachdem die Medien ihn bombardiert hatten – für den Zwischenfall in St. Louis und für seine Verspätung und für was auch immer sie finden konnten –, witzelte Axl, schwer unter Beschuß: »Jim Morrison ist von viel weniger Druck umgebracht worden.«

In der Zwischenzeit hatte Steven Adler eine Klage gegen seine ehemalige Band aufgesetzt. Wieder gibt es Axls Version der Gründe und Hintergründe, und es gibt eine zweite. Laut offizieller Version der Band war Adler vorgewarnt worden – und es war an der Zeit, das neue Album aufzunehmen, und er mußte die Drogen sein lassen, von denen er abhängig war. Er versprach es. Hielt sich aber nicht dran. Wieder wurde er gewarnt. Wieder versprach er es, doch erneut schaffte er es nicht.

»Er hatte einfach eine Menge Probleme, Drogen und Drums gleichzeitig auf die Reihe zu kriegen«, sagte Axl gegenüber einem Journalisten, kurz bevor sie on the road gingen. »Er war kein besonders guter Junkie. Er ging los, um sich ein Päckchen Zigaretten oder ein Bier zu kaufen, nur für fünf Minuten, und dann kam er zweieinhalb Stunden später zurück.« Wenn er nicht rausging, um sich Stoff zu besorgen, dann hingen immer eine Menge zwielichtiger Gestalten rum, die ihm die Ware brachten.

Sicher, gab Steven zu, hatte er das Zeug genommen und war drauf, aber das sei doch jeder in der Band gewesen. Adler beschwerte sich gegenüber jedem, der es hören wollte: Izzy und Slash würden sich noch immer mit Heroin volldröhnen, aber sie würden nicht aus der Band geschmissen.

»Sie brauchten einen Sündenbock«, sagte Adler in einem Exklusiv-Interview. »Sie haben mich gefeuert, um selber sauber auszusehen, weil ihnen die Plattenfirma im Nacken saß.« Wenn jemand für den Delay des neuen Albums verantwortlich war, behauptete Adler, dann war es Rose.

Adler meinte, er sei bereit und willens gewesen zu arbeiten. Slash und Duff, seine engsten Kumpel in der Band, seien von Axls Taktierereien eingeschüchtert worden.

»Er macht jedem angst«, sagte Adler. »Wenn einer Axl auch nur irgendwie komisch ansah, wurde er gefeuert. Wir haben gesagt, Axl solle sich einen eigenen Tour-Bus nehmen, weil wir es nicht mit ihm zusammen in einem Bus aushielten. Izzy zieht nicht mal mehr mit ihm los, er kann Axl nicht mehr ausstehen. Ich habe gehört, er hat jetzt auch seinen eigenen Tour-Bus.«

Nach dieser Version war Adler derjenige, der sich mit Rose anlegte, weil sich die anderen weigerten, es zu tun.

»Ich hab ihn gefragt: Was ziehst du hier ab? Und er trat mir in die Eier, was er schon mal getan hat. In der ersten Woche, als ich Axl kennenlernte, hat er mir in die Eier getreten. Einfach so! Ohne Grund! Es ging um irgend so ein Girl, das er fickte, und ich habe gesagt: ›Laß das chick sausen!‹«

In Steven Adlers Klage gegen seine ehemaligen Bandmitglieder geht es um unspezifizierten Schaden, um Royalties für Adlers Beitrag zu den *Illusions*-LPs und um Rufschädigung.

»Schädigung? Fertiggemacht haben die mich!« gibt Adler scharf zurück. »Ich hatte ein Angebot, bei AC/DC einzusteigen. Dann trat Axl bei MTV auf und sagte, ich sei süchtig, total abgefuckt und könne keine Drums mehr spielen. Also meinten AC/DC: ›No way.‹«

Der Drummer war nicht der einzige aus dem Guns N' Roses-Lager, dem man befahl, auszusteigen. Im Februar 1991 wurde der vorlaute und unausstehliche Alan Niven aufgefordert, zurückzutreten und Doug Goldstein Platz zu machen, dem fähigeren, ausgeglicheneren und persönlichen Roadmanager.

Niven, anders als Adler, handelte eine Abfindung aus.

Laut Adler war das wirklich Tragische an seinem Rausschmiß, daß er kam, als er gerade dabei war, mit dem Heroin aufzuhören. Im März begleitete ihn Goldstein (den Adler »Dougie« nennt) wegen einer Entziehungskur zum Arzt. Es war genau zu diesem Zeitpunkt, eine Woche bevor Guns N' Roses bei Farm Aid IV auftreten sollten, als die anderen zum »Schlachten« kamen. Sie hielten ihm einen Vertrag vor die Nase, gemäß dem ein Rauswurf als Konsequenz fortgesetzten Drogenmißbrauchs gerechtfertigt sei. Adler unterschrieb. Aber laut seinem Anwalt Elliot Abelson diente der Vertrag gar nicht diesem Zweck.

»In dem Vertrag«, sagt Elliot, »gab Steven jeden Anspruch an Guns N' Roses auf, inklusive der Musik, die er geschrieben hat. Er erklärte sich bereit, mit niemand anderem zu spielen und in Zukunft Stillschweigen über Guns N' Roses zu wahren. Im Grunde gab er alles auf, was er rechtlich aufgeben konnte.«

»Sie sagten: Unterschreib das«, erinnert sich Adler, »oder du wirst nicht mit uns bei Farm Aid auftreten. Es war alles eine Sache von Sekunden, also hatte ich gar keine Wahl.«

Zwei Wochen lang versuchte die Band, »Civil War« aufzunehmen. Adler war nicht mal zwei Wochen auf medikamentösem Entzug und litt noch immer unter den Nebenwirkungen; was, wie er behauptete, insgesamt drei Wochen dauern würde, aber dann sei es vorbei. Die Forschung hat noch kein Medikament entwickelt, das die Folgeeffekte von Heroin verringert, die einen Patienten so lange zu allem unfähig machten. Entzug per Methadon dauert einundzwanzig Tage, aber schon nach den ersten zwei, drei Tagen kann die Dosis verringert werden; jeder berauschende Effekt ist innerhalb kurzer Zeit aufgelöst. Darvon, Valium, Clonodine und Buprinex weisen sämtlich Nebenwirkungen auf, aber nach der kritischen Phase (zweiundsiebzig Stunden) wird auch hier die Dosis verringert, und die Nebenwirkungen nehmen in dem Maße ab, wie die Notwendigkeit der Verabreichung des Medikaments geringer wird.

Dennoch bat Adler die Band, als er etwa vierzehn Tage auf »Kur« war: »Können wir nicht bis nächstes Wochenende warten? Dann fühle ich mich nicht mehr so mies?«

Steven sagt, die Band habe nicht nachgegeben, und es gab kein Mitleid. »Sie haben es mir so schwer gemacht. Sie haben mir vorgeworfen, ich sei high, dabei wußten sie doch, daß es an den Medikamenten lag, die mir der Arzt gegeben hatte.«

Es war Slash, Stevens Kumpel aus Jugendtagen, der ihm persönlich die schlechte Nachricht überbrachte.

»Er sagte mir, ich sei ein Arsch, ich könne doch gar nicht mehr spielen, und das mit mir sei doch alles nur Zeitvergeudung.«

Doug Goldstein hatte dann die undankbare Aufgabe, das offiziell zu machen. »Er rief mich an und sagte, ich sei endgültig draußen«, erzählte Adler.

In den darauffolgenden Wochen, als seine Sorgen und Panik wuchsen, versuchte Adler mehrmals, jemanden aus der Band zu kontakten. Doch keiner seiner Anrufe wurde beantwortet. Nachdem dies monatelang so gelaufen war, behauptete Adler, sei er dann einfach zum Mulholland Drive gefahren, zu Duff nach Hause. »Nur um ihm zum Geburtstag zu gratulieren.« Dasselbe tat er am 23. Juli bei Slash.

»Sie haben mich beide nicht mal reingelassen. Ich habe die Geburtstagsgeschenke für sie vor die Tür gelegt. Ich habe mich total verraten gefühlt.«

Steven sah Slash erst wieder, als sie sich eines Nachts zufällig im Rainbow Bar & Grill über den Weg liefen.

Slash fragte den Drummer lässig: »Du willst uns also verklagen?«

»Yeah«, antwortete Adler.

Worauf Slash angeblich entgegnete: »Na ja, schätze, Axl wird dir dafür gewaltig in den Arsch treten.«

Mehrere Wochen lang lebte Adler mit dem Terror, Axl könne ihn irgendwo abpassen und angreifen – »um mir in den Arsch zu treten«.

Guns N' Roses haben mit folgendem Statement geantwortet: »Sämtliche Erklärungen seitens Steven Adlers werden kategorisch abgestritten.«

Als Axl Rose etwas mehr als ein Jahr zuvor bei einem der Konzerte mit den Rolling Stones in L. A. auf der Bühne stand, den Rest der Band wegen ihres Drogenmißbrauchs anmachte und vor allen Leuten damit drohte auszusteigen, wenn sie es nicht endlich auf die Reihe kriegten, erwartete eigentlich niemand, daß großartig was passieren würde.

Dann wurde Adler wegen seiner Drogengeschichten gefeuert.

Als nächster trat Slash aus dem Dunkel ins Licht der Medien und gab ganz offen zu: Ja, ich war ein Junkie, aber jetzt bin ich es nicht mehr. Seine Probleme mit Alkohol jedoch wurden in dieser Phase mit keinem Wort erwähnt.

Nicht viel später erklärte Duff, irgendwann Anfang des Jahres, kurz bevor die Warm Up Gigs begannen, daß er seit zwei Monaten keinen einzigen Schluck Alkohol mehr angerührt habe, was die oft genannte Vermutung bestätigte, daß seine zuvorige Sauferei eher zwanghaft und weniger »gesellig« gewesen war, als er oft behauptet hatte.

Was Guns N' Roses' »Invisible Man«, wie Axl seinen Freund Izzy Stradlin nennt, betraf, gab es nichts Neues. In William Burroughs *Junkie* nennen die mexikanischen Jungen die Hauptfigur, die die Eigenschaft hat, nicht gesehen zu werden, »Invisible Hombre«. Stradlin gab den Richards zu Axls Jagger ab, und er trug die Junkie-Charakteristika wie ein gut eingelaufenes Paar schwarzer Boots. Stradlin war nicht nur unsichtbar, man hörte auch nichts von ihm. Nicht mal am Ende des Videos zu »You Could Be Mine« ist er zu sehen, als alle Bandmitglieder der Reihe nach vorgestellt werden, sogar die beiden Neuen, Matt und Dizzy. Aber kein Izzy. Im nächsten Video, »Don't Cry«, taucht Stradlin auch nicht auf. Allgemein war angenommen worden, Izzy könne vielleicht hinkriegen, was Adler nicht gekonnt hatte – nämlich Drogen nehmen und trotzdem gleichzeitig seinen Verpflichtungen nachkommen. Aber wenn dem so war, warum ließ er sich dann bei den Videodreharbeiten nicht blicken? Warum dann die Gerüchte über einen eigenen Tour-Bus und daß er sich stets in ein anderes Hotel eincheckte als der Rest der Band?

Der letzte, von dem man erwartete, mit all dem aufzuräumen, war Stradlin. Und Stradlin sagte nichts.

Die Tour lief bereits drei Monate, als es wieder losging, mit Drogen und Alkohol, was aber niemanden überraschte: Duff hatte wieder angefangen zu saufen, sah jetzt aufgedunsen und leichenblaß aus. Slash hatte seine Beziehung zur Bottle auch wieder aufgenommen, wenn er überhaupt je damit aufgehört hatte. Er brauchte noch immer den Wachmacher aus der Flasche, um seine Hände für die nötigen Akkorde und Noten ruhig zu kriegen. Selbst Neuzugang Matt Sorum gab zu, daß er oft, viel und gern soff, wenn er on the road mit der populärsten und gefährlichsten Rock'n'Roll Band der Welt war.

Daß Axl Rose keine Drogen mehr nötig hatte, um sein Bewußtsein zu erweitern oder sein Verhalten zu beeinflussen, war zunehmend ersichtlich geworden – sein inneres pharmazeutisches, biosynthetisches Labor brodelt, quillt über, fließt ab, wie Flut und Ebbe, und schafft seine eigenen Substanzen, unabhängig vom Willen seines Gastgebers. Axl ist sich dessen bewußt. Er bezieht sich im Song »My World« darauf, nennt es eine »bent configuration« und erklärt, er lebe mit einer »misfired synapse«. Niemand scheint darauf aus oder in der Lage, dieser Analyse zu widerstehen.

Dann gewährte Izzy etwas sehr Seltsames – ein Interview, das zweite mit jenem Journalisten, mit dem er fast zwei Jahre zuvor schon einmal gesprochen hatte, während er durch Europa reiste. Backstage im Shoreline Amphitheater in San José, Kalifornien, sitzt Stradlin mit seinem riesigen Schäferhund Treader isoliert und weit weg vom Rest der Band und hört sich Thin Lizzy auf einem Mini-System an. Er zündet sich eine Zigarette an, eine von zahllosen folgenden, und nach einem kurzen Schweigen beschließt das einzige drogen- und alkoholfreie Mitglied von Guns N' Roses, die Decke zu lüften – von allem und jedem.

> »Wir sind gerade an diesem Punkt, wo jeder soweit und ausreichend beisammen ist, daß wir zusammen spielen können. So sieht der Deal aus. Es war so ein irrer Trip – erst hattest du kein Geld, und jetzt weiß jeder, daß du all dieses viele Geld hast, all diese Drogen-Connections . . .
>
> Axl . . . Ich finde, er ist jetzt ziemlich . . . Er begreift jetzt seine Verantwortung viel mehr als früher. Vorher war er nur einer von diesen Typen,

die sofort losbrüllen und losprügeln, wenn sie glauben, daß einer sie schief anguckt. Und manchmal haben ihn die Leute, auf die er losging, nicht mal angeguckt . . .

Slash? Na ja, sagen wir, er kommt jetzt besser klar. Aber er war trotzdem ziemlich übel drauf . . . Fuck. Er war einfach völlig daneben. Er ist ein großartiger Bursche und alles, aber er weiß nie, wann er genug hat, mit dem Ergebnis, daß er immer Riesenscheiße baut. So was wie: läßt das Dope offen auf dem Tisch rumliegen, wenn die Cops vorbeischauen; pennt beim Essen ein und knallt mit der Birne in sein Food . . . so 'n Shit. Ich kann den Jungen wirklich gut leiden, aber Tatsache ist, Mann, Slash ist nicht gerade das, was man einen Drogen-User mit Köpfchen nennt. Er ist völlig sorglos, macht solche Scheißaktionen, wie sich in der Wohnung anderer Leute 'ne Überdosis reinzupfeifen. Ist oft passiert.

Fuck, manchmal wundere ich mich, wie die anderen Jungs mit der Scheiße durchkommen, die sie manchmal anstellen, mit der Polizei und so. Slash haben sie in L. A. drangekriegt wegen Alkohol am Steuer, und das war zu der Zeit, als er jede Menge Heroin genommen hat, *right*? Anyway, ich war gerade in einem Hotel in Venice, als er um vier Uhr morgens bei mir reinschneite, total zu, breit bis unter die Schädeldecke. Wie er es geschafft hat, den Weg vom Laurel Canyon (wo er wohnt) bis runter zum Strand zu fahren, wird mir immer ein Rätsel sein. Also habe ich ihn die Nacht bei mir pennen lassen. Am nächsten Morgen finde ich zwei Rigs (Spritzen) in meinem Klo versteckt. Ich mußte ihm sagen: ›Hör zu, Fucker, ich hab' Ärger genug, und ich kann mir so 'ne Scheiße nicht leisten‹, weil ich zu der Zeit sechs Monate auf Bewährung war, und ich mußte Drogentests machen lassen . . . abgefuckte unfreiwillige Pißtests, ungefähr einen Monat lang fast jeden Tag.«

Ein einziger schmutziger Test hätte Izzy in den Knast gebracht.

Er fuhr fort. »Jetzt ist Slash viel besser drauf. Aber die Jungs, sie saufen weiter, sie feiern noch immer ihre Partys. Wahrscheinlich mehr, als gut für sie ist. Scheiße, die Jungs können es ab, sich die Scheiße aus dem Hirn zu saufen.« Izzy schüttelt den Kopf und lacht leise. »Na ja, sie haben sich nicht sonderlich verändert.«

Stradlin war nicht gerade happy über Roses Entscheidung, ihren Manager Niven in die Wüste zu schicken. »Ich fand's nicht gut«, sagte er. »Aber Axl und er kamen nicht miteinander klar, es lag an ihren Persönlichkeiten, das paßte nicht. Alan hat seine Art, die Dinge anzugehen, eher nach einer Art militärischer Strategie. Axl wollte alles auf seine Art machen, nach seinem Tempo, wann *er* es wollte.« Als Niven seinen Befehl zum Abmarsch erhalten hatte, übernahm Goldstein den Job. Er ist »so ein Typ, der morgens um sechs raus zu Axl fährt, weil das Piano aus dem Fenster seines Hauses hängt. Shit in der Art. Jetzt kriegen wir diese abgefuckten Anrufe – ›Schon gehört, was passiert ist?‹ ›Nein, was denn jetzt wieder?‹ ›Axl hat gerade seinen 50 000-Dollar-Flügel aus dem Scheißfenster seines neuen Hauses gebrettert.‹ ›Na toll, Dougie. Du kümmerst dich schon drum. Ruf mich an, wenn's vorbei ist!‹

Als sich Stradlin und der englische Interviewer zum erstenmal trafen, damals in Europa, versuchte Izzy gerade, mit dem schwierigen Business des zweiten Albums klarzukommen. Drei Monate waren in Chicago vergeudet worden. Izzy hatte dem Journalisten erzählt, wie sehr er hoffe, die Aufnahmen könnten abgeschlossen werden, ohne daß sich das Leben irgendeines Bandmitglieds in »absoluten Shit« verwandelte.

Nur kurze Zeit später war Adlers Leben genau das.

Stradlin dagegen schaffte es, wie durch ein Wunder, clean zu werden und es auch zu bleiben, selbst auf Tour mit der gefährlichsten Band im Lande, wo Exzesse an der Tagesordnung sind.

»Seit anderthalb Jahren bin ich jetzt clean. Kein Booze, kein Gras, kein Nichts. Ich habe von heute auf morgen aufgehört, kalter Entzug. Ich sagte mir: ›Fuck, ich sollte Schluß damit machen.‹ Zuerst war es echt hart. Als ich schließlich aufhörte und wieder anfing rauszugehen, bin ich erst mal mit einem *fucking* Fahrrad rumkutschiert, und ich dachte: ›Wow, das ist echt cool. Wie habe ich diesen einfachen *Shit* nur vergessen können?‹«

Seinen letzten Drink genehmigte er sich bei einem ganz besonderen Anlaß – in jener Nacht, als Axls und sein Jugendtraum Wirklichkeit wurde und sie auf der Bühne in Atlantic City zusammen mit ihren Bad Boy Heroes – den Rolling Stones – einen Song spielten. Deshalb scheint mir dieser Drink eine entschuldbare Sünde gewesen zu sein.

Schon Monate zuvor hatten die beiden Bands auf einer Bühne gestanden. »Es war das größte Ding, das ich je erlebt habe, mit dieser Band zusammenzuspielen, aber es ging mir auch ziemlich an die Nerven, weil wir vier Gigs in L. A. spielten, *right*? Um sechs Uhr morgens vor der ersten Show rief mich Axl an, völlig außer sich, und meinte: ›Ich steige aus.‹ Ich sagte zu den anderen Jungs: ›Das werden vier lange Tage, Fellas.‹«

Dann machte Axl – natürlich – weiter und verkündete vor 80 000 Leuten, er werde aussteigen, wenn nicht gewisse Leute aufhörten, »auf ›Mr. Brownstone‹ abzufahren«.

»Das ist typisch Axl. Da hast du einen Typen, der weiß, wie man die ganzen zwölf Runden gehen muß«, meint Stradlin dazu.

»Wie er es geschafft hat, die Gigs mit den Rolling Stones durchzustehen – ich weiß es wirklich nicht. Da regnete soviel Scheiße auf uns runter. Axl wollte aussteigen, dann die Drogenprobleme, das Problem mit Steven, diese ganze Sache um ›One in a Million‹ – und ich hatte einen Termin vor Gericht am Morgen nach dem letzten Stones Date, um acht Uhr morgens, weil ich im Flugzeug in einen Abfalleimer gepißt hatte, und mir drohten sechs Monate Knast, weil ich schon mal wegen Drogenbesitz verhaftet worden war (die Anklage wurde später fallengelassen). Also das war 'ne echte *fuckin' major psycho-time*.«

Während des Auftritts an diesem Abend in San José steigert sich Axl von einem Wutanfall in echte Raserei, stürmt über die Bühne, reißt drei, vier Mikroständer um, einen nach dem anderen, während sein persönlicher Roadie, ein kleiner Typ in Shorts und mit einer riesigen Baseballkappe, der total erledigt aussieht, hinter ihm herduckt und versucht, alles wieder aufzubauen. Aber Axl beschließt, daß er nicht will, daß auch nur eines der verdammten Mikros wieder aufgebaut wird. Er will, daß sie genau da liegenbleiben, wo sie liegen. Er tritt nach dem Roadie. Und erwischt ihn ziemlich hart. Nicht genug, daß er mit dem Arsch nach oben in die Ecke segelt, aber hart genug.

»Ich sagte, laß die Mikroständer in Ruhe, Motherfucker!« macht er den Jungen an, der jetzt wie angewurzelt dasteht. Das Publikum kommentiert Axls Action mit Gejohle und Beifall.

»Hey«, ruft Axl, als er den Applaus gewahr wird, »check it out – ich habe einen dieser irrationalen Wutausbrüche, über die ihr dauernd in der Presse lest.« Und er lacht. »Wißt ihr, ihr Fucker, ihr solltet diese Scheiße nicht auch noch anfeuern.«

Als der nächste Song anfängt, entdeckt er noch einen stehenden

Mikroständer, den er vorher übersehen haben muß. Er schnappt ihn sich und schleudert ihn wie einen Speer nach dem Roadie, der sich im letzten Moment ducken kann. Das Publikum ist wie gebannt. Die Aggression, der plötzliche Ausbruch von Gewalt ist elektrisierend. Plötzlich ist keiner mehr sicher.

Nach dem Finale des Songs kommt Axl noch mal auf den Vorfall zu sprechen, setzt sein jungenhaftes, charmantes Lächeln auf und meint: »Well, wie ihr sehen könnt, hat es seine Vorteile, ein *fuckin' psycho basket-case* wie ich zu sein.«

Backstage, während die Delegation der Plattenfirma herumrennt und versucht, ein festes und realistisches Datum für die Veröffentlichung der *Illusion*-LPs zu kriegen, ist Stradlin, der gewöhnlich »eine halbe Stunde vor Beginn des Gigs antanzt, spielt, dann goodbye sagt und zurückfährt in sein Hotel, ein anderes als der Rest der Band, um sich schlafen zu legen«, immer noch bereit zu reden.

Der Journalist fragt ihn, ob es hart ist, von einer so wilden und verrückten Bande umgeben zu sein und trotzdem clean zu bleiben.

Stradlin antwortet: »Eigentlich nicht. Wenn ich sehe, was die Jungs so abziehen, dann weiß ich, daß sie zuerst diesen Kick kriegen, diese Euphorie, aber morgen werden sie aufwachen und sich wie ein Stück Scheiße fühlen.«

Neu-Gunner Matt Sorum meinte zu gegebener Zeit: »Izzy macht überhaupt nichts mehr mit. Er trinkt nicht mal mehr. Ich? Ich stehe auf Partys . . . Ich schätze, manchmal gehe ich glatt über Bord dabei. Jede Nacht ist eine einzige fuckin' Party, Mann. Chicks, Bier, du sagst es . . . Nimm dir, was du willst, Mann. Da kommst du dir vor wie ein Kid in einem Candy Store.«

Izzy, der seine Freundin Anneka während der ersten Hälfte der Tour mitnahm, hat andere Dinge im Kopf. »Wenn diese Tour vorbei ist, dann werde ich nach Europa gehen und relaxen, am liebsten irgendwo am Meer, und nichts tun außer Songs schreiben . . .«

Dann legt das schweigsamste Mitglied der Band, derjenige, den sie »Invisible Man« nennen, ein fast unheimliches Gespür an den Tag.

»Ich denke, Guns N' Roses werden weiter ihrem natürlichen Kurs folgen. Auch wenn es morgen nacht schon vorbeisein kann. Ich denke immer noch, wir werden eine lange Pause einlegen und dann zurückkommen und es noch mal packen. Mein Gefühl sagt mir, daß das passieren könnte. Aber andererseits, vor zwei Jahren hätte ich nie geglaubt, daß wir jemals diese Tour machen würden. Ehrlich gesagt, habe ich damals nicht daran geglaubt, daß auch nur einer von uns mal eine solche Zukunft hat.«

Einen Monat später, während dieses Postskriptum in Druck geht, droht Izzy, die Band zu verlassen, wenn nicht eine Reihe von Forderungen, die er aufgestellt hat, eingehalten werden. Der Rest der Band hat sich für fast zehn Tage zu Meetings in und um Los Angeles zurückgezogen ... Ein endgültiges Wort ist bis jetzt noch nicht verlautbart.

Ergo – die Zukunft von Guns N' Roses steht wie immer auf der Kippe, am Rande der Klippe. Genau da, wo sie hingehören.